经河南省普通高等学校教材建设指导委员会审定
河南省“十二五”普通高等教育规划教材

21世纪教师教育系列教材

教师礼仪实务

刘 霄 主 编
孟小红 赵玉青 副主编

北京大学出版社
PEKING UNIVERSITY PRESS

图书在版编目(CIP)数据

教师礼仪实务／刘霄主编. —北京：北京大学出版社，2015.10
(21世纪教师教育系列教材)
ISBN 978-7-301-25482-0

Ⅰ.①教… Ⅱ.①刘… Ⅲ.①幼教人员—礼仪—师范大学—教材 Ⅳ.①G615

中国版本图书馆CIP数据核字(2015)第226807号

书　　名　教师礼仪实务
　　　　　Jiaoshi Liyi Shiwu
著作责任者　刘　霄　主编
责 任 编 辑　邹艳霞
标 准 书 号　ISBN 978-7-301-25482-0
出 版 发 行　北京大学出版社
地　　址　北京市海淀区成府路205号　100871
网　　址　http://www.pup.cn　　新浪微博:@北京大学出版社
微信公众号　通识书苑（微信号：sartspku）　科学元典（微信号：kexueyuandian）
电 子 邮 箱　编辑部 jyzx@pup.cn　　总编室 zpup@pup.cn
电　　话　邮购部 010-62752015　发行部 010-62750672　编辑部 010-62767857
印 刷 者　北京虎彩文化传播有限公司
经 销 者　新华书店
　　　　　787毫米×1092毫米　16开本　15.25印张　325千字
　　　　　2015年10月第1版　2025年6月第8次印刷
定　　价　45.00元

前　　言

正如《荀子·修身》中所说的那样："人无礼则不生，事无礼则不成，国无礼则不宁。"自古以来，礼仪无论对国家、社会还是对个人而言，都是不可缺少的。当今世界，国家有大小之分，人口有多寡之别，社会形态也各不相同，但有一点是相同的，即文明民族都很注重礼仪。我们也往往把是否讲礼仪作为衡量一个国家或民族文明程度高低的重要标志。对个人而言，礼仪则是衡量一个人道德水准和教养的尺度。我国颁发的《公民道德建设实施纲要》中也明确指出："开展必要的礼仪、礼节、礼貌活动，对规范人们的言行举止，有着重要的作用。"可见，礼仪是现代人必须具备的素养，是一个人立足社会、成就事业、获得美好人生的基础。

对教师来说，礼仪更有其特殊意义。德高为师，学高为范，教师是学生的一面镜子，教师讲礼仪具有潜移默化的道德教育功能，关系到受教育者的健康成长，关系到国家和民族的文明程度。一名合格的教师，理应从思想上认清自身肩负的责任，明白"教育无小事，教师无小节"的深刻内涵，意识到自己的品德情操、处世态度、一言一行都在影响着学生。近些年来，通过师德建设，教师的礼仪有了很大的提高，但与教师礼仪相悖，乃至缺乏起码的礼仪常识的现象，在教师队伍中还大量存在，这不能不引起我们的重视。比如公共场合语言粗俗不文明；不尊重学生，时常挖苦讽刺或冷漠疏远学生；对学生的提问、问候随便应付或干脆置若罔闻；上课时接听、拨打手机；在教室内吸烟、随地吐痰；形象举止过于随意或浓妆艳抹、过于修饰；等等。这样的教师怎能有威信？怎能成为学生的学习榜样？又怎能很好地履行教书育人的神圣职责？

新时代的教师应当有新的形象，人们常说教师是人类灵魂的工程师，教师既然连别人的灵魂都能塑造，为什么不能塑造自己的形象呢？提高自身素质、培养良好修养、具备文明礼仪，是新时代赋予教师的要求。同时，从内心到外表不断完善自我、美化自我，向外展示自我的风采，将有助于提高教师的生活质量；学习交际艺术，掌握交际技巧，将有助于教师自身事业的发展。

基于此，我们历经两年时间终于完成了《教师礼仪实务》这本书稿。本书内容主要包括四个方面，即教师礼仪概述、教师形象礼仪、教师工作礼仪和教师交往礼仪，每一章都有具体的实训任务，力求全面实用，易操作、易掌握，希望能给广大教师以及正准备从事教师职业工作的师范院校学生以有益的启示和帮助。

本书是集体劳动的结晶，由刘霄教授拟定、编写提纲，各章撰稿人分别是：刘霄（前言，第一、六、七、十一章），孟小红（第二、三、四、五章），赵玉青（第八、九、十章）。刘霄负责全书的策划、组织、统稿工作。

本书在编写过程中参阅了不少学者的学术观点和文本资料，特此说明并致以谢意！

尽管在撰写过程中我们做了很大努力，但由于才疏学浅、水平有限，书中内容存在不足和缺陷在所难免，敬请专家、同行及广大读者批评指正。

编者

2015 年 4 月 16 日

目　录

第一章　教师礼仪概述

学习目标

1. 了解礼仪的起源、含义、内容和特征。
2. 掌握教师礼仪的特征和基本原则。
3. 知道教师礼仪对教师自身发展的多方面功能。

【案例导入】

"五里"与"无礼"

古时候,有个年轻人骑马赶路,太阳已经落山了,还没有找到住处,心里非常着急。忽然,他看见前面不远处有一位老农,便高声喊:"老头子,这附近有旅店吗?"老人回答:"五里!"年轻人一听前面五里远的地方就有住宿的地方,便扬鞭策马狂奔而去。跑出去有十多里路,却仍不见人烟。他十分生气,自言自语道:"这老头子不是骗人吗?五里!什么五里?"突然,他醒悟过来,这"五里"不正是"无礼"的谐音吗?问路不讲礼貌,怎么能得到正确答复呢?于是,他掉转马头往回赶。见那位老农还在那里,他急忙翻身下马,恭恭敬敬地叫了一声:"老大爷……"老人没等他的话往下说,就告诉他:"客店已走过头,如不嫌弃,可到我家一住。"

年轻人问路,称呼老人不用敬语,说话、待人粗鲁,其结果是"不施一礼,多跑十里"。

礼仪与教师职业有着密切的联系,教师有责任发掘、研究中华民族传统的礼仪文明,扬其精华,弃其糟粕,同时也更有义务汲取全世界各民族的礼仪文明,丰富我国礼仪文明宝库,创建新时代的礼仪文明,为社会主义教育事业服务,为社会主义精神文明和物质文明建设服务。

第一节　礼仪概说

人类自诞生那天起,便开始了对文明与美的追求。礼仪体现了人类社会不断摆脱愚昧、野蛮和落后,以及整个社会的进化程度,也是一个国家、一个民族进步、开化与兴旺的标志。

人无礼则不生，事无礼则不成，国无礼则不宁。——荀子

一、礼仪的起源和发展

礼仪是人类精神文明的产物，礼仪的历史是漫长而久远的。揭示礼仪的起源及其历史演变，有利于我们更深刻地把握礼仪的本质，多方位了解礼仪文化，并通过对传统礼仪文化的扬弃，更好地指导我们在现实中的礼仪实践。

（一）礼仪的起源

礼仪起源于原始社会，是伴随着原始宗教的产生而产生的。有了原始的宗教，就有了原始宗教的祭祀活动形式，便形成了人类社会最初的礼仪。原始宗教产生于史前社会的后期。当时的人类——原始先民，由于生产力水平极为低下，处于愚昧状态，认识世界的能力极为有限，无法对自然现象作出科学解释，因而对自然现象充满了敬畏和恐惧。于是，各种原始宗教、原始崇拜便由此产生，如万物有灵论、拜物教、图腾崇拜、祖先崇拜等。为了表达这种崇拜之意，人类生活中产生了祭祀活动，并在祭祀活动的历史发展中，逐渐完善了相应的规范、制度，宗教礼仪也就应运而生了。

人类最初的“礼仪”，主要是对神秘不可知的自然界表示敬畏和祈求，而当人类发现对自然的祈求并不能给他们带来幸运时，又逐渐把这种敬畏扩展到人类自身。首先转到那些在人类与自然界斗争中创造奇迹、做出了贡献的先贤先哲。例如中国古代，人们崇拜伏羲氏和神农氏，是因为他们在人类与自然界的斗争中，教会人们种植农作物；崇拜大禹，是因为他为人民治水；崇拜尧、舜，是因为他们率领人们与自然斗争并且形成了中国最初的“社会秩序”。因此，在当时人们心目中，他们成了超然于人类之上的神。

在中国，由崇拜自然物转而扩展到人类自身的另一种模式，是由对龙的崇敬扩展到对君王的崇敬。事实上，从生物学的观点来考察，在动物界的物种发展过程中，根本就没有龙的存在，它实际上是古人由于对自然界的恐惧和崇拜而想象出来的一种图腾。这种子虚乌有的图腾崇拜，从进入奴隶社会开始，就被统治阶级所利用。统治者为了借助龙这种图腾来维护自己的统治，总把皇帝称作真龙天子，并编造出种种相应的神话故事，于是形成了由对神的崇拜和敬畏转向对统治阶级、对皇帝的崇拜和敬畏，一系列符合当时人们需要的礼仪规范也因此应运而生。

用历史唯物主义的观点来解释，礼仪应是社会历史的产物，是人类进化、发展并组成人类社会以后，在长期的社会实践中逐步形成的。礼仪体现的是人与人之间的关系，只有在社会中，在发生人与人之间关系的时候，当人脱离动物界并意识到这种关系时，才会出现礼仪。这是我们今天研究礼仪、普及礼仪教育的思想基石。

（二）礼仪的发展

礼仪是社会发展和进步的产物，是一个历史的范畴。礼仪在世代相传的同时，还随着社会生产环境、生存环境和生活形态的变化而不断丰富和发展。我国礼仪的沿革，大体上

可以划分为以下四个阶段。

1. 礼仪的形成阶段

这一阶段大约在公元前21世纪到公元前771年的夏、商、周三代时期。从史料上看，夏代已开始制礼，商代礼仪已渗透到社会生活中的各个方面。记载周代礼仪的“三礼”的出现，标志着周代的礼仪已经达到了系统完备的阶段。在这一时期，礼仪的特征已从单纯祭祀天地、鬼神、祖先的形式，跨入了全面制约人们行为的领域。发生这一重大变革的根本原因，就在于社会生产力有了发展，人类社会已经开始进入了奴隶社会。统治阶级为了维护本阶级的利益，通过修订比较完整的国家礼仪制度，来规范和制约人们在社会生活中的行为，以巩固其统治地位。

在这个阶段中，礼的主要内容体现在《周礼》中。《周礼》是中国历史上第一部记载礼的书籍，人们通常认为，传世的《周礼》和《仪礼》是周公的遗典，它们与其释文《礼记》一起，统称“三礼”，是关于各种礼制的百科全书。其中《周礼》偏重政治制度，《仪礼》偏重行为规范，《礼记》偏重对礼的各个分支作出符合统治阶级需要的理论说明。由这“三礼”所涉及的各种礼制的总和，涵盖了中国古代“礼”的主要内容，这些礼仪内容，对后世治国安邦、施政教化，规范人们的行为，培育人们的人格，都起到了不可估量的作用。

2. 封建礼仪阶段

这一阶段大约在公元前771年到1911年辛亥革命推翻最后一个封建王朝——清王朝这一时期。这一阶段，主要是指从儒学的产生，到以儒学为基础的封建礼仪的形成、强化和衰落时期。起始于春秋战国，终结于封建统治灭亡。

春秋战国时期，三代之礼在许多场合废而不行，一些新兴利益集团开始创造符合自己利益和巩固其社会地位的新礼。学术界百家争鸣，以孔子、孟子、荀子为代表的思想家们系统地阐述了礼的起源、本质和功能问题，第一次从理论上全面而深刻地阐述了社会等级秩序的划分及意义，以及与之相适应的礼仪规范、道德义务，从而使以孔子为祖师的儒家学派逐步形成。这一时期，礼仪的明显特征就是把人们的行为纳入封建道德轨道。在“修身、齐家、治国、平天下”的背后，融国家法权与道德修养于一体，要人们追求修己之道，以求得天下太平。礼教文化是这一时期“礼”的核心和基本内容。礼教文化的根本思想，就是“天地君亲师”。它教人去服从，服从天地的法则，服从君王的统治，服从祖先的训诫，服从先师的教诲。当然其中也有一些合理的成分，很多礼仪思想已成了我们现代礼仪的核心内容。如孔子讲的“爱人”“泛爱众”的思想，子夏讲“四海之内皆兄弟”，墨子讲“兼相爱”，孟子的“老吾老，以及人之老；幼吾幼，以及人之幼”的思想，对后人礼仪思想的发展起到了推动作用。

西汉思想家董仲舒总结秦王朝覆灭的教训，要求统治者同时采取德治和法治，并着重以封建的仁义道德去教化人民，“罢黜百家，独尊儒术”，把以孔子为代表的儒家思想定为封建社会的正统思想。董仲舒还在儒家思想的基础上，提出了“三纲”“五常”的学说。所谓“三纲”，就是君为臣纲、父为子纲、夫为妻纲；所谓“五常”，就是仁、义、礼、智、信。“三纲”和“五常”是“天”的意志的表现，“三纲”的主从关系是绝对不可以改变的。在漫长的封建历史演变过程中，这些礼仪内容一直是人们的礼仪准则。它一方面作为一种无形的精神力量制约着人们的行为，对维护封建统治和宗教制度、巩固封建统治秩序，都起到了非常重要的作用；另一方面，它又是妨碍个性自由发展、阻挠人们平等交往、窒息人们思想自由的精神枷锁。

1840年鸦片战争后，中国沦为半封建半殖民地社会。封建礼仪加上西方资本主义的道德观，形成了独特的"大杂烩"式的半封建半殖民地礼仪。封建专制制度下的礼仪开始走向衰落。

3. 近代礼仪阶段

这一阶段从1911年辛亥革命至1949年中华人民共和国成立为止。封建社会是礼仪最烦琐、等级最森严的时期。随着资本主义的萌芽，尤其是西方资产阶级的"自由、平等、民主、博爱"等思想的影响，我国的传统礼仪文化也受到了冲击。由于政治体制的变化，人们的生活风貌、风俗礼仪也随之发生了深刻的变化，西方文明长驱直入，我国古代的一些繁文缛节被彻底抛弃，如剪除长辫、禁止缠足、保障人权、严禁鸦片、改变称呼、废止跪拜礼等，同时还拟定了新的国家礼制和民间礼制，实行新礼仪，如鞠躬、请安、握手、鼓掌等。这些变化，反映了近代礼仪已开始趋向简单化和规范化。由于近代礼仪借鉴和吸取了适合中国国情的西方礼仪之长，顺应了社会潮流和世界潮流的发展，因而有效地促进了中华民族和世界各民族的友好交往。

4. 当代礼仪阶段

1949年10月1日中华人民共和国成立以后，新型的社会关系和人际关系的确立，标志着我国的礼学和礼仪进入了一个崭新的历史时期。随着时代的变革以及社会物质文明和精神文明建设事业的发展，能反映社会形态巨大变革和社会文明程度的当代礼仪，也得以不断地完善，这是历史发展的必然。我国的当代礼仪，首先继承了中国的优良传统礼仪。主要表现在以促进家庭和睦、邻里互助、活跃文化娱乐的民俗为核心的社会礼俗；以敬老尊长、孝敬父母、赡养双亲、尊师重教为核心的尊长礼仪；以以诚待人、言而有信、豁达宽厚、礼让谦恭为核心的社交礼仪。以上优良传统礼仪，在当代社会得到了继承和发扬，促进了社会主义精神文明建设。其次，社会体制的变革不断赋予当代礼仪新的内容。社会主义新的经济体制的建立，标志着我国礼仪制度、民俗文化的完善与改革，进入了一个崭新的发展阶段。特别是我国在建设社会主义物质文明的同时，明确提出了"建设社会主义精神文明"这一科学命题，给当代礼仪赋予了全新的时代精神。目前，在我国社会主义精神文明建设中，以"五讲""四美"为主要内容的文明礼貌活动，已经蔚然成风并且不断深化。第三，不断吸取世界先进文明礼仪。改革开放以来，随着国际交往日益频繁，外国形形色色的价值观念和生活方式随之传入我国，兼收并蓄世界上一切国家先进文明礼仪，也成为我国当代礼仪的组成部分。

二、礼仪的含义

从礼仪的起源和发展可以知道，礼仪是指人们在社会交往中由于受历史传统、风俗习惯、宗教信仰、时代潮流等因素的影响而形成，以建立和谐社会关系为目的的各种行为准则或规范的总和。由于历史传统不一样，认识角度差异，礼仪的解释也有所不同。

从现代汉语角度看，“礼”的本意是敬神，引申为敬意的通称，主要是表示敬意的态度；“仪”是礼的动作或方式，是外在形式。“礼”和“仪”既有区别又有联系。一方面，“礼”是内在的，正所谓“礼由心生”，是人们对自己、对他人的尊重、敬意的态度，而“仪”是外在的，是人们通过一定的动作、形式等表现出来的“礼”。“礼”是“仪”的本质或内容，“仪”是“礼”的现象或形式。另一方面，“礼”和“仪”密不可分，即内在的“礼”只有以外在的“仪”的形式表现出来。只有“礼”和“仪”的完美结合并表现出来，才是完整的礼仪。礼与仪的结合形成了人们在社会生活和工作中关于仪容仪表、仪态举止、言语谈吐及相应仪式等方面约定俗成的律己敬人的规范。在社会生活中，人人以礼相待，互尊、互爱、互谅，并成为自觉的行动，这是社会文明进步的表现。

(一) 中国古代礼仪的含义

在中国古代，“礼”和“仪”含义有所不同。古代的礼，指礼法、礼制，也指仪式，有程序的行为方式或行为规定之意。《说文解字》云：“礼，履也，所以事神致福也。”这里指祭神的器物和仪式活动。至于“仪”，《说文解字》中说：“仪，度也。”早期指仪式，后来指法度、准则和典范。有时也指人的仪表，如“各敬尔仪”(《诗经·小雅》)。我国较早地把礼和仪合用的记载，见于《诗经》。《诗经》中说：“礼仪卒度，笑语卒获。”“礼仪既备，钟鼓既戒。”当时的礼仪，主要指祭祀活动。所以，中国古代的“礼仪”，主要包括宗法制度(礼制、礼治)、等级观念(伦常、礼教)、娱乐教民(礼乐)、人际行为准则(礼貌、仪节、处世之道)。前三项是礼仪的广义含义，主要指治国之道，维护封建统治的社会稳定；后一项指人际处世之道。

(二) 西方国家礼仪的含义

在西方，“礼仪”一词，最早见于法语的“etiquette”，原意为“法庭上的通行证”。后来注入了礼仪的含义，即“人际交往的通行证”。西方的文明史，在很大程度上也是人类对礼仪的追求及礼仪演进的历史。人类为了维持与发展血缘亲情以外的各种人际关系，避免格斗或战争，逐步形成了各种与格斗、战争有关的动态礼仪。如：为了表示自己手里没有武器、让对方感觉到自己没有恶意而创造了举手礼，后来演进为握手；为了表示自己的友好与尊重，愿在对方面前“丢盔卸甲”，而创造了脱帽礼等。在古希腊的文献典籍，如苏格拉底、柏拉图、亚里士多德等先哲的著述中，都有很多关于礼仪的论述。中世纪更是礼仪发展的鼎盛时代。文艺复兴以后，欧美的礼仪有了新的发展，从上层社会对遵循礼节的烦琐要求到20世纪中期对优美举止的赞赏，一直到适应社会平等关系的比较简单的礼仪规则。

(三) 从不同角度对礼仪的诠释

从个人修养的角度来看，礼仪是一个人的内在修养和素质的外在表现。也就是说，礼仪即教养，素质体现了对交往礼节的认知和应用。

从道德角度来看，礼仪是为人处世的行为规范或标准做法、行为准则。

从交际角度来看，礼仪是人际交往中使用的一种艺术，也可以说是一种交际方式。

从民俗角度来看，礼仪是在人际交往中必须遵守的律己敬人的习惯形式，也可以说是在人际交往中约定俗成的待人以尊重、友好的习惯做法。简言之，礼仪是待人接物的一种惯例。

从传播角度来看，礼仪是在人际交往中进行相互沟通的一种技巧。

从审美角度来看，礼仪是一种形式美，是人的心灵美的必然的外化。①

三、礼仪的内容

礼仪的内容非常宽泛，可以大致分为礼貌、礼节、仪表、仪式、礼俗等部分。

（一）礼貌

礼貌是指人们在社会交往过程中良好的言谈和行为。它主要包括口头语言的礼貌、书面语言的礼貌、态度和行为举止的礼貌。礼貌是人的道德品质修养的最简单、最直接的体现，也是人类文明行为的最基本要求。在现代社会，使用礼貌用语、对他人态度和蔼、举止适度、彬彬有礼、尊重他人已成为日常的行为规范。

（二）礼节

礼节是人们在交际过程中逐渐形成的约定俗成的和惯用的各种行为规范之总和，如鞠躬、握手、拥抱、献花等。礼节是社会外在文明的组成部分，具有严格的礼仪性质。它反映了一定的道德原则的内容，反映了对人对己的尊重，是人们心灵美的外化。

（三）仪表

仪表指人的外表，包括仪容、服饰、体态等。仪表不只是外表的修饰，而且是一个人精神面貌、内在素质的表现。仪表美是一个人心灵美与外在美的和谐统一，美好纯正的仪表来自于高尚的道德品质，它和人的精神境界融为一体。端庄的仪表既是对他人的一种尊重，也是自尊、自重、自爱的一种表现。

（四）仪式

仪式指行礼的具体过程或程序，是在公开、正式场合举行的程序化、规范化的活动。它是礼仪的具体表现形式。人们在社会交往过程中或是组织在开展各项专题活动过程中，常常要举办各种仪式。仪式往往具有程序化的特点，这种程序有些是人为地约定俗成的。在现代礼仪中，仪式中有些程序是必要的、不可省略的，有些则可以简化。因此，仪式也有越来越简化的趋势。

（五）礼俗

礼俗即民俗礼仪，它是指各种风俗习惯，是礼仪的一种特殊形式。礼俗是由历史形成的，普及于社会和群体之中并根植于人们心理中，在一定的环境下经常重复出现的行为方

---

① 金正昆.教师礼仪规范[M].北京：中国人民大学出版社，2010：2.

式。不同国家、不同民族、不同地区在长期的社会实践中形成了各具特色的风俗习惯。“十里不同风，百里不同俗”，不但每一个民族、地区，甚至一个小小的村落都可能形成自己的风俗习惯。

四、礼仪的特征

作为人们在社会交往中必须遵守的行为规范，礼仪具有鲜明的时代特征和社会特征，这些特征主要表现为共同性、继承性、简易性、发展性、普遍性、规范性、地域性等。[①]

（一）共同性

礼仪的共同性是指人人都要遵守礼仪。一个民族总是存在着某些共同的利益，有着共同的历史传统、文化背景和生活环境。如果没有全民都共同遵守的礼仪形式，不同阶层的人就无法进行交往，整个社会生活也就无法正常运转，因此，在任何一个社会里都必然存在一些全民都必须共同遵守的最基本的礼仪形式。同时，礼仪是社会公共道德的重要组成部分，是在人类共同生活的基础上产生和发展起来的，是调节同一社会中全体成员之间关系的行为规范，因此，礼仪是社会中各民族、各阶级、各党派、各社会团体和各阶层人士都应共同遵守的行为准则。人类的观念和追求在某些方面是有共同性的。礼仪是社会交往中衡量他人、判断自己是否符合社交规范的共同标准和尺度，任何人要想在社交中表现得合乎社交礼仪，就必须无条件地遵守礼仪规范。凡是符合礼仪规范的行为，就为大家所接受；凡是不符合礼仪规范的，就会引起大家的不满和反对。在现代社会，由于不同国家、不同地域、不同民族之间的交往范围不断扩大，礼仪的共同性特征变得日益明显。礼仪已经跨越了国家和地区的界限，为全世界人民所拥有，成为全人类的共同财富。

（二）继承性

礼仪的形成和完善是历史发展的产物，任何国家、任何民族的礼仪都是在古代礼仪的基础上继承和发展起来的，都是在长期的社会生活和道德实践中逐步积累起来的。人们将在长期生活及交往中的习惯以明确的形式固定下来，并世代沿袭，这就形成了礼仪的继承性特点。这种继承性不是简单的“代代相传”，而是要经过反复筛选、淘洗和扬弃的过程，一些过时的、陈腐的习俗被淘汰，一些人们喜闻乐见、有价值、有生命力的礼仪精华被保留下来。特别是诸如尊老敬贤、父慈子孝、礼尚往来等一些反映民族传统的礼仪，一代又一代地流传至今，并将为子孙后代不断继承和发扬光大。礼仪一旦形成，便具有一定的稳定性，作为一种良好的社会生活准则在社会发展中世代相传，是社会进步、人类文明的重要标志。当然，礼仪的继承性应反映在对那些代表礼仪的主流和本质、体现社会文明和进步的高尚礼仪的继承和发展上，因此，对古代的礼仪不能全盘肯定，也不能全盘继承，而应该有抛弃、有继承，更要有发展，以适应当今社会发展和时代的需要。

---

① 李莉. 实用礼仪教程[M]. 北京：中国人民大学出版社，2004：34.

（三）简易性

礼仪的简易性是指礼仪在人们的社会生活和交往中易于被理解和接受、易于实现。礼仪作为一种道德规范，是人们的行为准则中最简单、最普及、最易于实行的标准，是人们普遍应当做到又不难做到的最低限度的行为要求。礼仪简单易行，便于操作，应用性强，才能在社会生活和交往中被广泛应用。礼仪的易学易行，使其具有十分广泛的群众性，得到广大群众的认可，从而在社会交往中得到推广和应用。

（四）发展性

礼仪不是一成不变的，它作为一种社会发展的产物，随着社会的发展而不断发展完善，以符合时代的要求。一方面，某一阶段被公认的礼仪准则、规范，随着历史的发展，有的被肯定，有的被否定，有的被充实，有的被抛弃，同时，一些新的内容又补充进来，不断推陈出新，使礼仪适应时代发展变化的要求。另一方面，随着对外交流的扩大，世界经济全球化和信息化的到来，各国、各地区、各民族之间的交往日益密切，各自的礼仪也随之相互影响、相互渗透、相互取长补短，使各国、各民族的礼仪在历史传统的基础上不断被赋予新的内容。因此，随着时代的发展变化，各国、各民族的礼仪也不断发展完善，任何国家、民族的礼仪都体现着时代的要求和时代的精神，这是社会的进步、历史的必然。

（五）普遍性

礼仪的普遍性是指礼仪在人类交往活动中无时不有、无处不在。不论是在结绳记事、刀耕火种的远古时代，还是在科学技术突飞猛进、文明程度日益提高的现代社会，也不论哪个国家或地区的上层社会的达官贵人，还是底层社会的布衣百姓，只要存在着人际的交往活动，就必然会有一定的礼仪形式与之相适应。也就是说，礼仪贯穿于人类社会发展的全过程，遍及社会的各个领域，渗透到各种社会关系之中，只要有人际关系存在，就会有作为人的行为准则和规范的礼仪存在。当然，由于时代、地域、阶层、民族习俗的不同，礼仪的表现形式也有所区别。

（六）规范性

规范性是礼仪的一个极为重要的特征。这里所说的规范性有两层含义。一是指礼仪是人们在社会交往实践中的一种行为规范，是要求普遍遵守的行为准则。它告诉人们应该怎样做、不应该怎样做，怎样做是对的、怎样做是错的。也就是说，礼仪作为一种行为准则，经常支配或约束着人们的社会交往行为。二是指在社会交往活动中，礼仪的实施应该遵循规范、符合标准。在什么时候施礼、施什么样的礼，都要因人、因时、因地而异。也就是说，礼仪的实施必须与等级相称、时空有序、恰到好处。否则，不仅不能达到增进感情、交流思想的目的，反而可能闹出笑话，影响友谊和社交活动的顺利进行。

（七）地域性

“十里不同风，百里不同俗。”由于各地区、各民族文化与习俗存在差异，各地区、各民族的礼仪因而也就存在各自的特色，具有民族地域性。不同的文化背景，产生不同的礼仪文化。我国幅员辽阔，是一个多民族大家庭，不同的民族，其风俗习惯、礼仪文化各有不同。例如见面问候致意的形式就大不一样，有脱帽点头致意的，有拥抱的，有双手合十的，有手抚胸口的，有互碰脸颊的，更多的还是握手致意。这些礼仪形式的差异均是由不同地方风俗文化决定的，具有约定俗成的影响力。礼仪是人类文明的产物，是人们进行社会交往的行为规范与准则。不论在东方，还是西方，人们都以讲文明、懂礼貌为荣。但是，由于东西方历史背景和文化传统有所不同，因此，中西礼仪在一些方面存在明显的差异。

【专栏 1-1】

圯桥进履

据《史记·留侯世家》中记载，张良，汉代人，从小就是尊敬老者、信守约定的好孩子。有一天，张良悠闲地在桥上散步。有位老人，穿着粗布短衣，走到张良跟前，故意把穿在脚上的草鞋丢到桥下，并且看着张良说："小子，去把鞋给我捡回来!"张良愣了一下，但是看他年老，就到桥下取回鞋子，递给他，老人坐在桥头，眼皮也不抬一下，说："给我穿上!"于是，张良又跪在地上帮老人穿鞋。老人心安理得地伸出脚让张良把鞋穿上，然后就笑着离开了。张良非常吃惊地望着老人的背影。不料，那个老人走了几步又转过身来，对着张良招招手，示意张良到他跟前去。张良乖乖地走上前去，老人和蔼地对他说："我看你这娃不错，值得教导。五天后天一亮，和我在这里见面。"张良行了个礼说："是。"

五天后，天刚刚亮，张良来到桥上，那个老人已经坐在桥上了。见到张良，老人很生气地说："现在天已经大亮了，年轻人这么不守信用，和长辈约会还迟到，长大后还能有什么作为！五天以后，鸡叫时来见我。"说完老人就走了。过了五天，鸡刚叫，张良就去了，老人又已经先到那里了。老人十分生气地说："我已经听见三声鸡叫了，你怎么才来？五天以后再早一点儿来见我。"又过了五天，张良半夜就到桥上等着那个老人。一会儿，老人也来了，他高兴地说："年轻人要成大事，就要遵守诺言，说什么时候到就什么时候到。"接着老人从怀里掏出一本书说："读了这本书，就可以成为皇帝的老师。这话会在十年后应验。十三年后，你会在济北见到我，谷城山下那块黄石就是我。"说完，老人就离开了，从此以后再也没有出现过。

天亮时，张良看老人送的那本书，原来是《太公兵法》，又叫《黄石兵书》。获此兵书，张良潜心研读，如虎添翼，不仅成了一位大军事家，而且成为一位大智谋家。他担任刘邦的首席谋士，为破秦灭楚、建立强盛的汉王朝立下了奇功。

第二节 教师礼仪概说

教师是履行教育教学职责的专业人员，承担教书育人、培养社会主义建设者和接班人、提高民族素质的使命。所谓教师礼仪，是指教师在从事教育、教学活动，履行职务时所必须遵守的礼仪规范和行为方式。[①]

一、教师礼仪的特征

教师礼仪除具有礼仪的基本特征外，还有其特定的适用范围、特定的适用对象。因此教师礼仪与其他礼仪相比，既有礼仪的共性特征又有其特殊性。

(一) 教师礼仪的示范性

教师礼仪的示范性，指教师的榜样作用。它是由教师职业特定的社会功能所决定的。教师的示范作用，体现在教育活动的各个方面。教师是教育、教学活动中最活跃、最积极、起主导作用的因素，对学生的影响是最直接、最强烈的。社会对受教育者的期望，要首先经过教师的内化，然后再由教师运用一定的教育手段，影响和感染教育对象，从而形成教师在教学活动中的示范作用。教师的思想品德、学识、才能、独特的个性语言风格、行为习惯等许多劳动手段与教师自身是一体的。同时，因为教师与学生之间的教育和教学活动是双边活动，所以，在这方面，教师还将受到学生的严格监督。有些教师被一些调皮的学生戏称为“机关枪”“高音喇叭”“吓一跳”“牵慢羊”“蜜蜂阿姨”等。这些绰号是很不礼貌的，但其中却包含了一些学生对教师不良言行的批评和讽刺。

德国著名教育家第斯多惠说过，教师本人是学校里最重要的师表，是最直观最有教益的模范，是学生最活生生的榜样。他还说，要是自己还没有培养和教育好，就不能发展、培养和教育别人。教师的示范作用，是强有力的教育因素。当他能够自觉运用时，其教育影响最大、最广、最深远。直到学生毕业后也不会消失，仍将继续影响学生的生活、家庭，乃至一生。鲁迅青年时在日本仙台从师藤野先生学习解剖学，藤野先生的无私而严格的作风对他产生了深远的影响。

(二) 教师礼仪的审美性

教师礼仪的审美性，主要是指教师职业的礼仪文明对学生以及对他人的影响，表现为教师行为、教师活动、教师外在形象等的美观能给他人以一定的教育影响力和精神上的满足感。

教师职业的特点，需要教师注意仪表形象的感染力。教师的仪表形象，主要包括教师的服装和必要的配饰，也包括必要的美容要求。女性教师可以化一点职业淡妆，修饰一下

---

① 李兴国，田亚丽. 教师礼仪[M]. 上海：华东师范大学出版社，2006：前言.

自然外表,表达一些健康的美感。男性教师,也需要经常梳洗和整理头发,保持一定的职业特点的发型。从教师服饰的一般要求上来看,讲究服饰的审美效能就是一种礼仪要求。穿着什么颜色、什么质地面料、什么样的款式都必然反映出教师的审美趣味,也反映出教师对各种社会场合的礼仪认识和礼仪态度。

教师职业的特点,需要教师注意仪态形象的感染力,这也是一个基本的要求。教师的仪态形象,指教师坐、立、行的身形姿态、面部表情、举手投足等方面的一些规范性和审美性的要求。站有站相、坐有坐相,从从容容、落落大方,常常是人们对教师仪态形象美的一般描述。

教师的职业需要提高语言美的能力,这是一个较高的要求,必须要做到“言之有礼”。教师语言是教师教育活动的根本性途径,所以也是传授礼仪文化的主要途径。教师的所有活动,从教师的行为体态规范化训练,到服饰多样化与规范化统一,到对校园庆典活动、各种社交活动文化性和艺术性的要求,都在展现教师礼仪审美性的时代魅力。

(三) 教师礼仪的统一性

教师礼仪是一种内在道德要求和外在表现形式相统一的行为规范。教师礼仪的内在要求是指教师在与他人交往的过程中,要互相尊重、诚恳和善、谦恭而有分寸。教师礼仪的外在表现形式是指礼仪的内在要求在教师的语言、行为、仪态等方面的具体表现。对教师礼仪的理解仅仅停留在表层是远远不够的,没有内在的文化修养、道德品质、精神气质和思想境界等,外在的形式就失去了根基。但我们在强调教师内在美德的决定性地位的同时,也不能否定外在形式的重要作用。正如英国教育家洛克所说的那样:“没有经过琢磨的钻石是没有人喜欢的,这种钻石戴了也没有好处。但是一旦经过琢磨,加以镶嵌之后.它们便生出光彩来了。”[①]教师内在的良好道德情操、文化修养通过一定的外在形式表现出来,才能在教育生活中具有实际的意义和作用。

二、教师礼仪的基本原则

教师礼仪的原则是指教师处理人际关系的出发点和指南。准教师不仅要学习和掌握礼仪的规则,而且要懂得和遵循礼仪的基本原则,这样,在未来的教育教学活动中才可以更加自觉、更加自然得体。一般来说,教师礼仪的基本原则有尊重原则、自律原则、适度原则、诚信原则、随俗原则、教育原则和宽容原则等。

(一) 尊重原则

尊重是教师礼仪的情感基础,是建立友好关系的纽带和处理各种人际关系的准则。只有人与人之间彼此尊重,才能保持和谐、愉快的人际关系。尊重包括自尊和尊敬他人,以尊敬他人为主。自尊就是要自己尊重自己,保持自己的人格和尊严。一个具有自尊品质的教师,必然注意自身修养,自强不息,因而也会赢得学生、同事和领导的尊重。尊敬他

① [英]约翰·洛克.教育漫话[M].杨汉麟,译.北京:人民教育出版社,1957:72.

人就是对他人以礼相待，尊重他人的人格、感情、爱好、价值及其所应享有的权利和利益，对人要诚心诚意，做到宽厚、宽容、大度。尊重交往对象，平等待人，对任何人都要做到一视同仁，给予同等程度的礼遇，不能因人而异、厚此薄彼、区别对待。尊敬他人的精神应渗透于教师礼仪实践的方方面面，掌握了这一点，就等于掌握了礼仪的灵魂。

（二）自律原则

自律就是自我约束，时时处处用礼仪来规范自己的言行举止。教师礼仪的自律原则要求教师从内心树立良好的道德信念和行为准则，并以此约束自己的行为，自觉按照礼仪规范去从事教育活动，将良好的礼仪规则内化到心中，使之成为个人素质的一部分，而无须外界提示和监督。教师在与学生、同事交往中，要求别人做到的自己应首先做到，不断提高自我约束、自我克制的能力，做到自律自觉。不论是在领导面前，还是在学生面前，教师都应“慎独”，自觉遵守礼仪。

（三）适度原则

“度”指的是一定事物保持自己质的数量界限，超过这个界限，就会引起质的变化。在人际交往中，情感的表达也有一个适度的问题，教师要把握好各种情况下的社会距离及彼此间的感情尺度：待人既要彬彬有礼，又不低三下四；既要殷勤接待，又不失庄重；既要热情大方，又不轻浮谄谀。凡事过犹不及，社交也是如此，礼仪运用得过了头或不到位，都不能正确地表达敬重之情。比如握手，毫不用力，会使人产生一种被冷淡或不被看重的感觉；用力过大，会令人觉得粗俗；只有用力适中，才会表现得热情真诚。无论是谈吐还是举止，如果过于严肃拘谨，则无法形成轻松融洽的气氛；但是，如果大方过了头，则难免引起他人的反感。所以。在教育活动中，教师运用每一种礼仪都要注意时间、地点和对象，注意把握分寸，适可而止。同样的礼仪，有的教师运用起来赏心悦目，充满美感，有的教师运用起来却让人觉得变了味、走了样，其原因往往就在于没有掌握礼仪的适度原则。

（四）诚信原则

真诚是做人之本，也是教师的立业之道。人与人相交贵在交心，人与人相知贵在知品，人与人相敬贵在敬德。真诚向来是为人所称道的道德，而虚伪则最遭人厌弃。真诚待人，可广结人缘，拥有众多的同行朋友和社会友人，与学生相处就会感情融洽，即使有点误会或隔阂也能消除，正所谓心诚则灵。虚假处世，只会糊弄一时，终不会长久，必定相交者寡。在礼仪及其规范的遵循上，如果态度是真诚的，即使不会仿效礼仪对象的做法，也会赢得对方的了解和尊重，例如外国人到中国不会用筷子，我们并不会认为这是失礼的行为，而会认真地教他们使用筷子。教师运用礼仪时，务必诚实无欺、言行一致、表里如一，做到“诚于中而形于外”“惠于心而秀于言”，使美的心灵与美的仪表、谈吐、举止形成一个有机的整体。只有如此，教师在运用礼仪时所表现出来的对交往对象的尊敬与友善，才会更好地被对方理解和接受，才能充分展示出自己美的风采。

（五）随俗原则

随俗原则是指教师必须遵守礼仪对象所在地域、所属民族的礼仪规范。不同的文化背景，产生不同的礼仪文化，不同的民族，其风俗习惯、礼仪文化各有千秋。随俗原则的作用在于教师与不同民族或不同地区的人进行交往时，对遵从何种礼仪规范有一个共同认可的选择标准。遵守随俗原则，无论是对处于客体还是处于主体的礼仪当事人来说，都是顺理成章的。遵循所到地域的礼仪规范，是一切礼仪当事人无法推卸或回避的义务，也是获得礼仪成功的重要保证。如果能做到这一点，就可以得到所到地域的人的认同、赞赏和欢迎，并且在各方面产生巨大的促进作用。

（六）教育原则

“师者，人之模也，无德者，无以为师”，“德高为师，学高为范”，这是人们对教师的期望。但长期以来，在教师的职业道德建设上，我们对教师职业道德强调得多，对教师的行为规范强调得少，扎扎实实的行为训练则更是缺乏，使得一些教师不知道该如何把教师职业道德规范转化为身体力行的职业道德实践。有的教师在课堂上从未对学生微笑过；有的把训斥、讽刺、挖苦、体罚或变相体罚学生与对学生的严格管理等同起来，造成学生身心方面的伤害，甚至造成无法挽回的严重后果。维护和体现人的尊严是礼仪的价值所在。教师礼仪的核心是对学生的尊重和关爱，一句亲切的话语、一张洋溢着微笑的面孔，对学生都是一种巨大的激励和鼓舞。所以，礼仪不仅是教师自身良好职业道德修养的表现，更重要的是，礼仪使教师职业道德成为一种重要的教育力量或教育要素。在学生心目中，教师是智慧的代表、高尚人格的化身，教师的一言一行所传递的思想、性格、品德对学生有着熏陶与感染作用。长期工作在学校的人都有这样一个体会，教师的行为作风，对学生的才识品学、素质风格以及集体面貌影响极为深刻。教师进取心强，受其熏陶，学生也会充满积极进取的精神；教师待人诚恳，作风民主，和蔼可亲，能听取学生意见，学生中也会充满团结向上的气氛；教师兴趣广泛，多才多艺，学生也会重视自己兴趣、爱好的培养和特长的发展；教师的素质在某一方面不尽如人意，学生就会无法避免地出现某种相应的遗憾等。苏联教育家马卡连柯认为，教育者对被教育者的作用首先是品格的熏陶、行为的教育，然后才是专门知识和技能的训练。礼仪恰恰是教师把这种“首先”和“然后”连接在一起的桥梁和纽带。

（七）宽容原则

宽容是人际交往中的一大美德，是一个人、一个民族成熟的表现。很多伟人都留下了关于宽容的至理名言，如孔子说：“有朋自远方来，不亦乐乎?”宽容原则，指的就是对异己事物的一种容忍。宽容就是心胸坦荡、豁达大度，既要严于律己，更要宽以待人。宽容心怀、宽容意识是现代人应具备的基本素质。教师要具有宽容的品德，容忍自己的同事有不同的教学方案和教学模式，容忍不同的学科有不同的教学要求，容忍不同的学生有不同的偏好和兴趣，教文科的不能说文科比理科好，教理科的也不能认为文科不管用。对学生不要求全责备、斤斤计较，甚至过分苛求、咄咄逼人。教师要以宽广的心胸、豁达的态度、大方的仪态善解学生、体谅学生，体现自身良好的人格魅力。

教师对学生的宽容要注意以下几个问题。首先，教师要充分尊重学生的个人生活、学习习惯，只要这些习惯不违反校纪、校规，不危害自己和他人，教师就不应该强迫学生改变自己的习惯。其次，教师应该明白，任何学生都是一个普通人，即便他在学习上很有天赋，作为一个成长中的孩子，肯定也会有孩子常见的问题。教师应该采取的措施是努力帮助学生，使他们认识到问题的所在，而不是一见学生有错误就随便指责，甚至污辱学生。除了要做到以上两点起码的要求，教师还应该努力养成宽容的习惯。比如，多替学生着想，思考怎样才能使他们保持轻松的学习状态，怎样才能很好地帮助学生解决所遭遇的困惑，学生误解自己时，怎样才能让学生明白自己的好意而不是恶意报复，等等。这些都是宽容原则中比较高的要求，教师在教学过程中应该逐渐培养。

三、教师礼仪的意义

礼仪之所以被广泛提倡，之所以受到社会各界的高度重视，主要是因为它对社会、对个人具有多方面的重要功能。对教师来说，学习教师礼仪规范，提高自己的修养，培养自己良好的气质风度，也具有重要意义。

（一）树立教师的职业形象

礼仪是显示教师的人格修养、文化背景等道德风范的窗口。礼仪可以帮助教师塑造一个总体的职业形象，包括外在形象和内在形象。外在形象是教师所表现出来的言谈举止、行为服饰等视觉形象，内在形象则是教师人品、格调、气质、风度等人格形象。前者表现后者，而后者深刻地影响前者。

大方得体的衣着、亲切和蔼的谈吐等符合教师职业要求和礼仪规范的行为举止，既能表现教师端庄、自信的魅力，又能体现教师勤奋、严谨的治学态度和积极进取、奋发向上的精神风貌。而衣着随便、不修边幅，甚至在讲课时把手插在衣兜里，语言粗俗，批评学生时不注意场合等，则很难使学生产生好感。礼仪对于教师形象的塑造功能还表现在良好的气质对教师精神风貌的影响。气质和风度不是靠一身华贵的服饰就能够打扮出来的，而主要取决于广博的学识和丰富的阅历，正所谓“腹有诗书气自华”。教师要在与他人的交往中表现出开朗、达观、尊重、谦逊、友好、体谅、机敏、聪慧的精神风貌，这样的形象才富有吸引力。外表举止文雅、态度端庄、表情自然、微带笑容，是通常情况下都很受欢迎的教师形象。

（二）维护教师的职业尊严

苏联教育家马卡连柯曾经说过，以轻蔑和傲慢的态度来对待自己的学生，就会使学生跟自己疏远，因而破坏教师自身的威信。而没有威信就不可能成为一个成功的教育者。学生丧失了对教师的信任，必然抵消教育的效果。有的学生不喜欢某门课程的原因并不是课程本身存在什么问题，很多情况下是由于不喜欢任课的教师。要使学生接受教师的教育，首先要使学生从情感上接受教师，这是符合教育规律的。在这个问题上，有些教师存有片面的认识，他们以为知识渊博就是一个好老师，板起面孔则不能维护教师的职业尊严，其实恰恰相反。在一次教学评估会上，某学校的学生给教师提出的意见和要求是："希望老师讲课要面容和蔼，常带微笑，注意服装整洁。"由此可见，教师得体的仪表、优雅的举止、和蔼的态度，都是维护其职业尊严所不可缺少的内容。

（三）协调教师的人际关系

教师与同事、学生、家长进行交流时，要讲究礼仪。因为只有讲究礼仪，共同用礼仪来规范彼此的交际活动，才能更好地表达对对方的尊重之情，增进相互之间的了解和友谊。如果不讲究礼仪，即使教师心里很尊重对方，想得到对方的好感，也不会给对方留下好的印象，因为人与人之间的相互观察和了解，一般都是从礼仪开始的。人际关系的融洽离不开一定的情感因素，而一定的情感表达必然要通过一定的礼仪形式。热情的问候、友善的目光、亲切的微笑、文雅的谈吐、得体的举止等，都可以唤起人们沟通的欲望，彼此建立起好感和信任。这些看似不起眼的礼仪形式，就像一条无形的纽带，拉近了教师与同事、学生、家长之间的心理距离，营造了愉快、和睦的人际关系氛围。

社会心理学学者通过大量的实验证明，在交际活动中存在着一种"相似性吸引"的心理现象。也就是说，人们若在文化背景、生活状态、社会地位、职业特长、风俗习惯等方面互相接近，就容易在心理上、感情上、行为上趋于融合，产生共鸣和信任，进而凝聚感情并建立起友谊。正因为如此，教师如能懂得不同场合交际礼仪的知识，就更容易与交往对象打成一片，使对方觉得你熟悉他们、理解他们、尊重他们，从而把你当成自己人，乐于和你交往。相反，如果教师不懂得有关的礼仪知识，就有可能被某些社交场合隔离开来，即使参与了进去，也显得与周围的人格格不入。经验表明，有"礼"走遍天下，无"礼"寸步难行，这个"礼"便是礼仪、礼节和礼貌。礼仪知识的学习和礼仪行为的训练，可以使教师在交往活动一开始就比较顺利，就能引起对方的注意，并进一步将这种注意转化为对教师人格的良好想象，从而在交往双方之间建立起信任，形成良好的对话气氛，使交往双方从心理上接受交往内容信息的传递，保证交往活动的进行，如彬彬有礼的谈话方式经常能起到事半功倍的作用。要使语言文雅优美，教师就必须做到说话和气、态度谦虚谨慎，并善于认真倾听，此外，若能注意到谈话时的多边关系，那么就能通过语言进行多方的思想交流，增进相互了解，使人际交往产生协调和谐的效果。相反，粗野、恶俗的语言，既使人反感，又不利于双方的有效沟通，还伤害彼此的感情。俗语说："良言一句三冬暖，恶语伤人六月寒。"便是这个道理。

（四）提升教师的人格魅力

著名心理学家阿尔波特雷曾提出六条健康人格的标准：① 具有自我广延的能力，有许多朋友、许多爱好，能积极参加各项社会活动；② 具有与他人热情交往的能力，能够和他人建立起亲切温暖的关系；③ 在情绪上有安全感并且能够接受自己；④ 在知觉、思想与行动上能够充分配合外界，不加歪曲；⑤ 有自知之明，对自己的长处和短处有比较客观的了解；⑥ 有一致的人生哲学。可以看出，健康人格标准和现代礼仪要求有许多一致的地方，或者说良好的礼仪教育和礼仪修养将有助于教师达到健康人格标准。[1]

得体的仪表、优雅的举止、和蔼的态度，不仅能够充分展示教师的个性风采，有助于教师发挥才能和获得学生的尊重与好评，而且能够增强教师的人格魅力。有位学生在评价自己的老师时是这样说的："老师着装得体，举止言谈大方、合宜，性格开朗、热情，真诚地对待每一位学生。走上讲台带着真诚的微笑，吐字清晰，用语准确且嗓音洪亮、铿锵抑扬，使我们听得真真切切。我深深地为您的谈吐和学识所折服。作为一名优秀教师，您已超越了职业限制，已完全把教学作为人生的一大乐事，不只是传道、授业、解惑了。在教学中您教会了我们如何做人，如何做一名高尚、完善的人。我喜欢上您这样的课。"可见，良好的礼仪修养对提升教师的人格魅力有着非常重要的价值。

(五) 加快教师的事业成功

教师只有讲究礼仪，才会有良好的人缘。良好的人缘，会给教师提供信息，提供机遇，促进教师的事业成功。现代教育心理学理论认为，只有在教育者与受教育者双方心理需要相"吻合"、"心理交流"相沟通、"心理相容"的条件下，才能顺利达到教育的目标。亲其师，才能信其道。如果学生觉得教师理解他们、信任他们、关心他们，他们也会理解教师、尊敬教师、信任教师，进而敞开心灵的大门，接受教师的教导，听取教师的见解，把教师所传授的价值观念、道德标准、文化知识接受下来，并转化为自己成长、发展所需的内在信念和意志，用以指导自己的行为。所以，要使教育富有成效，教育者和受教育者之间必须实行有效的沟通，建立起师生间"心理相通"的教育渠道。如果教师在教育教学中，不讲究礼仪，教育态度、教育方法没有人情味，全然不顾学生的个性和尊严，对学生无兴趣，缺乏理解、爱护和应有的尊重，教育方式呆板、生硬，违背学生身心发展规律，则会导致教育教学的失效，成为教师事业成功的绊脚石。

(六) 促进学生的健康发展

教师遵守礼仪规范能有效地使学生在心理上产生一种被尊重、被理解的良好情感体验，使教育者与受教育者的关系变成带有心理亲和力的友谊交往，从而促进学生的健康发展。教师符合礼仪要求的行为举止，常以潜移默化的方式影响、教育着每一位学生，使他们在无意识模仿之中逐步形成尊重他人、与人为善的道德品质及良好的行为习惯。教师讲课面带微笑，衣着整洁，姿态优雅有风度，语言举止文明有礼，与学生说话时亲切和蔼，还能激发学生的学习积极性和参与教学的热情。反之，会使学生丧失学习的兴趣和积极性。有位学生在谈到这个问题时说："老师走上讲台一脸厌倦的神色，面部表情呆板，姿态松懈，我们一看心里顿时也泄了劲。"

学生的自尊、自信是靠他人的尊重来维持的，特别是教师。其实不只是学生，根据美国著名心理学家马斯洛(A. H. Maslow)的需要理论，获得社会、他人承认和尊重是人类普遍的心理诉求。教师过于严厉、粗暴的批评与训斥，不负责任的冷嘲热讽，首先摧毁的是

---

① 刘连兴，等.大学生礼仪修养[M].济南：山东大学出版社，2004:18.

学生的自尊和自信。一个涉世不深、对人生与社会缺少深刻理解和认识的青年学生，一旦丧失了做人的尊严和自信，对他们自己以及社会意味着什么，每一个有职业良心的教师都应该是清楚的。全国著名优秀教师魏书生的教育经验中，极为重要的一条就是把对教育的忠诚、对学生的爱，化为尊重学生的具体实践。他从未严厉、粗暴地批评、训斥过学生，而是通过“优点扩大法”使许多后进生找回了自尊，找回了自信，走上了健康发展的道路。

【专栏 1-2】

古代礼仪用语例说

冠礼：古代表示男子已届成年的一种礼节仪式。“冠”即“加冠”，届时将筮日筮宾，行冠礼，以示隆重。《礼记》上说男子 20 岁加冠。

笄礼：古代表示贵族女子已届成年的一种礼节仪式。贵族女子 15 岁行笄礼，结发加笄(笄为发髻上插的簪子)，取字，并可许嫁。古书说的“及笄”“笄年”“字人”皆指女子已成年可许嫁。将近成年者则称“未字”“待字”等。

筮日：古人举行礼仪选择吉日的占卜方式。用蓍草占卦为筮，用龟壳占卦为卜。

筮宾：古人举行礼仪选择合适主事人的一种占卜方式。

聘礼：先秦列国诸侯相互聘问所遵循的礼仪。其主要仪节是郊劳(主国要员都郊迎来使)、聘享(在宗庙内的迎祭仪式)、私觌、飨宾(宴请来使)、馆宾、赠贿(使者临行，主国赠礼品)。后虽变化各异，但亦基本沿用，多用于外交。

六礼：古代婚姻礼仪，即六道手续，称为“六礼”。据《仪礼・士昏礼》载，六礼即纳采、问名、纳吉、纳徵(男家以聘礼送给女家)、请期(男家备礼告女家以商定日期)、亲迎。

九宾：亦称“九宾之礼”，为古代宾礼中最隆重的礼仪，主国有九个迎宾赞礼的官员延迎上殿。《史记・廉颇蔺相如列传》：“今大王亦宜斋戒五日，设九宾于廷。”

三拜：古代拜制沿革复杂。一般地说，长跪、弯腰、垂首至地为“拜”。拜时头低垂触地，并略作停留，称为“稽首”，或称“叩首”，俗称“磕头”。古时常礼为两拜稽首，称为“再拜”。有时以示尊重或诚意，则变常礼为三拜稽首，称为“三拜”。

丧礼：古称“凶礼”，安葬死者前后的殓殡奠馔和拜踊哭泣的礼节。

酹：古代祭奠或设誓的一种仪式。做法是把酒洒在地上。苏轼《念奴娇・赤壁怀古》有：“一樽还酹江月。”

礼仪实训

一、实训练习

(一) 案例分析

1. 元代,胡石塘应聘入京,元世祖忽必烈召见。胡石塘头戴棕皮编织的帽子,稍有歪斜,忽必烈问他所学的是什么,胡石塘答道:“治国平天下之学。”忽必烈笑道:“自家的一顶帽子尚不端正,又怎能平天下呢?”于是就不用他。

(1) 胡学士因为歪戴帽子、不拘小节而葬送了前程,你认为忽必烈是小题大做吗?

(2) 说说你是怎样理解“小处不可随便”这个问题的。

2. 明代张翰的《松窗梦语》,里面记载着一个很有哲理的故事:张翰刚当上御史的时候,就去拜访都台长官王廷相。王廷相为了鼓舞张翰当好官、做好人,给他讲了自己乘轿的故事。王说,有一次他乘轿进城公务,半路上下起了雨,有个轿夫穿了一双新鞋。开始时,这个轿夫小心翼翼地循着干净无水的地方走,可是后来一不小心踩进了泥水坑。再往前走的时候,这位轿夫就再也不顾及自己的新鞋子了,随便往泥水坑里踩。王廷相感叹地对张翰说:“做官、做人、做事的道理,和这位轿夫的新鞋不小心踩进泥水坑里是一样的啊!人只要一不小心犯了错,那以后就再也不会有所顾忌了。因此,常常约束自己的行为,是一个人必须经常修炼的功课。”张翰听了,深受感触。

这则故事给你什么启示?

(二) 简答题

1. 简述教师礼仪的特征和基本原则。

二、实训项目

(一) 情境模拟训练

选取一小组成员分别扮演情境中的人物,模拟演练完之后讨论情境中的两位主人公有什么失礼之处,结合礼仪的功能说明这些失礼的表现会有什么后果。

广州某商品交易会,各方厂家云集,企业家们济济一堂。华新公司的徐总经理在交易会上听说伟业集团的崔董事长也来了,想利用这个机会认识这位素未谋面而又久仰大名的商界名人。午餐会上他们终于见面了,徐总经理彬彬有礼地走上前去:“崔董事长,您好!我是华新公司的总经理,我叫徐刚,这是我的名片。”说着,便从随身带的公文包里拿出名片,送给了对方。崔董事长显然还沉浸在之前的与人谈话的情境中,他顺手接过徐刚的名片,回应了一句“你好”并草草看过,就放在了一边的桌子上。徐总经理在一旁等了一会儿,未见这位崔董事长有交换名片的意思,便失望地走开了。

(二) 下面是关于人生的 10 条建议,请同学们酌情进行实践,然后交流心得体会

1. 生气的时候不要做任何决定。
2. 学会礼貌而灵活地说“不”。
3. 不要指望生活会是完全公平的。
4. 每天称赞三个人。
5. 经常说“谢谢”。
6. 用你希望别人对待你的方式去对待别人。
7. 结交新朋友。
8. 保守秘密。
9. 学会倾听。
10. 学会独立思考。

第二章　教师仪容礼仪

学习目标

1. 了解教师仪容礼仪基本常识，掌握仪容礼仪基本含义和要求。
2. 熟练掌握教师个人卫生、化妆等修饰仪容的操作要领。

【案例导入】

李老师是一位有着丰富教学经验的数学老师，多年来他所教的班级数学成绩总是优于其他班级，按说这样的好老师应该会受到学生的青睐，但是李老师却在学生中很不得人心，他教过的学生大多都不喜欢他。原来李老师平时过于节俭，以至于穿衣服非常朴素和随便，常常一个学期下来一件衣服穿到底。并且不修边幅，不讲卫生。经常蓬头垢面地就来上课了，头发经常油腻腻的，满头汗味或是油味，头皮屑随处可见，学生只要接近他，就会闻到他头发和身上散发出的难闻的气味，甚至经常能闻到大蒜之类食物的味道。最不能容忍的是他经常课讲到一半，嗓子不舒服就直接把痰吐在教室地上，令所有的学生厌恶至极，自己却十分坦然。

仪容主要指一个人的容貌。它主要包括面部、头部、颈部、手部等直接裸露在外的部分，是一个人精神面貌的外观体现。在人际交往中，虽然我们不能以貌取人，但是，初次接触时，仪容是一个非常重要的因素。因为，一个人给别人的初步印象几乎都是视觉上的，在真正了解一个人之前，我们早在第一眼看到对方时，就形成了对对方的初步看法，虽然这未必就是正确的认识，但是它却先入为主，成为决定双方是否继续深入交往的基础。

教师更要懂得“质于内而形于外”的道理，端庄的仪容体现了教师的高层次的文化修养、气质、自尊和品位格调，也是对学生和其他交往对象的尊重。修饰得当的仪容，看上去精神焕发、神采飞扬，具有自信与敬人的双重功效；修饰不当的仪容，看上去萎靡不振、无精打采，不仅会丧失自信、失敬于人，还极易削弱教育的作用甚至导致教育活动的失败。因此，每一位教师都应注意自己仪容的修饰，给学生留下一个温文尔雅、亲切端庄的印象。

教师的仪容礼仪包括清洁与美容化妆两方面的内容。清洁是仪容美的基本要求，包括面部清洁、口腔清洁、须发清洁、手清洁、身体无异味等。美容化妆是教师仪容礼仪的高层次要求。教师适当的美容化妆能表现出对生活、对事业的热爱，以及对自己、对他人的尊重。

第一节　教师的个人卫生礼仪

清洁是仪容美的关键和前提，讲究卫生并养成良好的习惯是仪容礼仪最起码的要求。教师应该养成良好的卫生习惯，如经常洗澡、修剪指甲、理发、换衣等。

一、教师的面部卫生礼仪

教师面部卫生最基本的一点就是要保持面部的干净清爽。为了做到这一点，必须坚持每天早、中、晚都要洗脸，并且坚持以正确的方法洗脸。洗脸方法正确不仅能将污垢、油脂、汗渍等清除干净，还可以促使面部皮肤进行良好的血液循环和新陈代谢，使人精神焕发。

在洗脸时特别要注意清除眼角分泌物，它给人的印象很不雅，所以应经常及时地将其清除；戴眼镜者还应注意，眼镜片上的多余物也要及时擦除。

洁面时还要注意清洁鼻子。特别是经过较长时间在室外上课的体育教师，更要注意清洁鼻子内外，不要让他人看到“乌溜溜”的鼻孔。有鼻液要及时用手帕或纸巾擦干净。当众用手擦鼻涕、挖鼻孔、乱弹或乱抹鼻垢等都是不卫生的行为举止。此外，还要注意经常检查和修剪鼻毛，不要让它露在外面，也不要当众揪拔自己的鼻毛。

除此之外，教师要定期去除耳朵的分泌物。耳孔里不仅有分泌物，还有灰尘。要经常进行耳部的清洁。不过一定要注意，这个举动绝对不应该在课堂上进行。

除了具有特殊的宗教信仰与风俗习惯之外，男教师一般不宜留胡须。不留胡须，既是为了清洁，也是对他人的一种尊重。因此，男教师最好每天坚持剃一次胡须，必要时，还需增加次数，绝对不能胡子拉碴地去学校。

教师还要注意口腔卫生。要坚持每天早晚刷牙，以消除口腔异味，维护口腔卫生。常规的牙齿保洁应做到“三个三”，即三顿饭后都要刷牙；每次刷牙不少于三分钟；每次刷牙的时间在饭后三分钟之内。教师还要养成平时不吃生蒜、生葱、韭菜等带有刺激性气味的食物的好习惯。

二、教师的头发卫生礼仪

教师头发的整洁包括三部分：一是头发干净卫生，没有异味；二是发型要适度；三是要每日将头发梳理到位，不能蓬松凌乱。

头发的干净，是要求人们养成周期性洗头的好习惯，通过定期勤洗头发，使之无异味、无异物。任何一个健康而正常的人，头发都会随时产生各种分泌物，此外，它还会不断地吸附灰尘，并且与其分泌物或汗液混杂在一起，甚至产生不雅的气味。所以，一般情况下，至少要做到三天洗一次头发。夏日容易出汗，最好能做到一天一洗。倘若是油性头发，则应当两天左右洗一次。遇上某种特殊的情况，如刮大风等，应当随时洗头发。参加一些比较正式的场合，尤其是参加自己有可能成为众人所注意的焦点的活动之前，最好专门洗一次头发，以免给自己添烦加乱。体育教师、爱出汗的教师，则应该每天上课前特意检查一下自己的头发有没有异味。另外，爱掉头发或头屑过多的教师，每次出门之前都要对自己的头发加以精心的检查与梳理，并且要把头顶上、脸上、衣服上、眼镜上，特别是肩背上从头上散落下来的落发、头屑认真地清理干净，不然也会给人不洁的感觉。

教师是一个特殊的职业，不像演员、体育明星、艺术家等职业可以塑造很多怪异的发型。对于教师而言，选择发型的自由度要小得多。不论是男教师，还是女教师，都不能在自己的头发上搞花样，发型要做到朴实适度。例如，不准留大鬓角，不准剃“阴阳头”，更不准在发型上太过于中性化，让人难辨性别。留什么样的发型要考虑个人的年龄与脸型。如老年男教师，以“背头”发式为好，这种发型既与老年知识分子的气质相符，又可掩饰老年男教师凸鬓、谢顶的缺陷。而体胖、颈短、脸宽的中青年男教师则以平圆式发型为佳，这种发型可以使头部相应地显得长些。对于女教师而言，发型的限制相对宽松一些，高雅大方的烫发、时髦利索的削剪都是不错的选择。但女教师一定要避免怪异的发型，过分夸张不自然的染发也不适宜，大型花哨的发饰也不适宜。

除了上述原则外，教师如何选择适合自己的发型可参考如下方面。(1) 选择发型要符合自己的性格和气质。每个人的性格、气质各不相同，所选择的发型也不能千篇一律。举止端庄稳重的人，宜选择朴素、自然大方的发型；性格开朗直爽的人，宜选择线条明快、造型简单、体现个性特点的发型；潇洒奔放的人，宜选择豪爽简约的发型。(2) 选择发型要适合自己的脸型特征。一般来说，人的脸型分为椭圆脸、圆脸、长脸、方脸四种脸型。发型的选择以脸型特征为依据。椭圆脸型比较标准，其发式可以比较随意。圆脸型发式不宜蓬松过大，额角及顶部的头发可以隆起，发式切忌呈圆形。长脸型的发式，要将刘海儿向下梳，遮住额头，两侧的发型要蓬松，以减少脸的长度。方脸型的发式，可让头发披在两颊，设法掩饰脸的棱角，使脸型漂亮。(3) 选择发型要与自己的身材相适应。人的体型有高、矮、胖、瘦之别。发型是人体的组成部分，应该根据不同的体型选择适合自己的发型。比如：瘦高的人，可留长发、直发、大波浪的卷发；身材矮小的人，可剪成短发或将头发高盘于顶。披肩长发是女性的偏爱，曲或直都会给人以不同的美感。(4) 选择发型要与年龄相称。老年女性的发型，适合花型大而简单的短发，看上去显得利索、精神，给人以思维敏捷、头脑清晰的感觉。如果留长发，应盘低发髻，给人以高贵典雅又温婉可亲的印象。中年女性的发式要求端庄、稳重，显得光彩照人，给人以年富力强的感觉。总之，教师的发型要做到美观大方，与自己的性格、脸型、性别、年龄等协调一致。

头发处于人体的“制高点”，往往是他人的视线最先注意的地方，因而，教师无论留什么样的发型，都不能使自己披头散发、蓬乱不堪。乱发、散发不只是影响自己的形象，同时也是对别人的不礼貌。所以，最好的办法是在自己剪好头发或洗完头发以后，稍加打理，使其线条清晰、纹丝不乱。而不注意梳理头发的人，看上去要么头发杂乱无章，要么一缕缕“不守规则”的头发破坏了发部的整体造型，往往给人以做事有始无终、大大咧咧的印象。此外，在梳理头发时，还有三点应该注意。一是梳理头发不宜当众进行。梳理头发是私人事务，最好避开外人。二是梳理头发不宜直接用手，最好随身携带一把发梳，以便必要时梳理头发之用。不到万不得已，千万不要以手指去代替发梳。三是断发、头皮屑不宜随手乱扔。梳理头发时，难免会产生少许断发、头皮屑等，信手乱扔，是缺乏教养的表现。

三、教师的手部卫生礼仪

除了面部之外，每个人的手部也是为他人所关注的另一个重要部位。对于教师而言，手更是其第二张面孔。教育教学活动中随时随地都需要用手，如办公室伏案写字、课堂板书、课余时间给学生辅导等。手伸出去就会给人一种深刻的印象，并且与教师的整体印象密切相关，反映这个教师的修养与卫生习惯。所以，对于教师而言，手部清洁与养护在仪容礼仪中占有重要的位置。对于手部卫生礼仪的具体要求，有以下几点。

一是常洗手。每个人身上，手是与外界直接接触最多的一个部位，教师的这一点就更是突出，所以必须勤洗手。洗手，不应只是在饭前、便后，而且应当是在一切有必要的时候（尤其是下课后）。

二是不要刻意蓄留长指甲。在修剪手指甲时，注意指甲不要留太长，并且要经常地进行修剪。绝不可以用牙齿去直接啃自己的指甲，也不要当众剪指甲。

三是不要把指甲涂得大红大紫。对教师而言，要求其整体形象优雅含蓄，涂抹彩色指甲油是不合适的。当然，为了保护指甲而使用无色的指甲油，则该另当别论。

第二节　教师的化妆礼仪

教师的职业特点决定教师的仪容形象也是一种巨大的教育资源和教育力量。仪容的美有两种情况：一种是天生丽质，不需要加工化妆，就能楚楚动人，散发出自然的美感；另一种是容貌平常，但可以通过使用优质的化妆品和高超的技术手段加以修饰，从而达到美化仪表的目的。在人们的传统观念中，教师教书育人，容貌上朴素一些，是情理之中的事，而且还会显得平易近人。然而，在今天，素面朝天的老师已不再是学生们崇拜的对象。“爱美之心，人皆有之”，现在的学生大都喜欢老师化点淡妆，打扮得时尚而又不失庄重。

一、教师化妆的一般要求

由于教师职业的特殊性，教师化妆总的礼仪要求是，简约淡雅、协调一致；任何浓妆艳抹、矫揉造作，都是不适合教师身份的。具体而言有以下原则要求。

（一）简约淡雅

简约淡雅是中国传统化妆所崇尚的，更是教师化妆的总体要求。在我国，人们习惯上把化妆技巧分为三种境界，可用三句诗形象地加以概括描述。（1）“妆罢低声问夫婿，画眉深浅入时无？”这是指初学打扮阶段。因为美容化妆的目的虽然是使自己的容貌更加美丽动人，但这种美并非是孤芳自赏，而应让别人接受才行。因此，初学化妆不要机械地照本宣科，要根据自己的实际灵活地设计，最好是化妆后请自己的亲人或朋友欣赏评判，并根据他们的意见进行修正。这是化妆的第一境界，也是初学化妆者必须经历的过程。（2）“淡妆浓抹总相宜”，这是指化妆的技法较为娴熟，到了能打扮、会打扮的阶段。到了这一境界，无论是浓妆艳抹，还是轻描淡写，都是你自己，是一个美化了的自己。（3）“清水出芙蓉，天然去雕饰”，这是化妆的最高境界。到了这种境界，对化妆已经能够创造性地发挥了，不再拘泥于固有的模式，可以随心所欲地装扮自己，使化妆美与人体美完美地结合起来。这样的化妆效果不仅使人看不出人工雕琢的痕迹，还能给人以清新、自然、高雅的印象。教师的化妆一般也会经历上述三个阶段，最终追求的乃是“清水出芙蓉，天然去雕饰”的理想境界。当然，达成这种境界并非易事，这就要求教师具备一定的美容化妆常识，并能通过实践掌握娴熟的化妆技巧，做到色彩适度、明暗均匀、线条流畅。

（二）协调一致

这是对教师化妆的具体要求，即化妆时要综合考虑各种因素，以收到最佳的化妆效果，达到理想的境界。

首先，教师的化妆要与自身的生理条件协调一致。由于每个人的皮肤、脸型、眼睛、口鼻等都有一定差异，所以化妆时应注意整体的美容效果。无论是面部皮肤，还是五官的化妆，都要与整体的形象美统一起来，使之协调一致，力求反映出自己独特的气质与风度。

其次，化妆要与年龄相协调。生活中，少年的美在于青春，青年的美在于活力，中年的美在于品位，老年的美在于风韵。不同年龄的女性各有优势，选择错位，就会丧失美感。年轻女教师皮肤细腻娇嫩，富有青春的魅力和朝气，适合清淡的妆容。过厚的底色，过于浓重的眼影、腮红和唇色会失去青年的纯洁、天真和自然，以至于把青春的活力都掩盖住了。因此，年轻女教师的妆应以棕色、粉红色为主基调，虽是淡妆，也别具风采。中年女教师由于面部开始出现细微的皱纹，皮肤也显得不那么光洁，因此，化妆时可适当涂抹得细一点、浓一点，并注意使用润肤剂，粉底也要涂得薄而均匀。为了使皮肤不过于苍白，可适当用胭脂。老年女教师的化妆应恰如其分，不失仪态。粉底应选用接近自然肤色的，且不宜厚，否则容易聚集脸上的小皱纹。另外，还应注意使用乳液状化妆品来滋润皮肤。

再次，教师的化妆要与季节相协调。在春光明媚的季节，为了与柔和的气氛相协调，面部化妆以粉红色系列为宜。眉、目、唇的化妆，线条要简练、干净利落，弧度适中，不随意加粗，大幅度地晕染。夏天化妆要注意化妆品的透气性、耐水性，底色无须十分细腻，应强调自然光泽的表现。粉底尽可能涂得薄一些，以利于皮肤呼吸。秋天是丰收的季节，化妆时可适当夸张色彩。冬季气候寒冷，空气干燥，化妆应注意与服饰配合，并注意肌肤的保养。

最后，教师的化妆还应考虑教学对象等因素。幼儿园和小学低年级教师的妆可稍浓艳，以适应幼儿感观色彩的要求，增加师生间的活泼、亲切氛围。小学高年级和中学教师，除任教艺术类学科的教师适当灵活外，一定要注意化妆的自然高雅。另外，带领学生做户外活动（体育课、郊游等）的教师，一定要注意化淡妆，并慎用眼影粉和睫毛膏，因为一出汗很容易脱妆，产生不雅之感。

二、教师化妆技巧

（一）面颊的化妆

女教师整体的面部化妆包括眼睛、眉毛、鼻子、嘴等面部器官的美化修饰，但面颊的化妆对其他器官的美化具有重要作用。只有使面颊与其他部位的化妆很好地配合，才能收到预期的化妆效果。面颊的化妆一般需经以下两步。

1. 打粉底

这是面部化妆的基础，粉底打不好，其他部位的化妆就难以收到好的效果。但使用粉底很有讲究，一定要考虑皮肤的各种情况。首先，要根据自己皮肤的性质选用不同的粉底霜。油性皮肤一般用液状粉底或粉质粉底，干性皮肤则宜选用油质粉底，中性皮肤选择粉底可灵活些。脸上若有色素斑或面疱，要选择遮盖力较强的粉底。其次，粉底霜的颜色与皮肤的颜色一定要协调，要选用与自己的肤色相近的颜色，或者是自己肤色的抑制色或补色。也就是说，如果你需要改变肤色的调子，使用的粉底霜必须透明度高，使之与原来的颜色调和；如果你需要较好地掩盖某一颜色，则应选择遮盖力强而透明度不高的粉底霜，以收到掩饰的效果。粉底霜选好后，施用时要注意根据不同的部位酌情涂抹。如眼尾、唇旁、颈项等部位容易起皱，要施得薄一些，以免加重皱纹；发际、耳侧等部位也应轻轻涂抹，否则会使这些部位出现明显的交界处，给人以戴假面具的感觉；鼻翼两侧的凹陷处容易使粉底霜滞留，也应薄施为宜。另外，为减轻一些边缘痕迹，涂完粉底后还要用化妆粉加以修饰。

2. 涂腮红

涂腮红俗称搽胭脂，它是面颊化妆的重要程序。胭脂搽得好，不仅能增强面部皮肤的红润感，使人精神焕发，而且可以适当地改变脸型。目前市场上的胭脂种类有粉质、膏状、液状、咖喱状等。其中粉质胭脂对初学化妆者来说最易掌握，着色也较持久。胭脂的颜色常用的有橘红、大红、粉红、桃红四种。橘红色胭脂能给人以新鲜、时髦、年轻、健康的感觉；大红色胭脂有生机勃勃、热情奔放的气息；粉红色胭脂能够造成温柔可亲、甜蜜体贴的印象，并颇具浪漫色彩和想象力；桃红色胭脂能体现女性文静、贤淑的风采。因此，选择胭脂的颜色很重要，既要考虑与肤色协调，又要能够体现个人的性格、风度，并与场合相适应。涂胭脂时要注意用浅色来强化优点，用深色来掩饰缺点。涂抹要均匀，面积不宜太大。涂胭脂的方法一般是从鬓边向嘴角方向施入，并向两边晕开。不要抹到眼睛附近，否则会使眼旁的鱼尾纹更突出；也不要太靠近鼻子，这样会使鼻子太突出。应不超过瞳仁的垂直线。涂完胭脂后，要对整个面部进行修饰，最后用一层薄薄的粉或霜定型。下面是常见脸型的涂胭脂方法。(1) 宽胖脸。首先在胭脂颜色的选择上，要选用比较暗的红色，涂胭脂的部位要从颧骨处往下延伸，并逐渐由深到浅，这样能使脸显得长些。(2) 瘦长脸。可选用淡红的胭脂，涂胭脂的部位要以颧骨为中心，涂一层中间深、四周淡，并呈圆形的胭脂圈。但在涂抹时同样要匀称调和，各个衔接处都不能有明显的界线。这样的涂胭脂法可使脸显得丰满。(3) 瓜子脸。这是人们普遍认可的标准脸型。根据自己的肤色选好胭脂后，施胭脂的中心应该在颧骨部位，胭脂的中心应该稍浓一些，四周越朝外越淡，一直到与周围的底色完全连接在一起为止。千万不要把腮红涂成孤零零的一团红色，这样会显得俗不可耐。

（二）眉目的化妆

眼睛是心灵的窗口，眉目是最富于表现魅力与个性的部位。因此，眉目化妆是美容化妆的最重要部位，也是女性热衷精心修饰的部位。

1. 涂眼影

为了使眼睛更有神，在眼部化妆时就需在眼睑上涂眼影粉。眼影粉是一种粉质化妆品，常用的有红色、黑色、棕色、橄榄绿、蓝色、灰色等，每一种颜色还有深浅、明暗之分。选用眼影粉要根据自己的实际情况。西方人喜欢用蓝眼影，这与他们透明、洁白的皮肤和蓝色的眼睛很和谐。而东方人面部起伏小，肤色微黄，要在文静、淡雅上下工夫，所以，用点暗紫红色或淡橘黄色的眼影会显得文静甜美。涂眼影的方法是：眼睛闭着，在眉毛以下、睫毛以上的上眼睑处适当地涂一些眼影粉，用小刷子抹刷后，再用小指头横向抹匀。要求自上睫毛向上、向外逐渐淡下去，切忌平涂。眼影粉的色彩不可涂得太重，否则看上去不仅刺眼，还影响了面部其他部位化妆的协调，反倒丧失了美感。涂眼影粉不但可以美化眼睛，还可以掩饰眼部的某些缺点。如两眼长得比较靠近，涂眼影粉时适当向外侧涂一点，就能把双眼的距离拉开一些；假如两眼距离稍大，涂眼影粉时向内侧涂一点，则两眼的距离似乎靠近了。如果是鼓眼睛，在上眼睑上涂以较深的棕色或橄榄色眼影粉，眼球就显得不那么鼓了。眼睛过大者，眼影颜色越淡越好；小眼睛者则不宜用鲜亮的眼影粉。

2. 画眼线

画眼线是眼部化妆不可缺少的一环。眼线画得好，会使眼睛增加迷人的神韵；如果眼线深浅不一、弯弯曲曲，则会严重地影响眼部的美观。有人往往把眼线画得又粗又黑，看上去像大熊猫的眼睛，极为不雅，这是画眼线时要特别注意的。画眼线的工具——眼线笔有软、硬两种。软性笔似毛笔，画眼线时用笔尖蘸液状颜料进行勾画，比较难以掌握；硬性笔似铅笔，涂眼线时只需用专门的卷笔刀把笔尖削好即可使用。以东方人的肤色和眼睛的颜色来考虑，眼线的颜色以深灰色或棕色为宜。画眼线时，位置要贴近睫毛根部，线要细、要挺，接近外眼睑处要渐渐虚过去，尾处稍稍向上挑起，这样可显得有神。为避免手发抖，执笔手的小指可顶在颧骨上，也可把肘关节支撑在桌面上或墙上，稳住执笔的手，以避免画出波浪形眼线。画眼线是为了美化和突出眼睛，同时还可以通过画眼线的技巧，来修正眼睛的形状。比如，同样长的眼线，如果在眼线的中心部位画得粗一点，就能给人以眼睛长度缩短、眼睛变大的感觉；如果将眼梢处的眼线延伸，就能造成眼睛狭长的感觉。另外，通过画眼线还可以表现人的气质。比如，把眼线的重点放在下边，即下面的眼线比上面的眼线粗时，眼睛的位置降低，显得天真活泼；如果把眼线的重点放在上边，眼位升高，就显得成熟稳重。总之，千姿百态的眼线能为人增添无限的神韵和风采。

3. 刷睫毛膏

睫毛是眼睛的“窗帘”，既有保护眼球的作用，又是美容化妆不可忽视的部位。人的睫毛长而黑，显得两眼水灵，大而有神。睫毛膏是用来美化睫毛的。刷睫毛膏的步骤有如下几步。(1) 视线朝下，睫毛刷从上眼睑睫毛的根部向睫毛梢边按边涂。这个部位用膏要少，否则睫毛不易上翘。(2) 镜子放在下面，视线向下，然后再把上眼睫毛向上挑着涂抹，睫毛刷要勤转动。(3) 刷下眼睫毛时，镜子要放得高些，眼睛向下看，鼻子尽量向下拉，这样，睫毛膏不会蹭在脸上，涂起来也方便。睫毛刷应先竖着左右拨动睫毛，然后再顺着睫毛涂抹。

4. 画眉

眉毛在眼睛的上方，在人的面部占有很显著的位置。眉毛不仅具有保护眼睛的作用，而且具有传情功能，如“愁眉苦脸”“眉开眼笑”“喜上眉梢”等成语，就形象地说明了这一点。另外，我们还可以通过眉形来表现人的性格特征。一般说来，两眉紧靠，给人不够开朗的感觉；眉毛上斜，给人以凶狠之感；眉毛平直而纤细，给人以年轻温柔之感；等等。当然，究竟什么样的眉毛最美，还需将它同眼睛、脸型协调起来看。因此，修饰眉毛必须在同面部其他器官协调的前提下进行，使其形成和谐、自然的美，达到眉清目秀的目的。画眉的工具是眉笔，有黑、棕、灰等颜色。一般情况下，女性应选用与发色相衬的细线眉笔画眉。年轻或皮肤白皙的人，可用黑色眉笔，显得黑白分明；皮肤黄的人可用灰色或棕色眉笔，使之色彩和谐。画眉时，面孔向下倾一点，眼睛向上看，这时候在上眼睑上方即显出一条弧状表情线，以此为参照，再沿着眉毛描羽毛状短画，线条应自然、淡雅、流畅，避免画成粗硬尖锐的线条，太粗、太细或太弯，都不理想。一般说来，眉头稍粗一点，眉心稍突出，呈圆弧形，眉梢自然下垂一点，即为美观的眉毛标准。画眉要为美化眼睛服务。一般情况下，大眼睛不宜画过细的眉毛，小眼睛不宜画太粗的眉毛。画眉还要为衬托脸型服务，应依据脸型来决定眉毛的形状、粗细、长短等，以维持面庞化妆的平衡。瓜子脸是最理想的脸型，眉形好配，可以按自然眉毛的位置描画。一般说来，眉毛要顺着眼睛画成正弧形，位置要适中，不要过长，眉头与内眼角齐。方脸要画成线条柔和圆润的眉形，眉梢部分要稍向外延伸，以显得上部宽些，减弱脸下半部的方形感。圆脸不能画直线眉，但也不可太弯，那样会使脸显得更短更圆。最好是画成自然的弧形，眉头稍稍离开眼角的垂直线，使重心向外移一些。另外，眉线宜粗不宜细，这样可使脸显得长些。长脸画眉的位置不可太高而有角，眉尾尤不应高翘，以直线眉形为最佳，眉梢要微下弯略呈圆形。这样显得脸圆而年轻、漂亮。

5. 嘴唇的化妆

嘴是五官中仅次于眼睛的重要部位，而嘴唇经过艺术化妆，可以增添美感，使人富有青春的活力。对于嘴唇的美化作用，古人早有发现。商朝殷纣王时期，宫女就用“燕支”(胭脂)涂口唇。古人认为最理想、最美观的嘴形，应当像樱桃般纤小鲜艳。唐代诗人白居易的家姬樊素的口形，据说就具备了这种特点，故有“樱桃樊素口”的美誉。唇膏(即口红)的颜色常用的有大红、棕红、桃红、玫瑰红、胭脂红、珠光红等。口红的颜色一定要与肤色、服饰、年龄和场合相配，才能构成协调美。一般地说，年轻而皮肤白嫩者，口红色彩可略鲜艳些，如淡红和桃红色。而年龄稍大或皮肤颜色较深者，选择唇膏时应以沉着、庄重的色彩为宜，不可选择鲜艳明亮的大红、粉红、玫瑰红，否则会产生不协调的感觉。穿西服时要涂深色口红，这样显得庄重；穿花裙、旗袍时可涂浅色的，这样会显得艳丽活泼。日常上下班，口红宜淡；出席宴会或晚会，唇色宜艳。嘴唇的化妆一般分三步。(1) 打底霜。嘴唇是比较特殊的部位，它既不同于皮肤，又不同于口腔黏膜。它没有什么分泌物，而且比较脆弱，抵抗力差，夏天很容易干巴巴的，冬季又容易破裂。因此，在涂口红之前，最好涂一层具有保护功能的油性化妆品，如冷霜、清洁霜，这样可以更好地呵护嘴唇肌肉。若把口红直接涂到嘴唇上，时间长了，由于口红中颜料的刺激，嘴唇就容易干裂。(2) 画唇线。唇线的画法有许多讲究，并非只是依照唇的轮廓描一描。如果嘴唇太大或太厚，画唇线时可适当向里收一些，将轮廓线画在原有唇形的稍内侧；如果嘴唇太小或太薄，往往给人一种纤细、刻薄的感觉，在画唇线时，可适当向外放一些，将轮廓线画在原有唇形的稍外侧，使唇部丰满起来。(3) 涂唇膏。用唇线描出唇形轮廓后，就可以用适当色彩的唇膏涂于上下唇。一般是上嘴唇色彩要略深于下嘴唇，下唇两角和沿唇边线部分的色彩要比下唇其他部分的色彩稍深些，以显得边缘清晰。下唇中部凸出部分要亮一些，给人以圆润饱满的感觉。涂好唇膏后，应将唇线和唇膏抹匀，不能留下分界线。嘴唇的化妆，还能弥补脸型的不足。脸很圆的人，口红可适当涂长一点，不要太小、太圆，上唇宜作阔而浅的弓形，外廓要清晰玲珑，下唇宜深而浓。长方脸的唇形宜呈弧形或圆形，可稍涂得厚些、丰满些。

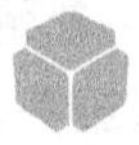
【专栏 2-1】

脸型与发型

脸型	主要不足	适合发型	效果
梨形	面颊与颌较前额宽	短发，头发尽量梳高，并覆盖前额和太阳穴	使颌与前额平，两鬓紧贴双耳，夸张前额

续表

脸型	主要不足	适合发型	效果
圆形	苹果般的面孔和丰腴的下巴	避免从中间分开头发，把头发都梳到一边并盖着耳朵。若短发，就使用浓密的刘海儿遮脸。若长发，则使颈部的头发显得浓密，以转移别人视线	由于头发不对称，脸看起来长些
正方形	太显刚毅	头发不宜中间分开，特别是刘海儿可向一侧吹起，两鬓向后平掠，贴着耳朵。卷曲和波纹会转移别人对脸型边缘的视线	脸的轮廓变柔和
瓜子形	下巴显尖削	额前覆盖些头发，头发可在身后散开	下巴丰润些
三角形	前额宽，颧骨高，两颚修削至尖小的小颚	配上长肩位蓬松的发型	使前额看起来较修长
长方形	前额的宽度与颧骨和腮边一样宽	选斜角的刘海儿或两侧较浓密的发型	产生宽度上的错觉

三、教师化妆禁忌

1. 白天工作时间，不宜化浓妆

不宜使用大量浓香型的香水和香粉，把自己搞得香气四溢，在电梯和教室等通风不良的地方容易令别人感觉不适。外出旅游或参加剧烈运动时，最好不要化浓妆。

2. 不能在公共场所化妆

在众目睽睽之下化妆是非常失礼的。这样做既可能妨碍他人，也不尊重自己。确有必要化妆或进行修饰的话，要在办公室没有其他人时或到洗手间里化妆。

3. 不能在男士面前化妆

有些女教师常常在办公室里当着男同事的面化妆，自己可能满不在乎，然而，古人云“女为悦己者容”，这样可能会使男同事把这看成是有意与其亲近的信号，以至于产生不必要的误会。因此女教师化妆一定要避开男士，这一段“距离”是必不可少的。

4. 不要非议他人的化妆

由于民族、肤色和个人文化修养的差异，每个人的化妆不可能都是一样的。就拿我国来说，北方的女士往往偏爱浓妆，南方的女士则喜好淡妆。又如美国的一些老太太喜欢把脚指甲涂得鲜红，东南亚一些国家的女士喜欢嚼槟榔，从而把牙齿染成黑色。对此我们不要少见多怪，也不要以为自己的化妆才是最好的。对外教和外宾的化妆尤其不要指指点点，也不要同外宾切磋化妆术。

5. 不去借用他人的化妆品

好朋友有了新的化妆品，一定会引起你的兴趣，使你跃跃欲试。你自己有时也可能忘了带化妆盒。这两种情况下，除非主人心甘情愿为你提供方便，否则千万不要去借用别人的化妆品。因为这是极不卫生的，也很不礼貌。

礼仪实训

一、实训练习

(一) 选择题

1. 仪容一般包括(　　)。

A. 面部　　B. 身体　　C. 头部　　D. 服饰

2. 人的面部肌肤可以分为(　　)。

A. 中性　　B. 油性　　C. 干性　　D. 混合性　　E、过敏性

3. 化妆礼仪的要求有(　　)。

A. 化妆的浓淡要视时间、场合而定　　B. 不当众化妆

C. 不要非议他人的化妆　　D. 不要借用他人的化妆品

4. 发型选择的标准有(　　)。

A. 根据脸型选择　　B. 根据身材选择

C. 根据职业和环境选择　　D. 根据年龄选择

(二) 简答题

1. 教师上岗前修饰头发应注意什么？

2. 教师上岗前的个人卫生应注意什么？

3. 女教师上岗前化妆应注意什么？

(三) 案例分析

王老师是一所初中的数学老师，身材高大，口头表达能力好，是一位有几十年教龄的资深教师，课讲得很出色，理应很受学生欢迎，可是学生们却不喜欢他。

原来，他是个不修边幅的人，双手拇指和食指喜欢留长指甲，指甲里经常藏着很多“东西”，头发油腻腻的，脖子上的白衣领经常是酱黑色的，有时候手上还写着电话号码。他喜欢吃大饼卷大葱，吃完后不注意去除异味。甚至有时候，课讲到一半，嗓子不舒服了，会把痰直接吐在地上。学生们觉得难以忍受，都不愿意靠近他。

请思考王老师的问题出在哪里。

二、实训项目

（一）化妆礼仪

训练方法：课前准备好洗脸盆、毛巾、清洁纸巾、洗面奶、化妆水、棉球、粉底霜、胭脂、眼影、眉笔、口红等物品，教学生简单的化妆技术。

（二）仪容礼仪

训练方法：1. 自己对着镜子根据自己的脸型进行发型设计，实训小组内的成员互相评议打分。

2. 根据自己的脸型及五官的具体形状为自己化个工作妆，实训小组的成员相互评议打分。

（三）情境模拟训练

小王是一名师范专业的学生，今年夏天即将毕业。下周她要去A学校参加面试。面试前一周，小王请同学小李给自己做了一次“个人卫生与身体部位修饰大检查”。

第三章　教师服饰礼仪

学习目标

1. 了解教师服饰礼仪的基本原则。
2. 掌握男、女教师的着装要求。
3. 学习教师着装的配色和饰物的选择,并在实践中加以应用。

【案例导入】

场景一:高中某节语文课,上课铃声已响,女老师走进教室来到讲台边弯腰操作电脑,准备播放课件,此时,传来班里的男同学的窃窃私语声。老师抬起头,看见正在盯着她看的很多男生立即低下了头,但他们的表情都怪怪的,都在使劲憋着不让自己笑出声来。老师不知道发生了什么事,内心充满了疑惑。殊不知,自己今天的穿着打扮出了问题。今天这位老师穿了一件小西装,里面是一件低胸的打底衫。就在她弯腰操作电脑时,坐在下面的男生看得清清楚楚……

场景二:上课的铃声已响,同学们迟迟不见老师到来。就在大家等得着急之时,数学老师急匆匆地走进了教室,开始上课。突然,同学们发现老师的裤子拉链居然还开着!老师发现大家在笑,而且笑得不怀好意,于是停止讲课,开始上下打量自己,当发现自己的拉链没拉时,顿时面红耳赤,迅速转身,面朝黑板,然后传来一声“嘶”,拉上了拉链。同学们再也忍不住了,哄堂大笑。老师一脸尴尬地向同学们解释:“不好意思,刚才去厕所了,太急了,忘记拉拉链了。”

有一位心理学家曾经做过这么一个实验:分别让一位身着笔挺军服的海军军官,一位戴金丝眼镜、手持文件夹的青年学者,一位超凡脱俗的漂亮女郎,一位挎着菜篮子、衣衫破旧、脸色疲惫的中年妇女,一位留着怪异头发、穿着邋遢的男青年,在公路边搭车,结果,漂亮女郎、海军军官、青年学者的搭车成功率很高,中年妇女稍微困难一些,那个男青年,就很难搭到车。这一实验告诉我们:不同的服饰代表了不同的社会阶层和公众类别,不同的服饰会带来不同的际遇。一个人的服饰表明了他的修养,代表了他的身份。

良好的仪表犹如一支美丽的乐曲，它不仅能够给自己提供自信，也能给别人带来审美愉悦；既符合自己的心意，又能左右别人的感觉，使你办起事来信心十足，一路绿灯。

——戴尔·卡耐基

第一节　服饰礼仪的基本原则

服饰，简单地说是指人的服装穿着与饰品佩戴。在人类漫长的历史发展过程中，为了改善和美化生活，人们创造出了丰富多彩的服饰文化。服装被视为人的“第二肌肤”，既可以遮风、御寒，发挥多种实用性功能，又可以修饰和美化人体，扬长避短，展示个性，反映个体的精神风貌，体现其生活情趣，发挥多种装饰性功能。

教师服饰礼仪是指教师在从事教育教学活动时所必须遵守的服饰礼仪规范。它体现着教师的文化修养和审美情趣，代表身份、气质、内在素质的标志。一位衣着整洁、得体、庄重又富有时代感的教师往往容易为学生所接受，有利于营造良好的课堂环境，促进学生高效学习；相反，衣着邋遢、老土或过于花哨、轻浮、标新立异的教师容易为学生所厌恶，或引发学生过分的关注，从而影响正常的教学效果。一旦走进校园，登上讲台，教师就扮演着一个“传道、授业、解惑”的师长角色，其服饰不仅对自己起着重要的修饰作用，对学生也起着潜移默化的榜样和示范作用。教师是孩子们的榜样，就不能不注意服饰礼仪，正所谓“为人师表”“言传身教”。

一般来说，教师服饰礼仪必须遵循的原则有如下几个方面。

一、教师服饰礼仪的 TPO 原则

人们选择服装的关键是要让服装与穿着的时间、地点及仪式场所相符合。这三点称为 TPO 原则，即时间（Time）、地点（Place）、场合（Occasion），这是服饰礼仪的基本原则之一，也是教师服饰礼仪的一项重要原则。

（一）服饰与时间协调

时间既指每一天的早、中、晚三个时间段，也包括每年春夏秋冬的季节更替、人生的不同年龄阶段以及不同的年代。讲究时间原则就是要求着装要充分考虑时间因素。服装的款式受到一定的历史时间的制约。在不同的时间、不同的季节及不同的年代，对服装的要求是不一样的。

首先，服装的款式要注意时代的变化，也就是说教师的着装要顺应时代的潮流和节奏。过分落伍或过分新奇都会让学生另眼相看，拉大与学生的心理距离。

其次，服装的款式要注意季节的差异。教师要考虑到一年四季不同的气候变化对着装的生理和心理影响。自然界在一年四季中会有温度的变化，为了保持人的体温恒定，服装就要随天气和温度的变化而发生变化。比如夏天的着装要考虑散热，冬季的服装则要

考虑防寒保暖。

另外,大自然的色彩在不同的季节也会有不同的变化,如果人们的服装色彩发生相应的变化,也就更显得绚丽多姿。夏季烈日炎炎,骄阳似火,气温很高,使人容易烦躁,因而教师服饰的色彩宜以冷色和浅色为主,给人凉爽的感觉。同时,由于气温高,人体易出汗,在面料的选择上,宜用吸湿性好、透气性强的纯棉、纯麻和丝绸面料。在款式上,为了便于人体散热、易穿脱,多采用宽松的款式。教师冬季的着装则应以保暖、轻快、简练为原则,要避免因穿着单薄寒冷而使面色发青、嘴唇发紫,损害自己的整体形象。

教师佩戴首饰也应与季节相吻合。一般来说,季节不同,所戴首饰也应不同。金色、深色首饰适于冷季佩戴,银色、鲜艳的首饰则适合暖季佩戴。

(二) 服饰与地点相配

地点指地方、场所、位置等。着装要因地制宜,在校内、校外,外出家访、郊游,在城市、在农村,都要有所区别,同时因为不同国家、不同民族有不同的文化背景、地理环境、历史条件、风俗人情,所以我们在服装上也要尊重礼仪对象的思想情感,方便让他人接受。因此教师在着装上也要注意,置身于不同的环境时,就应该有不同的服饰穿戴,要注意所穿戴的服饰与周围环境的和谐。

(三) 服饰与场合相配

不同的场合有不同的服饰要求,只有与特定场合的气氛相一致、背景相融洽的服饰穿着,才能产生和谐与美的审美效果。

1. 工作场合的着装

上班穿的服装要与职业相协调,不管我们从事哪一种职业,工作时都必须穿着得体、大方的职业服装,即工作服。这些服装的设计是以工作环境、工作内容及对象为前提的,以方便工作人员进行各种操作。如果一位从事体力劳动的男士,工作时穿一身西装,既不协调也不方便;一位女教师在讲台上穿着低领口露后背的服装,则会有失庄重。

另外,工作时不宜有过多的装饰,以免影响自己和他人工作。教师在工作时的着装一般要注意整洁、大方,不需过分引人注目,尤其不宜穿暴露过多的服装,也不宜穿需要经常整理的服装。因为如果讲课时反复整理自己的装饰,不仅容易分神,看上去也显得不尽职尽责。

2. 庄重场合的着装

庄重场合主要是指参加会议、庆典、仪式、外事会见等庄严隆重的活动场所,在这些场合,一定要按规定着装,参加者一般是穿着比较严肃正式的服装。男士可穿中山装、西装或民族服装,女士可穿各式套装、长裙等,要从服装上显示出自己庄重高雅的气质和教养,不宜穿 T 恤衫、牛仔服、便服,更不能穿短裤、背心。一般来说,在这些场合,参加者不宜穿夹克衫或超短裙。

3. 喜庆场合的着装

通常是指节日或纪念日、亲友欢聚、联欢会、舞会，或婚礼、庆祝会的着装。这些活动场面有大有小，有室内也有室外，但总的来说，都具有气氛活跃、情绪高昂、欢快喜庆的特点。为了和这种气氛相协调，参加者在服饰上要选择鲜艳、明快、时尚一些的服装。

4. 悲伤场合的着装

主要是指参加葬礼、祭扫陵墓以及慰问逝者亲属时的着装。这些场合的气氛一般都比较肃穆，参加者的心情都比较悲痛、沉重，为了表示对死者的尊重和对亲属的同情，参加者在着装上务必要素雅、严整。可穿黑色或其他深色、素色服装，而装饰物如头巾、围巾、头饰等，亦应为素花素色，不化妆或者淡妆为宜。切忌大红大绿、五颜六色、华丽时髦。

5. 休闲场合的着装

就是独处或体育锻炼、旅游、上街购物等场所的着装。休闲装属于非正式场合的着装，主要是那些宽松、无领、舒适的服装，还包括运动装、牛仔装、沙滩装等。

此外，在公共场合穿内衣是非常失礼的事，即使在沙滩和游泳场，也不可穿针织的或紧身的内衣。睡衣睡袍只适宜在家里穿，即使是在修养地和疗养院，也不可穿睡衣睡裤走来走去。还有，女子穿下摆窄或长度在膝盖以上的短裙时，切忌在人前把腿架起来。

【专栏 3-1】

教师着装的几个“搭”

1.“搭”时代。时代在发展，世界在变化，教师们不管是在思想上还是在穿着上都不应该“抱残守缺”，而应该和时代大致同步。这不是说要紧跟潮流，而是不能太落伍。

2.“搭”环境。教师的着装要和学校的整体风格相协调。有的教师建议统一着装，但除重大场合外，比如升旗仪式，过分统一会显得千人一面，也会造成视觉疲劳。通过观察，我们会发现，每一所学校会慢慢地形成一种着装氛围，这是一种文化，教师的着装要显示这种文化，或活泼，或儒雅。

3.“搭”学生。不同年龄段学生对服装的看法不同，为此，幼儿园和小学教师要穿得活泼，中学阶段教师要穿得大方得体。

4.“搭”自身气质。衣服是穿给别人看的，但更反映一个人的整体素质，是内涵的外在体现，所以要和自己的内在统一起来。

二、教师要根据自己的教育对象来选择衣着

教师要根据自己的教育对象的年龄特点来选择衣着。如小学低年级和幼儿园教师，在衣着上，款式线条要明快、色彩要鲜艳，这有利于启发少年儿童爱美的天性。小学高年级和初中阶段的教师，面对“向师性”、模仿性极强的学生，教师穿衣戴帽更要慎而又慎。

整体而言，无论教授哪个年龄阶段的学生，教师的衣着都应于朴实大方中见高雅的情趣，于整洁得体中见丰富的涵养。

三、教师着装要体现整体性原则和整洁性原则

一般来说，正确的着装，必须要注意服饰的文化内涵、内在逻辑，以及风俗习惯和东西方文化与审美的差别，注意着装服饰的系统性，整体考虑，精心搭配。着装时要使各个部分不仅要“自成一体”，还要相互呼应、配合，在整体上尽可能显得完美、和谐。恪守服装本身约定俗成的搭配，例如，穿西装时，应配皮鞋，不能穿布鞋、旅游鞋、凉鞋、拖鞋、运动鞋。

而整洁性原则强调在任何情况下，教师的服饰都应该也必须是干净整齐的，不能有污渍、汗渍，应该勤换勤洗。

四、教师着装要突出“情”

所谓“情”，就是教师穿出来的服装在学生眼里既要有长者的风范，又要和蔼可亲、平易近人，容易让学生接受。教师得体的衣着会使学生眼前一亮，产生亲近感，并觉得教师是认认真真来上课的，从而调动学生的学习积极性。

第二节　教师着装的配色

从视觉效果上讲，服装的色彩在人际知觉中是最敏感的。随着人们的认知能力、审美意识以及社会认同水准、服饰文化的发展，不同的民族给各种不同的色彩赋予了相同或相近的社会含义，人们应尽量按照这种共同认识标准去选择适当的色彩认同和搭配方式，以适应和满足公众的审美要求，符合服饰礼仪的标准。

一、色彩的基本知识

不同的色彩是由色相、明度、纯度、色性的不同而呈现出来的。色相，就是色彩的名称，如红、黄、蓝等。明度，是指色彩的明暗度，即同一种颜色深或浅的区别。颜色越浅明度越强，越深则明度越弱，比如白色明度最强，黑色明度最弱。纯度，是指颜色的饱和度而言，纯度越高，色彩越鲜明。色彩达到饱和度时，呈现出的是正色，反之，色彩中含灰色越多，纯度就越低，也就是人们习惯说的“色不正”。色性，是指颜色的冷暖，如红、黄给人以温暖的感觉，被称为暖色，蓝、绿、白给人以冷的感觉，被称为冷色。而对比色则是指两种互相排斥的颜色，如红与绿相配，会使人感觉红的更红，绿的更绿，这就是说这两种颜色对比度强。

二、色彩的象征意义

不同的色彩能引起知觉者不同的心理效应，有着不同的象征意义。红色是最能引起人们兴奋和快乐情感的颜色，象征着生命、火焰、热烈、活泼与浪漫；黄色显得高贵、华丽，引人注目；蓝色象征着智慧、宁静、冷静，给人以高远深邃的感觉；绿色是一种清爽宁静的色彩，象征着生命活力与和平，能使人想到青春、活力与朝气；紫色是一种华贵、充盈的色彩，可给人以高雅脱俗的感觉；黑色代表庄严和肃穆，象征着冷淡、高贵、孤傲、典雅，也可以代表哀伤、恐怖与黯淡；白色代表着纯净、祥和、朴实等，象征着清高、纯洁和坦荡，给人以明快、无华的感觉。

三、服装的色彩搭配

众所周知，现代服装很少由单一色彩构成，而是由许多色彩采用相互交错、辅助、点缀等方式搭配而成。色彩上，白、灰、黑、棕、褐、蓝等色系比较适合教师。其中，棕、褐色有暖色成分，给人以亲和感；棕、褐、蓝等色系的浅色明快、活泼一些，给人以朝气蓬勃的感觉；各个层次的灰、深棕、褐色有权威感。当然，除此之外，还有许多色彩可供教师选择。服装的色彩搭配要注意以下几点。

（一）服装色彩的选择应与肤色协调

服装色彩的选择之所以要与肤色协调，是因为服装的色彩能影响甚至改变人的肤色在他人感官中的印象，以达到服装色调与肤色相映生辉的效果。一般来说，面色红润的人宜穿茶绿或墨绿色衣服；肤色黄白的适宜穿粉红、橘红等柔和的暖色调的衣服；面色偏黄者适宜穿蓝色或深蓝色上装，可将偏黄的肤色衬托得洁白娇美；肤色偏黑的人适宜穿浅色调、明亮些的衣服，如浅黄、浅粉、月白色的衣服，这样可衬托出肤色的明亮感。

此外，我们还可以在日常生活中通过化妆来调节面部肤色，以便有更多颜色的衣服可供选择。

（二）服装色彩的选择还要和体型协调

人们常用色彩的明度差来改变个人的视觉效应。体型瘦小的人可着色彩明度较高的浅色服装，以显得丰满，而体型肥胖的人则应选用色彩明度较低的深色服装，以显得苗条。

（三）服装色彩与性格相适应

不同的性格需要由不同的色彩来表现，只有选择与性格相符的服装色彩才会给人带来舒适与愉快。性格内向的人，一般喜欢选择较为沉着的颜色，如青、灰、蓝、黑等；性格外向的人，一般以选用暖色或色彩纯度高的服装色彩为佳，如红、橙、黄、玫瑰红等。

四、服装色彩合理搭配的方式与原则

服装色彩的相配应遵循一般的美学常识，服装与服装、服装与饰物、饰物与饰物之间的色彩应色调和谐，层次分明。服装色彩在统一的基础上应寻求变化，在变化的基础上寻求平衡。一般认为，衣服里料的颜色与面料的颜色、衣服中某一色与饰物的颜色均可进行呼应式搭配。

（一）相近的色彩搭配

所谓运用相近的色彩进行搭配与组合，就是用色谱上相邻的颜色进行搭配的一种方法，如红与黄、黄与绿、白与灰、绿与蓝等，运用相近的色彩配色，自由度比较大、难度也较大，但只要匠心独运，就会使我们身上的服饰颜色既丰富多彩，又柔和协调。

（二）服饰礼仪的“三色原则”

当我们运用相反的色彩进行配色时，应遵守服饰礼仪的“三色原则”，也就是说在正式场合，所使用的服饰配色包括西服套装、衬衫、领带、腰带、鞋袜等在内的一切服饰，都不应超过三种颜色。因为从视觉上讲，服饰的色彩在三种以内较好搭配，而且比较协调，否则就会显得杂乱无章，缺少美感。

（三）运用对比色进行搭配与组合

各种色彩都有与之相对应的色彩，如黑与白、红与蓝、黄与蓝、黄与紫、绿与紫等，都是常见的对比色。从本质上讲，一对对比色实际上是由两种相互排斥的颜色组成的，如运用得当，可以相映生辉，给人以清新、明快、耳目一新的感觉。如女士穿上一件黑色的真丝旗袍，再配以洁白的珍珠项链或白色的钻石胸针时，白色首饰就会更加醒目、更加迷人。

（四）同色搭配

即由色彩相近或相同，明度有层次变化的色彩相互搭配造成一种统一和谐的效果。如墨绿配浅绿、咖啡配米色等。在同色搭配时，宜掌握上淡下深、上明下暗的原则。这样整体上就有一种稳重踏实之感。

五、颜色的禁忌

由于民族习俗和历史背景的差异，迷信的事物及忌讳的内容也不尽相同，某个事物在这个国家被认为是美好的，而在另一国家却可能被认为是非常不吉祥的象征。颜色的禁忌就是这些奇风异俗中的一种。

很多民族和国家都有自己喜欢或者禁忌的颜色。颜色可以象征喜怒哀乐，我国以红色为喜庆、热烈、高贵的颜色，因此新娘穿红衣服，而在西方国家，新娘的婚纱则是白色，以此象征爱情的纯洁、忠贞。近年来随着改革开放的不断深入，我国也出现了新娘穿婚纱的习俗。另外，不少国家和民族都以黑色作为丧服的颜色，因为黑色显得严肃、庄重，穿黑色丧服可以表示对死者的爱戴和尊敬，但在西方，新郎的结婚礼服却用黑色。在我国，有些少数民族对黑色异常厌恶，比如蒙古族把黑色视为不祥之兆，认为它意味着不幸、贫穷等。俄罗斯人也忌讳黑色，有些人连黑色的动物、饰品也极其讨厌。

许多国家都喜欢绿色，把绿色当做生命的象征，甚至用在国旗上。但日本人和埃及人却忌讳绿色，认为绿色是不吉祥的。

第三节　女教师的着装

教师的服饰风格不仅要庄重、典雅、整洁、大方，更要给学生留下成熟、稳重、练达、干净的印象，教师服饰传递的信息应该始终是积极向上的。一般来说，女性的服装比男性更具有个性特色，但是要注意自己教师的身份，发挥好教师的榜样和导向作用，在校园不要穿得过分性感、艳丽、奢华。服饰价格不求很高，但是要协调，合理搭配，无论是颜色、款式还是饰物、手包等，都要注意细节，体现教师高雅、大方、端庄的风度。

女教师的服装一般可分为职业服装与社交服装。女教师的职业服装，应具有职业服装的实用性、审美性和象征性等基本特征，体现出作为一名人民教师的责任、义务以及职业素养，使教师产生庄重、自尊的心理。女性的职业装有三种基本类型：西服套裙、连衣裙和两件套裙。女教师的社交服装分为礼服和便服。在我国，正式的社交场合，女士的礼服一般是旗袍。旗袍款式流畅巧妙，最能体现东方女性的朴素典雅、柔美婀娜。穿旗袍时，鞋子、饰物要配套，应当佩戴金、银、珍珠、玛瑙等精致的项链、耳坠、胸花等。宜穿与旗袍颜色相同或相近的高跟或半高跟皮鞋。

一、正式场合着装要点

（一）裙装

裙装最能体现女性的体态美。在一般的社交场合，女性可以穿连衣裙或穿中式上衣配长裙，夏季可穿长、短袖衫配长裙或者过膝裙。在宴请等正式社交场合，一般要穿长裙，至少要长过膝盖，不应穿长裤、牛仔裤和超短裙。

（二）鞋袜

鞋子和袜子在西方被称为“脚部时装”，可见其重要性。在正式的社交场合，女性一般穿黑色半高跟皮鞋，不要穿鞋跟太高、太细的高跟鞋，以免走路时步伐不稳，影响形象。穿西装不能穿旅游鞋、布鞋及凉鞋。否则，会被视为不懂礼仪，缺乏教养。

一般来说穿袜子的礼仪是，袜子配长裤，以坐着时不露出腿为准，因此在穿着裤装时最好穿中筒袜以上长度的袜子。如果穿着裙装，则更应当讲究搭配的丝袜，颜色以肉色、黑色最为常用，千万不要身着一袭昂贵的时装却搭配一双短丝袜，或是长度不及裙摆的丝袜。无论多么昂贵的服装，配错了袜子便成了穿着方面的极大败笔，因此穿衣服配袜子不是小事情。

另外，挑丝、有洞或自己用线补过的袜子，都不能在正式场合穿着，可以在工作场所预备一双袜子，以备袜子被钩破时用来替换。女教师需要注意的是在正式场合身着裙装时，不穿袜子是不礼貌的，而且袜口不能露在裙摆或裤脚外边，不能在公众场合整理自己的袜子。

二、女教师着装的注意事项

关于女教师着装的注意事项，我们详细阐述如下。

(1) 西装配裙子的职业套装更能显露女性的高雅气质和独特魅力。西装上衣应长短适中，以充分展现女性腰部、臀部的曲线美，如果配裤子，则可将上衣做得稍长些。无论配裙子或裤子，一般采用同一面料做套装，以加强整体感。西装的“V”字形领口要高低适中，胸部和腰身都不要有紧绷感。前襟不翘，后身不撅，前后身处在一个水平线上。

(2) 女式西装款式多样，教师要根据自己的年龄、体型、皮肤、气质等来选择；要讲究皮鞋、袜子、皮包、饰物、发型与西服的协调搭配；女教师在挑选西装时，选择基本色最好，如黑色、褐色、灰色等，且以条纹、碎点的图案比较好。

(3) 衣服不允许过大或过小。在学生面前不要穿低腰裤和露肚脐，上衣最短齐腰，西服裙子最短到小腿中部；要合体典雅，体现服饰美。

(4) 不允许衣扣不到位，敞胸露怀。

(5) 不允许不穿衬裙。无论穿着什么样的裙子，里面都应该穿衬裙，即使里面已经有了里子，最好也配上衬裙。衬裙颜色应与套装裙子颜色一致协调，不允许内裤为人所见。这不仅是礼节，同时对于一些料子较薄的裙子来说，如果不配衬裙就会影响它的穿着效果。因为薄质裙子常常会裹在腿上发生静电，使本来漂亮的裙子失去了魅力。如果着衬裙，就可以避免这些现象发生。

(6) 不允许乱配鞋袜。套装应穿黑高跟、半高跟皮鞋，肉色丝袜，不能露出袜口，也不能穿一长一短两层袜子。

(7) 年轻的女教师穿着绣有毛毛熊或者有破洞的毛边牛仔裤，也许会让成年人觉得清纯可爱，可是学生们准会觉得幼稚不成熟，老成一点的学生还有可能会因此瞧不起教师。

(8) 不允许随意搭配。职业套装不能与休闲装混穿，即不能搭配牛仔服、健美裤、裙裤，黑皮裙、黑皮靴也不能当正装来穿。

(9) 不允许内衣外现。穿吊带衫时，文胸的吊带不论是什么颜色、质地，都不要露出来，更不要露出好几条带子来。穿西装时衬衫应不透明，内衣不能从领口露出，不能不穿衬衫，也不能直接把连胸式衬裙或文胸当衬衫穿在里面，这样有失身份。

(10) 不允许穿拖鞋或者光脚穿皮鞋上课。

(11) 室外体育课教学，女教师不可以穿裙装。

第四节　男教师的着装

一、男教师的各种着装

男教师的着装也分为社交服装与职业服装。职业服装即工作服装，应适合职业的性质、工作环境，要实用又便于活动，能给人美观整洁之感，能振奋人心，增强职业自豪感。男教师的社交服装分为正装和便装。正装主要是西装和中山装，便装则多种多样。

二、男教师着装的要点

(一) 西装的穿着

西装，严格地来讲是来自西方国家的一种制式服装。如今在交际场所穿着西装的人越来越多，它的穿着十分讲究。

从选择、搭配的角度来讲，西装有正装西装和休闲西装的区别。正装西装和休闲西装的最大区别在于色彩、款式和面料这三个方面。

1. 色彩

从色彩的角度来讲，正装西装的基本特点是单色、深色，一般是蓝色和灰色居多，有时候也有咖啡色和黑色，但是黑色西装一般是当做礼服穿着的。而休闲西装，可以是单色的，可以是艳色的，还可以是多色的，宝石蓝色、灰蓝色、浅蓝色、咖啡色，或者是粉色、绿色、紫色、黄色，比较随意。这是色彩方面的不同。

2. 款式

正装西装是套装，所谓套装，就是上下装色彩一样、面料一样、款式风格一致；而休闲西装则是单件。另外，休闲西装一般都是明兜，正装西装则用暗兜，是有盖的。

3. 面料

正装西装一般都是纯毛面料，或者是含毛比例比较高的混纺面料。这种面料悬垂、挺括及透气性都比较好，显得外观比较高档、典雅，当然价格也比较贵。而休闲西装的面料有麻的，还有皮的、棉的，甚至有真丝的。

教师服装的面料最好不要太繁杂，应以简洁、朴素、得体为主，不必追求时髦，服装的面料以混纺为好，显得质地好、挺拔、有光泽感，易洗易干。

穿西装，常根据不同的场合和季节选择不同颜色。重大礼节性场合着深色西装，上下班、娱乐和会友时则穿浅色、暗格或小花纹套装。从肤色角度考虑，中国人在社交场合，宜选择深蓝、深灰、黑灰色西装，这些颜色不仅端庄儒雅，而且能将面色衬托得更有光彩。

(二) 穿西装的注意事项

(1) 鞋袜要配套。我们常说“西装革履”，可见穿西装讲究穿皮鞋，而且最好穿黑色皮鞋，将布鞋、凉鞋、拖鞋、旅游鞋拿来配西装，则非常不合适。

（2）穿西装时，最好配以黑色或其他深色的袜子，千万不要穿白色袜子。西方社会讲究穿皮鞋必须打鞋油，如果黑鞋油沾到白袜子上则会影响美观，而且黑皮鞋不能配白袜这一习惯一直沿用至今，现在已成为一种国际惯例。从美学角度来讲，黑鞋与白袜的搭配色彩既不协调也不美观。白袜子配黑皮鞋，颜色对比度强，白袜子很显眼，很容易引起对方注意脚部，不雅观。黑皮鞋配黑袜子为最佳搭配，如果没有黑袜子，可以选择与黑色最接近的深色袜子。

（3）穿西装要扣好纽扣。对排扣的西装，衣扣必须全扣上，不能敞怀。单排两粒扣西装，只能扣上面那粒扣。单排三粒扣西装，可只扣上面两粒扣，也可只扣中间那粒扣。将单排扣西装的扣子全扣上是不对的。

另外，穿西装时，上衣、背心与裤子的纽扣，都有一定的系法。在三者之中，又以上衣纽扣的系法讲究最多。一般而言，站立时，特别是在大庭广众之前起身而立，西装上衣的纽扣应当系上，以示郑重其事。就座之后，西装上衣的纽扣则大都要解开，以防其变形走样。但是，当内穿背心或羊毛衫，外穿单排扣上衣时，站立之际可以不系上衣的纽扣。

穿西装背心，不论是单独穿着，还是同西装上衣配套穿着，都要认真地扣上纽扣，而不能任其随意敞开。在一般情况下，西装背心只能与单排扣西装上衣配套。它的纽扣数目有多有少，但大体上可分为单排扣式与双排扣式两种。根据西装的着装惯例，单排扣式西装背心最下面的那粒纽扣应当不系，而双排扣式西装背心的纽扣则必须全部系上。

（4）在西裤的裤门上有的是纽扣，有的则是拉锁。一般认为，前者较为正统，后者则使用起来更加方便。不管穿何种样式的西裤，都要时刻提醒自己，将纽扣全部系上，或是将拉锁认真拉好。参加重要的活动时，还须随时悄悄地对其进行检查，西裤上的挂钩，亦应挂好。

（5）男士穿西装时，一定要悉心呵护其原状。在公共场所里，千万不要当众随心所欲地脱下西装上衣，更不能把它当做披风一样披在肩上。需要特别强调的是，无论如何，都不可以将西装上衣的衣袖挽上去，否则，极易给人以粗俗之感。在一般情况之下，随意卷起西裤的裤管，也是一种不符合礼仪的表现。

（6）要拆除衣袖上的商标。在西装上衣左边袖子上的袖口处，通常会缝有一块商标，在正式穿西装之前，一定要将它们拆除。假如西装穿过许久之后，袖子上的商标依旧停留于原处，好似有意以此招摇过市一样，难免会见笑于人。

（7）西装要熨烫平整。要想使一套穿在自己身上的西装看上去美观、大方，就要使其显得平整而挺括，线条笔直。要做到这一点，除了定期对西装进行干洗外，还要在每次正式穿着之前，对其进行认真熨烫。

（8）西装长裤的长度要适中。西裤长度以裤脚接触脚背为妥。

（9）要慎穿毛衫。除了衬衫与背心之外，在西装上衣之内，最好不要再穿其他任何衣物。在冬季寒冷难忍时，只宜暂作变通，穿上一件薄型 V 形领的单色羊毛衫或羊绒衫。这样既不会显得过于花哨，也不会妨碍自己打领带。不要穿色彩、图案十分繁杂的羊毛衫或羊绒衫，也不要穿钮扣式的开领羊毛衫或羊绒衫，更不能同时穿上多件羊毛、羊绒的毛衫、背心，甚至再加上一件手工编织的毛衣，这样会影响西装的穿着效果。

(10) 穿西装时口袋里要少装东西。为保证西装在外观上不走样，就应当在西装的口袋里少装东西或者不装东西，上衣、背心与裤子均应如此。西装上衣左上侧的外胸袋，除可以插入一块用以装饰的真丝手帕，不要再放其他任何东西，尤其不可以放钢笔、挂眼镜。内侧的胸袋，可用来别钢笔、放钱夹或名片夹，但不要放过大过厚的东西。外侧下方的两只口袋，则原则上以不放任何东西为佳。在西装背心上，口袋多具装饰的功能，除可以放置怀表之外，不宜再放别的东西。在西装的裤子上，两只侧面的口袋只能放纸巾、钥匙包或者钱包。其后侧的两只口袋，则大都不放任何东西。西装的新旧与式样是次要的，重要的是合体，因此细心保养很重要，穿完后要用专用西服衣架挂好。

(11) 衬衫。每套西装一般需有两三件衬衫搭配。西装领要贴背，并低于衬衫领 1 厘米左右；衬衫的领子不可过紧或过松，袖口的长度应该正好到手腕，以长出西装袖口 1～2 厘米为宜，这样有一种匀称感。系领带时穿的衬衫要贴身，不系领带时穿的衬衫可宽松一点。

(12) 领带。在佩戴领带时要注意以下几方面。

① 穿西装打领带时衬衫应系好领扣。在非正式场合，穿西装可以不系领带，但衬衫的第一个扣子一定要解开。要采取合适的领带结法，以配合衬衫领形，产生舒适协调的效果。

② 选择领带时要注意与西装、衬衣协调搭配。领带的质料大多为丝绸，常用图案有水珠、月牙形、方格等。正式场合必须系领带，领带颜色要讲究。宴会等喜庆场合，领带可鲜艳明快；参加吊唁活动要系黑色或素色领带；参加商业活动宜佩戴醒目且花纹突出的领带；职业领带往往是素色或深色，多无花纹。

③ 系领带要注意衬衫领围大小。西服内有背心的，领带要放在背心内，且领带下角不可从背心下端露出，领带要按规定系好，下端应与腰带齐。

④ 领带夹要把领带与衬衫一齐夹紧，且领带夹夹的位置要适中，一般在衬衣第三和第四粒纽扣之间。领带的颜色应根据衬衫来挑选，通常最易搭配的是红色、蓝色或以黄色为主的花色领带。

(13) 西装配套要讲究。正式场所要着深色套装，以示庄重、自尊，讲究领带的选择与佩戴，以显示教师的个性与人格；注重衬衫的选配，正式场合衬衫颜色力求素净文雅，整洁无褶皱的衬衫可显示人的内在美；西装款式的选择要与人的脸型、体型、年龄和性格相适应，以显示个人的身份

西装整体的协调性非常重要，要使西装、衬衫、领带、皮鞋、袜子和穿着方式相协调。非正式场合穿着西装也要力求和谐，以展示教师的风度。

(14) 鞋子的选择要注意与整体装束的搭配，颜色至少要与皮带、表带相一致，即要符合“三色”原则。在一切正式场合，男士只宜穿黑色或深咖啡色系带的皮鞋。黑色的皮鞋可以跟黑色、灰色、藏青色西装相搭配；咖啡色的皮鞋可与咖啡色西装相配；白色和灰色的

皮鞋,只适宜游乐时穿,在正式场合一般不予考虑。

此外,皮鞋无论新旧,应该每天擦一擦,鞋子擦得锃亮的人,会显得特别光鲜,容易给人以好感,脏兮兮的鞋子最不宜登大雅之堂。

(三) 中山装的穿着

着中山装时要求穿上下同色同料的服装,配黑色皮鞋。中山装既可以在出席正式场合时穿,也可以平时穿。穿着时要扣好领扣、领钩、裤扣,穿长袖衬衫要把前后摆放入裤内,袖口不可卷起,衣袋内同样不要放很多东西。

(四) 便装

便装指平常穿的服装,使用范围广泛。男士便装根据不同的用途和环境,又可以分为很多种,便装比正装随便得多,例如,逛街购物、看电影、会见朋友、约会等都可以穿着。男士便装在很大程度上受潮流趋势的影响,是时装的重要组成部分,每个人可根据自己的爱好及自身的身体条件去选择各式各样的服装。但是在穿着时一定要注意到它是否符合将要去的环境与气氛,例如,在西餐厅就餐时,男士就不可以穿拖鞋、沙滩裤以及短裤之类的便装。

三、男教师着装的注意事项

关于男教师着装的注意事项,我们具体阐述如下。

(1) 保持服装的清洁、整齐、挺直。衣领袖口要干净,皮鞋要上油擦亮,穿长裤时不要卷起,衣服应熨平整。在任何情况下男教师都不应该穿短裤、紧身裤、长筒靴等参加日常教学或者涉外活动。

(2) 在家中接待客人时,除了非常亲密的同性朋友外,不得赤脚或只穿着睡衣甚至是内衣、短裤,如来不及更衣,应请客人稍坐,立即换上服装,穿上鞋袜。

(3) 在室内一般不要戴黑色墨镜,即使在室外参加隆重仪式或迎送重要宾客等礼节性场合,也不可以戴黑色墨镜。如果眼睛不舒服或者有疾病必须要戴墨镜时,应向客人及时解释清楚,以免给客人留下不好的印象,以至于影响学校的整体形象,或在握手、说话时将眼镜摘下,过后再戴上。

(4) 夏季着装时,男教师不可以穿短裤上课,以穿长裤为宜;不宜穿无领无袖的上衣上课,即使穿着短袖上衣,也应以有领的 T 恤衫为宜。

(5) 穿凉鞋时,必须要穿袜子,不可以光脚。

(6) 参加活动时,进入室内场所均应脱掉帽子、大衣、风雨衣等,并送存衣处存放。男士无论在什么时候都不能在室内戴帽子、手套。

第五节　教师配饰礼仪

饰品选择得当、运用巧妙,就会使人的衣着打扮与众不同,给人以美感。为了突出美感，教师可以在工作场合佩戴饰物，如手套、围巾、手提包、戒指、头饰等，也可以在交际场合佩戴耳环、项链等饰品。但是值得注意的是，佩戴饰物必须符合一定的礼仪规范和原则，以达到显露高雅、表现魅力、合理渲染的效果。

配饰在服饰打扮中起着画龙点睛的作用，教师在佩戴饰物时，要求与其着装要协调，以便形成整体的和谐美，从而衬托仪表，体现个性，展示出人民教师独特的内在气质和高雅品位。

一、佩戴饰物的原则

佩戴饰物时要遵守礼仪规范，通常包括以下八条原则。

(1) 数量有限原则。一般戴首饰时，在数量上要求以少为佳，使其真正起到点缀和修饰的作用。全身上下的装饰品最好不超过三件，而且同类的首饰不可以超过两件。

(2) 色彩原则。佩戴首饰时色彩尽量一致或类似，切忌给人一种颜色上的杂乱感。

(3) 质地统一原则。佩戴首饰时质地上要争取同质，使首饰的质地尽可能相同，给人以协调感。

(4) 注意身份原则。佩戴首饰要与教师身份相符合，显优藏拙。

(5) 体型原则。佩戴首饰时要使首饰与自己的体型相符，既能突出个性又可以扬长避短。

(6) 季节原则。佩戴首饰时所戴首饰应与季节相吻合，也可以根据不同的季节选择不同颜色的饰品。

(7) 搭配原则。佩戴首饰时，搭配上要尽量使其与服饰协调。

(8) 习俗原则。佩戴首饰时要懂得首饰的寓意，特别是在佩戴戒指时要分清不同手指佩戴的不同含义，避免因戴错手指而带来尴尬。另外，还要考虑不同地域、不同民族的文化和风俗习俗，选择合适的饰品。

二、佩戴饰物的方法

佩戴饰物的方法同样十分重要，不懂得正确的饰品佩戴方法会影响到自己的形象，显得无知。对于教师而言，佩戴饰物的方法要着重注意以下几点。

(1) 戒指的戴法。戒指戴在不同手指上，将传达不同的信息。按照国际惯例，戒指戴在食指表示自己目前独身且在寻找配偶，戴在中指表示正在热恋中，戴在无名指上表示已婚，戴在小指上则表示持独身态度。另外，戒指一般戴在左手上，如果两只手上都要佩戴，则要左右手对称。特别值得注意的是，除非是新娘，不要把戒指戴在手套外面。

(2) 对于教师而言，不主张佩戴手镯，因为戴手镯在讲课或板书时可能会分散学生的注意力。教师在穿着便装、休闲装时可戴手镯，其形状不宜过于招摇，档次不宜过低。一般来讲，着西装时不戴木、石、皮、骨、塑料等艺术性手镯，手镯可戴一只，而且通常戴右手上。

(3) 穿西装套裙时,不要戴两对或两对以上的耳环,也不要只在一只耳朵上戴耳环。

(4) 戴项链时应避免因文化差异产生误解,特别是在有外国人出席的活动时,不可以戴有猪、蛇、耶稣殉难像等图案的挂件。而且,女士的项链、挂饰可视情况露出或隐藏起来。

(5) 胸花是女性胸、肩、腰、头等部位佩戴的各种花饰,一般佩戴在左胸部位,也可依据服装设计要求和整体效果将其佩戴在肩部、腰部、前胸或发鬓等处。佩戴的胸花要高雅。胸部戴胸花、胸针的具体高度,应在从上往下数的第一粒和第二粒纽扣之间。

(6) 手提包是女性出席正式场合的重要饰物,其颜色要与自己的着装、季节、场合等相协调,以给人一种赏心悦目的视觉享受。例如,在比较庄重的社交场合,手提包的颜色应选择偏暗的,形状以方正的为佳;而参加舞会、宴会或者朋友间比较随意的聚餐时,可使用颜色比较鲜艳的小包。一般情况下,夏季使用的提包应该小巧淡雅,而冬季的手提包选择暖色调的颜色最好,以展示教育工作者的独特魅力。

另外,使用手提包最重要的一点是保持包身的干净整洁,包内的东西存放要有条理。如果让学生、家长或者同事看到自己非常费劲地在手提包里找东西,甚至把全部东西倒出来找,会影响个人的形象,有失女性的优雅。

(7) 教师不能佩戴叮当作响的饰品、大耳环或者吊坠,这些饰物在讲台上发出声响一定会分散学生注意力。高年级的学生会觉得教师很幼稚、不成熟,从而影响师生之间的沟通与交流。

(8) 男士饰物要求比女性的少而精,但它们的实用性更强,因而佩戴更要符合礼仪规范。男教师在日常工作中特别要注意皮带、公文包、眼镜、名片夹等饰品的质地和颜色的选择。

礼仪实训

一、实训练习

(一) 选择题

1. 着装的原则包括(　　)。

A. TPO 原则　B. 整体性原则　C. 个性化原则　D. 整洁性原则　E. 耀眼原则

2. TPO 原则包括(　　)。

A. 季节　B. 场合　C. 目的　D. 外貌

3. 着装的技巧和要求包括(　　)。

A. 着装应满足不同社会角色需要　B. 着装要和肤色、体型、年龄相协调

C. 着装应注意色彩的搭配　D. 着装越能吸引人越好

4. 下列关于色彩的说法错误的有(　　)。

A. 色彩能给人造成扩张或收缩的感觉

B. 浅淡的亮色使人感到凝重、沉稳

C. 色彩能造成华丽感或质朴感

D. 明亮的色彩会造成扩张感

5. 亲色调和法包括(　　)。

A. 同种色调和　　B. 类似色调和　　C. 主色调和　　D. 对比色调和

6. 对比色调和法包括(　　)。

A. 两色对比调和　B. 主色对比调和　C. 三色对比调和　D. 多色对比调和

7. 下列关于西装的说法中,错误的是(　　)。

A. 非正式场合,可穿单件上装配以各种西裤或牛仔裤等

B. 衬衣的袖子应以抬手时比西装衣袖长出 1.5 厘米为宜

C. 单排扣西装,若是三粒扣子只系中间一粒,两粒扣子的只系上面的一粒或者全部不扣

D. 穿西装一定要穿皮鞋

8. 佩戴首饰的要求有(　　)。

A. 首饰佩戴要注意场合　　B. 首饰佩戴要与服装及本人的外表相协调

C. 首饰佩戴要考虑性别因素　　D. 首饰佩戴要注意寓意和习惯

9. 下列属于饰物的有(　　)。

A. 帽子　　B. 手提包　　C. 眼镜　　D. 胸花　　E. 手帕

(二) 案例分析

作家张弦在回忆她的启蒙老师蒙圣瑞时写道:“和一些不修边幅的老师不同,他注意仪表,衣着整洁。中山服总是洗得干干净净,风纪扣总是紧紧扣着,里面露出一圈洁白的衬衣边,一尘不染。他走起路来腰杆笔挺。上课时头发梳得很光,胡碴儿刮得铁青,始终保持着充沛的精力。给人感觉他时刻在从事一件崇高而严肃的事业,对学生是一种潜移默化的教育,足以赢得同学的尊重和敬爱。我们很多男同学把蒙老师的形象作为自己的榜样,注意文明整洁,连走路也学他那轩昂的样子。”

试评议教师的着装对学生的影响。

二、实训项目

(一) 个人形象设计

训练方法:假如你所在的学校即将举行校园首届形象礼仪大赛,请为自己进行个人形象整体设计。

(二) 校服设计

训练方法:假如你所在的学校向学生征集校服设计方案,请与同学们分享你的设计思想。

第四章　教师仪态礼仪

学习目标

1. 学习教师的面部表情、手势、站姿、坐姿和走姿五个方面的礼仪要求。
2. 正确掌握仪态礼仪训练要领，并在实践中应用。

【案例导入】

镜头一：阜新一所职业中专进行了一次历时两个月的有奖征集不文明行为活动，严管教师的日常行为，目的是让学生尽可能少地看到教师的不文明行为，督促教师给学生树立榜样。征集活动要求教师可以相互揭短，学生也可以匿名举报，力争把那些最不常见的、最不在意的不文明现象，全都挖出来。经过两个月的努力，学校评出了教师的"十大不文明行为"。

1. 见到学生就板起面孔，一副师道尊严、居高临下的姿态，没有一点亲切感。
2. 上课时双手放在裤兜里或两手背在背后。
3. 升旗仪式时手插兜里，不拿出来。
4. 坐着讲课，与学生缺乏眼神等表情交流。
5. 在讲台上踱来踱去，令学生眼花缭乱。
6. 用笔敲学生的脑袋。
7. 用粉笔打学生。
8. 讲课时手势过于张狂，给人以缺乏稳重之感。
9. 在办公室躺在椅子上睡觉。
10. 在校园里奔跑。

镜头二：晚上，学校演播大厅正在举行新生元旦晚会，许多教师和学生都来观看演出。很快同学们发现，坐在前六排的教师们说话声不断，有些教师肆无忌惮地交头接耳或者随心所欲地聊天；有些教师举着手机不停地拍照，甚至站起来拍照，致使后排的学生们根本看不到台上的节目；有些教师想来就来想走就走，完全不顾及演播厅的秩序。试想一下：如果教师看到学生这样，肯定会不高兴的，会责怪学生素质差。可为什么轮到自己，就这样放肆地喧哗呢？"是啊，这样的教师有什么资格批评和教育我们?”学生难免会这样想。

仪态,又称举止,指的是人们在日常生活中的动作、行为以及身体各部分在其过程中所呈现的姿态。日常生活中的站、蹲、坐、行、卧,一举手一投足、一颦一笑都称为仪态或举止。在人际交往中,一个人的形体之美、风度和气质等都是通过仪态体现出来的。

仪态礼仪在人际沟通中的作用非常大,因为几乎每个人都是通过行为举止自觉地或不自觉地表露自己真实的思想、情感以及对外界的反应。因此,它被视作一种无声的语言,又称第二语言或副语言。教师作为有知识、有文化、有教养的知识分子阶层,掌握基本的仪态知识是必不可少的。仪态的谦和、真诚、含蓄、端庄、文雅、大方是为人师表的职业特征。不管教师个人是否意识到,其一言一行、一举一动对学生的影响都在悄悄地发生着。教师通过仪态礼仪显现出来的是一种综合的美,在教育教学中,这种综合的仪态之美主要体现在面部表情、手势、站姿、坐姿和走姿上。

第一节　教师的面部表情

一、教师面部表情的基本要求

人的面部表情是一种体态语言,是一种非文字的沟通手段,是人类广泛应用的无声信号。人的面部表情就像月亮一样,也有“阴晴圆缺”,微笑的脸、痛苦的脸、愤怒的脸等都是面部表情的反映。美国语言学家和心理学家艾伯特·梅瑞宾于1968年提出公式:交际双方的相互理解=38%的语调+55%的表情+7%的有声语言。依据这一公式,可知我们的面部表情能够表达出含义非常丰富的信息,面部表情在人际沟通中占有非常重要的比重。因此,教师在教学活动中要善于根据教学的要求和课堂情况的变化来运用自己口、鼻、眼的变化和面部肌肉的运动,表达出多种不同的信息,以此来启迪、引导和感染学生,培养他们求真、向善和爱美的品德。教师面部表情运用的基本要求有如下几点。

(一)准确

教师要做到准确运用表情来表达自己的思想,面部表情的变化既要符合教学内容的要求,又要与教育的意图相一致。例如,用严肃的眼光盯住调皮捣蛋的学生,用赞赏的目光和微笑面对积极回答问题的学生,用深思的表情引导学生钻研思考等。对表情的准确运用并不要求教师要像演员一样会表演,但是如果教师在课堂上不顾教学内容的变化和课堂情境的变化而一直以同一副面孔面对学生,势必会使学生感到枯燥乏味。因此,教师必须深入体会教学内容,真正进入角色,要善于准确运用表情组织教学。

（二）自然

从教学的角度来看，教师的表情美，是教师以其体态语言所构成的一种辅助教学手段。教师的表情要自然、真实。因情而发，因需而用，没有矫揉造作，没有表演的痕迹，只有这样才能赢得学生的充分信任。做作或像演员一样夸张的表情都不适应教育情景，也不易为学生所接受。

（三）适度

教师的表情变化不可过分、夸张，要恰如其分、恰到好处。在进行提问时，可轻轻皱眉，以表示思索；在学生答非所问时，要缓缓摇头，表示疑问；当学生回答令人满意时，要点头赞许，以示鼓励；当学生不能回答，出现冷场时，要示意其他同学安静，认真听讲。面对学生的错误行为时，可以表现出生气、不满，但不能暴跳如雷、高声呵斥。在讲课时，不能唾沫横飞，只顾侃侃而谈；不能东张西望，给人以魂不守舍的感觉；更不能手舞足蹈，像个跳梁小丑。这些夸张和过度的教学仪态会贬低教师形象，削弱教师在学生心目中的地位，进而降低教育效果。

（四）温和

在教学活动中，教师的表情要温和、亲切而慈祥，这样会大大缩短师生之间的心理距离，有利于学生愉快地接受信息，提高教学效果。反之，如果教师过于严肃、冷漠，会使学生产生惧怕和逆反心理，给其心理和学习活动带来不利影响。

> *和蔼可亲的态度是永久的介绍信。* ——培根

综上所述，教师恰当的面部表情既可以提高课堂教学效果，又可以调节课堂气氛，具有很强的辅助教学作用。教师的眼神和笑容是教师面部表情的核心内容。

二、教师的目光

目光从表面上看，指的是一个人的眼睛注视的方向，其实，它也是心灵的外在形态。眼神在一送、一收、一顾、一盼间都有其意义，正如爱默生所说的："人的眼睛和舌头所说的话一样多。"因此，目光向来被认为是最富有传递情感功能的、最细腻的体态语言，是面部表情的核心内容之一。

（一）目光的基本形式

每一种眼神都有其特定的含义。视线接触的部位、眼睛凝视时间的长短、视线接触的方向和角度、瞳孔的大小变化等都能传递微妙的信息。

视线接触的部位不同，具有不同的意义：当视线停留在交流对象双眼和胸部之间的倒三角区，称为近亲密距离，适用于很亲密、很熟悉的人之间；当视线停留在交流对象双眼和腹部之间的倒三角区，称为远亲密距离，适用于与学生、学生家长、同事等人之间的交流；当视线停留在交流对象双眼和嘴部之间的倒三角区，称为社交注视区域，适用于与一般的

人之间的交流；当视线停留在交流对象的前额的某个假想的三角部位，称为严肃注视区域，适用于比较严肃、庄重的场合。

视线凝视对方面部的时间长短不同，具有不同的意义。一般情况下，连续注视对方的时间应该控制在1～2秒内。长时间的凝视、直视、漠视或上下打量，都是不礼貌的行为。但当一个人要表示对对方的蔑视和威慑时，可长时间凝视，例如警察和法官在断案时常常利用这种手段使犯罪嫌疑人坦白。在故意冷落对方时可不视。

视线接触的角度和方向不同，具有不同的意义：正视，表示诚恳、庄重，也表示专注、关切；斜视，表示不满、警告，或者轻蔑、不放在眼里；点视，专注于一处，表示对目标的好奇、关注等，具有很强的针对性和示意性；仰视，即注目向上，表示尊重、期待或仰慕、崇敬；俯视，注目向下，表示爱护、宽容或者忧伤；环视，关注所有听众，表示庄重、从容、致意；扫视，表示觉察、提醒；窥视，隐蔽偷看，表示怀疑、心虚；虚视，表示似看非看、心不在焉。

视线接触时瞳孔放大或缩小的变化情况，也表达不同的意义：瞳孔放大，眼睛有神，表示兴奋、专注、喜欢、肯定；瞳孔缩小，眼睛无光，表示勉强、散漫、厌恶、否定、困惑、痛苦等。

（二）教师目光的基本要求

教师的眼睛是叩开学生心扉的钥匙。教师要善于运用目光的交流来对学生进行心理控制，从而引导教学活动向好的方向发展。

1. 正视

正视是教师与学生在课堂交流中最常用的目光交流方式。教师正视学生，能给学生一种严肃、庄重、诚恳、平等的感觉，显示出师生之间互相尊重的礼节。

2. 扫视

扫视一般是在课堂教学活动或课外集会时使用。教师用扫视的眼神顾及全班学生，能很好地把学生的注意力吸引到教师这边来，使学生集中精力听课。教学实践经验表明：教师在课堂上对哪个学生注视较多，则这个学生就会感到自己受到了教师的肯定和亲近，从而更加专注地听讲。因此，上课时，教师要不断地扫视所有同学，让每个学生都感觉到教师是关注自己的，自己没有受到教师的冷落。具体来讲，扫视涉及前后和左右两个角度的问题。在教学中，教师要通过目光的适当变动，顾及到前排、中排和后排的所有学生，通过前后扫视既可以弥补与后排的同学因空间距离而形成的沟通缺陷，让他们感觉到虽然坐在后排但是依然在教师的视线范围之内，也不会让前排的同学受到冷落。左右角度是指教师在上课时要注意视线的横向变化，视线应该自然地从左边扫到右边，再从右边扫到左边。但是无论是纵向还是横向，扫视都不能过于频繁，要依据课堂教学内容和课堂氛围适时而定，做到自然、协调。

3. 点视

教师在教学过程中对于自己所要关注的单个学生，可以采用点视的方式加以关注。例如，当某个学生在课堂上做小动作时，教师为顾及其面子和不影响教学进程，不点名批评，只需把目光专注于这个学生一段时间，让这位学生感受到教师的用意，自觉羞愧而专心听讲。在现实生活中，有些教师在上课时，视线长时间地停留在一点上，不会用环视的眼光顾及全班学生，这样的点视不容易吸引大多数学生的注意力，不利于教学效果的提高。

4. 俯视

俯视仅在一些特殊情况下使用，例如，在学生感到羞愧或忧伤时，教师自上而下地注视，会使这位学生感受到来自教师的爱护、体贴和宽容等情谊。

（三）教师目光禁忌

教师要避免以下几种情况。

1. 盯视

在教育教学中，教师长时间地把目光集中在某位同学的某一身体部位，称作盯视。例如，在上课时，教师目不转睛地盯着某一学生的脸部，必定会造成这位同学的紧张和恐惧。因此，盯视具有很强的威慑作用，只有在一些特殊情况下才可以采用，否则会对学生情绪造成负面影响。

2. 瞪视

瞪视是比盯视力度更强的一种目光反映，指瞪大眼睛盯视，视线离学生近，眼神力度加大，非常具有威慑力。这是教育教学的禁忌目光。

3. 怒视

怒视，指教师在对学生非常生气的情况下出现眉毛皱起，双目圆瞪、怒目而视的眼神。

4. 漠视

有些教师上课时总是盯着天花板、讲义或者教室内的窗户等，学生丝毫感受不到来自教师的亲切目光，师生之间缺乏情感的交流，这会严重影响课堂教学效果。

5. 仰视

仰视会使学生感到教师趾高气扬、盛气凌人。

6. 呆视

呆滞的眼神给学生的感觉是智力欠缺，难以胜任教书育人的重任。呆滞的眼光也会使学生情绪低落。

三、教师的微笑

俗话说："面带三分笑，礼数已先到。"在绝大多数国际交往场合中，微笑都是礼仪的基础，当语言不通时，亲切、温馨的微笑能使不同文化背景下的人迅速缩小彼此间的心理距离，创造出沟通与交流的良好氛围，提升交流效果。微笑在人际沟通中的作用非常神奇。它能够增强有声语言的吸引力、表现力和感染力，既能表达轻松、愉悦、自信、乐观的情绪，也能表达欢迎、赞同、欣赏、请求、领悟的信息，还能表达道歉、拒绝、否定、暗示等人际含义。因此，人们把微笑称为最有效的人际关系黏合剂。

（一）微笑的基本形式

每一种微笑都有其特定的含义。研究者根据眉毛、眼睛、面部肌肉、嘴唇的相互关系及形状特征，把微笑细分为以下六种。(1) 眉毛平、嘴角平的微笑，表示热情、高兴，这是教师最常用的微笑形式；(2) 眉毛轻扬、嘴角向上、鼻孔开合程度正常的微笑，表示感兴趣；(3) 眉毛平、眼平视的微笑，表示不置可否、无所谓；(4) 眉毛平、视角向下的微笑，表示轻微的蔑视；(5) 眼睛睁大、眉毛上扬、嘴略开的微笑，表示相当快乐、开心；(6) 眼睛睁开、眉上扬、嘴角平或微微向上的微笑，表示兴奋、幸福、暗喜。

（二）教师微笑的基本要求

教师的微笑是学生最需要、最在意的表情，也是最有利于形成愉快、和谐的师生关系和教学氛围的体态语言。如果我们想做一个受学生欢迎的教师，最好的办法就是学会微笑。大量的调查结果显示，和蔼可亲、面带微笑是各个年龄阶段的学生理想中的教师形象。

在教学中，教师的微笑能够稳定学生情绪，创造出轻松愉快的学习气氛。例如：学生上课没有回答出问题，教师的微笑是一种激励；学生成绩进步了，教师的微笑是一种表扬；学生犯了错，教师的微笑是一种宽容和信任；学生遇到难题，教师的微笑是一种鞭策和抚慰。

从礼仪的角度来讲，对教师微笑的基本要求有如下几条。

1. 声情并茂

教师在微笑的时候应该做到表里如一、声情并茂，让微笑与自己的举止、谈吐相辅相成，锦上添花。例如，教师在表扬学生时，要伴以真诚的微笑，让学生真真切切地感受到教师对他的肯定和欣赏，切不可让学生产生受到教师讽刺或愚弄的感觉。

2. 气质优雅

透过微笑往往可以看到一个人的文化修养和精神追求。因此，教师在微笑时不仅要讲究笑得适时、尽兴，而且要讲究精神饱满、气质典雅。

3. 和谐自然

微笑是一种令人愉快的面部表情，因此，真正的微笑是发自内心、出自善意的，是一种真情实感的流露，教师在笑的时候要真诚、自然、和谐，要使自己的眉、眼、鼻、口、齿及面部肌肉协调行动，运动到位，不温不火。否则，将给学生勉强与做作之感。

（三）教师微笑礼仪训练

1. 微笑的基本方法

首先，额部肌肉进行收缩，使眉位提高，眉毛略为弯曲成弯月形。

其次，两侧面颊上的笑肌进行收缩，并稍微向下拉升，使面部肌肤看上去出现笑意。

再次，唇部肌肉进行配合，唇形稍微弯曲，嘴角微微上提，双唇关闭，露出牙齿。

最后，自觉地控制发声系统，一般不应该发出声音。

微笑除了注意口形之外，还要注意和面部其他各部位的配合，尤其是眼神中的笑意，整体协调，才会形成甜美的微笑。

2. 微笑练习

(1) 对镜练习

对着镜子，咬住一根筷子，露出上排牙齿，用双手按住两颊肌肉，调整嘴角上扬的角度，直到达到最合适自己的笑容的位置。然后将筷子拿掉，看着镜子记住这个表情。如此反复，直到形成习惯。当然微笑不仅仅是咧开嘴那么简单，只有真诚的微笑才会产生良好的效果。检验的办法就是，做好上述动作后，用一张纸遮住眼睛以下的脸的部位，看看自己的眼睛里是不是充满了笑意，如果是，把纸拿开，你就是最美的“微笑先生”或“微笑小姐”。

(2) 诱导练习

调动感情，发挥想象力回忆美好的过去、愉快的经历或展望美好未来，使微笑发自内心，有感而发。总之，真诚的微笑是发自内心的，要眼到、口到、心到、情到。

第二节　教师的手势

相貌的美高于色泽的美，而优雅合适动作的美又高于相貌的美。　——培根

手势就是指用手指、手掌和手臂的动作和造型来表情达意的一种体态语言。它是由指、掌、拳、臂的不同造型及抓、握、捏、掐、捻、弹、摇、摆、挥、摊、推、劈、伸、举等动作所形成的。从传递信息的角度来说，手势的使用频率甚至比面部表情还要大，是人类最早使用的一种重要的交际方式。例如：在喧嚣的街道路口，交警须使用手势指挥行人车辆；激烈的比赛场上，裁判须使用手势组织比赛；面对聋哑人，运用手语才可与其交流；等等。现代社会中，手势的形式多样性、动作复杂性以及表意明确性已远远超过了人类早期的手势。

一、教师手势的基本要求

在教育教学中，手势是教师必不可少的一种教学辅助手段。教师规范得体的手势，不仅可以很好地组织教学，而且可以表达情感、描摹形象、指代事物等，是教育教学的得力“助手”。因此，无论是从日常交际还是教育教学的角度看，教师都应该使用礼貌高雅的手势动作待人接物，开展教学工作，尽量避免失敬于人。

(一) 雅观自然

恰当的手势往往是在内心情感的催动下，瞬间自然做出来的。它能反映一个人的修养、性格。因此，教师要根据教育教学内容的需要，恰如其分地运用手势，尽量做到动作优美、雅观、自然、大方，给人优雅、含蓄、彬彬有礼的印象。不能故作姿态，矫揉造作。例如：谈到自己的时候，不要用大拇指指自己的鼻尖，应用右手掌轻按自己的左胸，那样会显得

端庄、大方、可信；谈及别人、介绍他人、指示方向、请对方做某事时，应掌心向上，手指自然并拢，以肘关节为轴指示目标，同时上身稍向前倾，在表示敬重的同时也表现出手势动作的优雅自然。

（二）协调一致

教师手势的协调一致主要表现在三个方面。首先，手势要与全身协调一致。人的身体动作之间都有一定的连贯性，手臂动作必然会牵动其他部位的相应动作。如果手部动作与其他体态动作不一致或矛盾，会使学生感到困惑。例如，一位教师在课堂上用手示意右边的同学起来回答问题，但他的身体和脸部却朝向左边的同学，岂不叫人疑惑不解？教师手臂动作的幅度和力度也不宜过大，否则，手势过于张狂，身体会失去平衡，给人以缺乏稳重之感。

其次，教师的手势应该与讲课内容相一致，与有声语言的表达相协调，要明确打手势的目的是为了配合教学内容的讲授，否则，手势会干扰教学活动的正常进行。

最后，教师的手势要与情感的表达相协调。在有经验的教师执教的课堂上，经常可以看到这样的情景：教师时而以自然大方、平静安详的姿势作一般性讲述，时而以柔和舒展的手势表现诗情画意，时而以急剧的挥拳表现满腔义愤和无情鞭挞。在这些教师的教学中，手势的运用节律完全是由内心情感控制的。

（三）因场合而异

教师手势的运用要看场合，一般来讲，小范围说话，手势要少一些、小一些；大场合说话，手势可以多一些、大一些。与他人单独交谈时，手势要少一些、小一些；面对集体讲话时，手势可以多一些、大一些。

（四）因人而异

教师手势的运用还应因性别、年龄、体型的不同而有所差异。首先，就性别而论，男教师的手势一般表现为急速、果断、刚劲、有力，手势幅度较大，外向动作较多；女教师的手势则表现为细腻、柔和、优雅、舒缓，手势幅度较小，内向动作较多。就年龄而言，老年教师的手势宜精细入微；中青年教师的手势宜气魄雄伟。就体型来说，矮胖者可多做些高举过肩的手势；而高瘦者宜多做些平直横向的动作以保持整个人体形象的平衡。

二、教师常用手势的分类

在教育教学中教师的手势可以说是千变万化，为便于掌握运用，我们按如下标准进行分类。

（一）根据手势的表意功能进行分类

根据手势的表意功能，可以将手势分为六类，即象征性手势、表情性手势、会意性手势、指代性手势、描摹性手势和评价性手势。

1. 象征性手势

所谓象征性手势是指以手部动作来表示某种抽象事物的手势。这种手势的突出特点是可以表示诸如聪明、愚蠢、友好、专横、高傲等抽象的概念。有些象征性手势不用语言配合即可表达某种抽象概念。如，教师在阐述两个事物之间的相互制约的关系时，用两个食指勾在胸前拉来拉去，这对启发学生思维、帮助学生理解起到很好的作用；以食指或食指与中指一起敲击前额或太阳穴，如果面带微笑，就表示“聪明”，但如果皱着眉，则表示“愚蠢”或“疯狂”。更多的情况下，象征性手势是配合口头语言下意识地做出的。比如不少人在交谈时敞开手掌且手心向上，这一手势象征着坦率、真诚。人们发誓时，习惯上将敞开的手掌放在胸前，以示真诚；在法庭上，辩护律师经常敞开手掌进行辩护演讲，以赢得法官对他的信任；当某人诉说自己的冤情时，也常常伸出双掌，并在胸前急促地抖动几下，以此来证实他讲的都是真话。所以，若想判别一个人是否诚实，有效的途径之一就是观察他讲话时的手掌活动。如果某人说话时不由自主地伸出双掌，我们会感到他言行一致。我们还有这样的经验：当儿童说谎时往往捂嘴，稍有“经验”者便将手藏在背后；而成年人撒谎时常摸一下鼻子，但老练者却不将手掌伸出，而是将双手插在兜内，或摆出双臂交叉的姿态。大量的研究证明，敞开双掌是一种毫无意识的、使他人感到你在讲实话的象征性手势。了解这一手势，有助于教师有针对性地对学生进行思想教育工作。

2. 表情性手势

这是一种以手部动作表达内心思想情感的手势。常见的表情性手势有：挥拳表示激动或下定决心，紧握双拳或拍案而起表示愤怒，手拍胸脯表示敢做敢当，猛拍大腿表示深深的懊悔或极度兴奋等。表情性手势的显著特点是手部动作的力度、幅度较大，人们借此宣泄内心的情感。伟大导师列宁当众演讲时的手势给人的印象很深刻。在影片《列宁在1918》中曾有这样的镜头，他左手插在腰间，右手不时地在胸前挥动，果断有力地向前伸出，并稍稍抬起，同时配合着极富鼓动性的语言。那猛然冲击而出的手势显示出伟大革命家的远见卓识和必胜信念。这就是典型的表情性手势。教师表情性手势常用于社会学科的教学中。现行中小学教材中有不少对学生进行革命传统教育的内容，当讲到为牺牲战友报仇或对敌人表示愤恨的激情处，教师可以借助表情性手势来增强表达效果。

3. 会意性手势

这是一种在不易明说或不便明说的情况下运用的手势。比如，你的朋友正在与别人交谈，恰巧你急着要与他一同去办事，又不便打断他们的谈话，这时，你可向这位朋友招手致意，朋友心领神会后，就会尽快结束谈话。这一招手动作便是会意性手势。平时我们有“打了个哑巴点子”的说法，这个“哑巴点子”就是指会意性手势。生活中，这类手势还很多。如，手心向上将手掌轻抬一次或数次，示意站起来；手掌向下按，示意坐下；食指放在嘴边轻“嘘”一声，表示“不要出声”；等等。

值得注意的是，运用这种手势的主、客体之间应该彼此相互了解或关系密切。这样，手势传递的信息才能被对方心领神会，真正达到“心有灵犀一点通”。会意性手势具有暗示功能，教学中恰当地运用，可以收到“此时无声胜有声”的效果。比如，课堂上有的教师向学生提出问题后，为了不打断学生的思维，往往并不说“请举手”，而是自己举起右手与头顶部相平。这时学生马上跟着教师的动作纷纷举起手。在语文教学中，教师运用会意性手势可以帮助学生理解词语。一位教师在讲“邻居”一词时，她先把一只手握成拳状，并说“这是小明的家”，然后再把另一只手握成拳状说“这是小刚的家”，接着让两个拳头靠在一起问学生 “邻居”是什么意思。学生通过教师的手势暗示，基本上明白了“邻居”就是“住得靠近的人家”的意思。这里，教师巧妙地运用会意性手势帮助学生理解了“邻居”这一用语言难以表达明白的词语。在声乐教学中，如发现学生发声时提气，为了不打断学生演唱，教师可一只手弹琴，另一只手用手掌做下压动作，学生会马上调整自己的气息状态。从上述例子可以看出，由于会意性手势的暗示功能，运用这种手势不仅可以准确传递教师所要发出的信息，而且减少了发声，节约了时间，实为一举多得。

4. 指代性手势

顾名思义，所谓指代性手势是指具有指示、替代作用的手势。有些手势可以指示方位、对象。如，用手指指点上、下、前、后、左、右、中间、这、那以及你（你们）、我（我们）、他（他们）等。口语中这些词所表达的方位和对象是模糊的，如果配合手势，可使其更加明确。有些手势还可以替代数字。在我国，有“捏七、撇八、钩子九”的说法。即将拇指、食指、中指伸出并捏在一起，攥拢其余两指，表示“7”；伸出拇指和食指并将其分开，攥拢其余三指，表示“8”；将食指弯成钩状，攥拢其余四指，表示“9”。另外. 我国一般伸食指表示“1”，伸出食指与中指表示“2”，伸出食指、中指和无名指表示“3”，握起拇指并伸出其余四指表示“4”，五指全伸出并使各指叉开表示“5”，只伸拇指和小指则表示“6”，等等。

上述这些指代性手势生活中经常用到，应让学生掌握，尤其是低年级数学教学中，恰当地运用指代性手势，不仅可以节省时间，提高效率，而且可使教学更加直观形象。

5. 描摹性手势

有些手势能够模拟事物的形象、情状、特征等，我们把这些手势称为描摹性手势。例如，幼儿做游戏时，常将双拳置于头顶模仿牛、羊等动物形象；“我买了个西瓜这么大（用双手比划大小）”；“那条鱼有这么长（双手分开一段距离）”……这些都属于描摹性手势。课堂上，教师适当运用描摹性手势，能够化抽象为形象，使学生加深对知识的理解和记忆，从而收到事半功倍的教学效果。如一位英语教师在教学“My father is a driver. My mother is a nurse”这两个句子时，为了让学生理解掌握“driver”和“nurse”两个单词的意义，一边口中发音一边用手做司机手握方向盘和护士打针的造型动作。这种简捷、高效的描摹性手势，可以帮助学生迅速进入语境，正确地感知、领悟、掌握和运用英语。语文教学中运用描摹性手势，不仅可以帮助学生理解一些抽象的词语，而且可以通过描摹事物的情状增强文章的表达效果，使学生从中受到感染。初中课文《挥手之间》中有这样一段文字：“主席也举起手来，举起他那顶深灰色的盔式帽。举得很慢很慢，像是在举一件十分沉重的东西，一点一点地，一点一点地，等到举过头顶，忽然用力一挥，便停在空中，一动不动了。”这段文字写了 1945 年 8 月 28 日毛泽东为去重庆同国民党政府谈判，在延安机场与群众告别的一个镜头。教学这段文字时，如果只是一般性地朗读，学生会感到索然无味；如果教师一边声情并茂地朗读，一边描摹毛泽东举帽的手势，学生则会有身临其境之感，会从那具体形象的“特定的历史性动作”中体会到毛泽东对中国革命的前途充满必胜信念的宏伟气魄,从而受到深深的感染。

6. 评价性手势

这是一种用来判断行为价值高低的手势。如翘大拇指手势一般用来肯定、赞扬学生学习活动中的突出表现,对学生有很强的激励作用。另一种课堂上常用的评价性手势是鼓掌。在小学中低年级,当学生获得成功时,教师往往令全班学生鼓掌祝贺。这种掌声,对取得好成绩的学生来说,既是对他们行为价值的肯定,又是一种“奖赏”。但不可使用过于频繁而流于程式化。

上述六种手势只是一个粗略的归纳分类。由于手势的种类繁多,变化微妙,不可能一一细说端详。因此,这种分类的目的只是帮助教师从中寻找到容易掌握的规律性的东西。

(二) 根据手势活动的区域进行分类

根据手势活动的区域,可以将手势分为三类,即上区手势、中区手势和下区手势。

1. 上区手势

这种手势动作在肩部以上的区域展开,一般表达积极、振奋、肯定、张扬等带有褒义的内容和情感。

2. 中区手势

这种手势动作在肩部至腰部之间进行,一般表达坦诚、平静、流畅、平等、说理等中性的内容和情感。

3. 下区手势

这种手势动作最后完成是在腰部以下的区域内,一般表达否定、压抑、憎恨、鄙夷、批评等带有贬义的内容和情感。

(三) 根据运用的部位进行分类

根据运用的部位,可以将手势分为指式、掌式、臂式三种。指式是运用五指(或十指)做出的手势;掌式是由手掌的方向(上、下、前、后、内、外等)不同而构成的手势;臂式则是由手臂挥动的幅度、力度、速度等构成的手势。

在手指的运用上,主要是表示数目、命令、斥责、赞赏、指示事物或指点方向,还可以用来表示形状、大小、长短、厚薄、方圆等。也就是说,手指手势多属指代、描摹或评价手势。运用手臂和拳头的手势,如拳头紧攥、手臂上下挥动,多是表示愤恨、怒斥、决心的表情性手势。这些手势的运用一定要注意指代明确、描摹形象,才能充分发挥手势的作用。此外,教师在课堂除讲授内容需要外,应禁止运用表示斥责(用食指指点)和表示轻蔑(伸出小指)的手势。

手掌手势表意虽较为复杂,但也有规律可循。一般情况下,手心向上,胳膊微屈,手掌稍向前伸,多表示贡献、赞美、欢迎、承认、许诺、请求的意思,是一种谦逊、诚实的象征;手心向下,手臂弯曲,手掌稍向前伸,多表示压抑、神秘、反对、否认、制止、不愿意、不喜欢的意思,带有强制和命令的意味;两手由合而分,多表示空虚、失望、分散、消极的意思;两手由分而合，多表示团结、亲密、联合、全面、接洽、积极的意思。课堂上，教师在掌势的运用上，应该让学生看到自己的掌心，而不是手背。因为前者意味着坦诚，没有秘密，后者意味着控制和不直率。例如，在请学生回答问题时，教师伸出四指微微弯曲向上动，做出招呼的动作，学生就会立即站起来回答教师的提问。这种手势明确、自然、谦和，有“请”的意思，传递了尊重学生的情感。相反，如果教师伸出一根食指像利剑一般指向学生，传递的则是命令的意味或压抑性的信息，虽然意义明确，但对学生缺乏尊重；如果用教鞭随手一指，不尊重学生的意味就更浓了，这样在学生心理上会造成一种压抑感，影响师生的情感沟通。

（四）根据用手的数量进行分类

根据用手的数量，可以将手势分为单式和复式两种。一只手做的叫单式，双手共做的叫复式。复式比单式的力度大，显得更富有气势。一般和声细语、冷静柔情地叙述时，多采用单式手势；着意强调、感情激越时则较多采用复式手势。

三、教师手势禁忌

教师运用手势，有如下一些禁忌需要注意：

忌当众搔头皮、掏耳朵、剜眼屎，这些行为令学生极为反感，严重影响教师形象与风度；

在教室内，双手乱动乱摸、咬指尖、端胳膊、抱大腿、拢脑袋等，也都是应当禁止的手势；

不要用手指指点他人，这是非常不礼貌的，含有教训人的意味；

讲课时忌讳敲击讲台、黑板，或做其他过分的动作；

忌玩弄粉笔或衣扣等；

忌高兴时做拉袖子等不文雅的手势动作；

忌交谈时指手画脚、手势动作过多过大。

四、教师手势礼仪训练

手势是一种极其复杂的符号，既可以反映一个人的修养、性格，又能够传递丰富的信息，因此，在教学实践中，教师要能够运用手势语言的幅度、次数、力度等技巧增强教学效果。

（一）垂放

手的垂放位置有两种：第一种是双手自然下垂，掌心向内，叠放或相握于腹前；第二种是双手伸直下垂，掌心向内，分别贴放于大腿两侧。当教师站立或行走时，通常可以选择两手垂放或者背手，这是基本的手势。

（二）背手

多见于站立、行走时，既可显示教师的权威，又可镇定自己。应用方法：双臂伸到身后，双手相握，同时昂首挺胸。但要注意，背手有时容易给他人留下盛气凌人的感觉，所以在正式场合或者有领导和长辈在场的情况下慎用。

（三）持物

持物即用手拿东西。其做法多样，既可用一只手，又可用双手，但最关键的是，拿东西时应动作自然，五指并拢，用力均匀。一定要注意不应翘起无名指与小指，不可显得忸怩作态。

（四）握手

在人际交往中，握手更能起到直接沟通的作用。对方向你伸出手，你迎上去握住他，这是表示友好与交往的诚意；你若无动于衷地不伸出手去，或懒懒地稍握一下对方的手，则意味着你不愿与其交朋友。

（五）鼓掌

鼓掌是用以表示欢迎、祝贺、支持的一种手势，多用于会议、演出、比赛或迎候嘉宾。表示欢迎、祝贺或支持时，可以鼓掌致意。其正确的手势是：以右掌有节奏地拍击左掌。若有必要，可站立起来并高兴地双手鼓掌。

第三节　教师的站姿礼仪

站姿，又叫立姿、站相，指的是人在站立时所呈现出来的静态姿态。站姿是人的最基本的姿势，同时也是其他一切动态姿势的基础。教师在课堂上一般都是站着讲课，因此，站姿是教师仪态礼仪中非常重要的一个方面。教师在讲台上的站姿优美与否，对学生的感召力和吸引力是不一样的。因此，教师在站立之时，应给人以挺拔笔直、舒展大方、精力充沛、积极向上的印象。

一、教师站姿的基本要求

教师站姿的总体要求是端正、稳重、亲切、自然。具体来讲要强调以下三点。

（一）站得端正

无论是立正、稍息与跨立，每种站姿的基本要求都是：头端，肩平，胸挺，腹收，身立，腿直，手垂。男士的左手可以搭在右手之上，女士的右手则可搭在左手之上。双手不能平端或抱在胸前，也不能在人前将双手背在后面，更不能将一只手插入口袋或夹香烟。

（二）要男女有别

男女的基本站姿因性别差异而有一些不同的要求，对男教师的要求是稳健，对女教师的要求则是优美。男教师站立时，应双脚平行，并要注意其分开的幅度。这种幅度一般应当以不超过肩部为宜，最好间距为一脚之宽。全身正直、双肩展开、头部抬起，双臂自然下垂伸直，双手贴放于大腿两侧，双脚不能动来动去。如果站立时间过久，可以将左脚或右脚交替后撤一步，使得身体的重心分别落在另一只脚上。但是上身仍须直挺，伸出的脚不可伸得太远，双腿不可叉开过大，变换不可过于频繁。女教师站立时，应挺胸、收腹，目视前方，双手自然下垂，叠放或相握于腹前。双腿基本并拢，不宜叉开。站立时也可将重心置于某一脚上，双腿一直一斜。还有一种方法，即双脚脚跟并拢，脚尖分开，张开的脚尖大致相距 10 厘米，其张角约为 45 度，呈 V 形。

(三) 要避免散漫

这是指久站疲劳后，要避免一些不礼貌、不文明的举止，主要指趴、拉、倚、靠等散漫的动作。

二、教师在不同场合的站姿

一般说来，教师在如下场合中的站姿需要特别注意。

(一) 教师在课堂教学中的站姿

1. 教师讲课时站的位置

教师站在教室的前中央为最佳位置，即讲桌与黑板之间，这样可以提高课堂教学效率。教师站在讲桌与黑板之间，除两边的学生外，大多数学生是直视的，这对保护学生视力有益处。若站在一角，则大部分学生的视线是斜的。踱步讲课，学生目光随之移动，久而久之对学生的视力也会有影响。此外，教师讲课总是辅以板书，还要随时参阅教案，站在讲桌与黑板之间，口述笔写，随手可到，浏览教案，低头可及，既节约时间又方便应手。若站在一角或踱来踱去讲课，板书时需向黑板靠拢，参阅教案时又要向讲桌靠拢，这既浪费时间又不方便。

2. 教师在讲课或演讲时的站姿

两脚脚跟落地，站稳站直，胸膛自然挺起，不要耸肩，不要过于昂着头。为了减少身体对腿部的压力，减轻由于长时间站立而产生的疲倦，可以用双手支撑在讲桌上，双脚轮流放松。并且，教师讲课时不一定要固定在讲台上，可以适当地到学生座位附近巡视、站立。

3. 教师提问学生时的站姿

教师在提问学生时，身体应微微前倾，这种姿势表明对学生所说的话感兴趣，也表明教师的注意力都集中在学生身上，没有走神，增加了亲切感。切不可只顾自己板书，背对学生，给学生一种不礼貌的感觉，学生也不能从教师的表情中判断自己的回答是否正确，是否需要继续回答。有些教师在学生回答问题时，双手放在裤袋里或两手背后，一副师道尊严、居高临下的姿态，这样对学生也是不礼貌的，而且会增加学生的紧张感。

4. 教师在课堂教学时的站姿禁忌

(1) 忌长时间手撑桌面。学生自习时，教师可以用手撑住桌沿，把重心移到某只脚上，但不能长时间手撑桌面，免得学生认为教师疲惫不堪，影响听课情绪。

(2) 忌身体不稳。在擦黑板时,教师站立要稳,不能全身猛烈抖动,左右摇晃,此举会破坏教师的课堂形象。

(3) 忌位置固定不变。教师讲课的站位不能呆板地固定在一点上,应适当地移动位置,或到学生座位行间进行巡视。

(4) 忌侧身而站。心理学研究表明,侧身而站和面向黑板而站说明教师的心理是封闭的,不利于阐述教学内容,而且给学生留下缺乏修养的印象。

(5) 忌站时重心移动太快。站时重心忽左忽右,彰显信心不足、情绪紧张、焦虑。面对学生站稳,表明教师准备充足,有信心上好这堂课,有能力控制整个教学局面。

(6) 忌远离讲桌,站在讲台的前左角或前右角。"打游击式"地左右来回移动,或者在学生座位行间踱来踱去,不符合礼仪规范。

(7) 忌双手交叉抱在胸前或背在身后。这些动作会给学生一种傲慢的感觉。

(8) 忌呆板。教师的站并非对所有学生都是一样的,如对于低年级的学生,为了亲近学生,更多时候需要走到学生中间,蹲下身来,摸摸他的脑袋,夸他的某些回答等。

(二) 教师在仪式活动中的站姿

学校的仪式活动一般在操场或礼堂举行,由于参加者人数众多,又是正规场合,因此要格外注意集会中的站姿礼仪。无论中小学还是大学,都要定期举行升国旗的仪式。国旗是一个国家的象征,升降国旗是爱国主义教育的一种方式。升旗是一种严肃、庄重的活动,教师一定要保持安静,切忌自由活动,嘻嘻哈哈或东张西望。教师应面向国旗,肃立致敬。当升国旗、奏国歌时,要立正、脱帽、行注目礼,直至升旗完毕。神态要庄严,当五星红旗冉冉升起时,所有在场的人都应抬头注视。

三、教师站姿训练

教师站姿训练的要点和方法阐述如下。

(一) 教师站姿训练要点

(1) 靠墙。即后脑、双肩、臀、小腿、脚跟紧靠墙面,并由下往上逐步确认姿势要领。

(2) 女教师脚跟并拢,脚尖分开不超过45度,两膝并拢;男教师双脚分开站立与肩同宽。

(3) 挺胸,双肩放松、打开,双臂自然下垂于身体两侧。

(4) 立腰、收腹,使腹部肌肉有紧绷的感觉;收紧臀肌,使背部肌肉也同时紧压脊椎骨,感觉整个身体在向上延伸。

(5) 双眼平视前方,脸部肌肉自然放松,使脖子也有向上延伸的感觉。

(二) 教师站姿训练方法

(1) 单人训练法。背靠墙,脚跟离墙3厘米;臀、肩及头贴着墙。用力吸气,收腹。腹部肌肉有力缩回,使腰背贴墙。每次坚持训练15~20分钟。

(2) 双人训练法。两人一组，背靠背站立，要求两人脚跟、小腿、臀部、双肩、后脑勺都贴紧，每次坚持训练15～20分钟。

(3) 强化法。具体有下面两种方法。① 五点夹纸板：为加强训练效果，可以在身体与墙壁或背部接触的五个点夹上纸板，以纸板不掉落下来为标准，练习平衡感和挺拔感。② 提踵找平衡：按照站姿要求站好，提起脚跟，全身肌肉绷紧，身体挺拔向上，坚持数秒，再缓慢放下，重复练习，增强身体的平衡感。

第四节　教师的坐姿礼仪

> 尊人立莫坐，赐坐莫背人。蹲坐无方便，席上被人嗔。　　——王梵志

坐姿，就是人在就座之后所呈现的姿势。坐是一种静态造型，是非常重要的礼仪。坐要有坐相，教师的坐姿应端正、稳重、自然亲切、大方文雅，显示自己的气质和风度。古人云："站如松，坐如钟。"坐姿的原则是"坐如钟"。在教育活动场合，教师的坐姿是一种样板，教师优雅的坐姿，向学生传递着自信、友好、热情的信息，同时也显示出教师高雅、庄重的良好风范。

一、教师坐姿的基本要求

教师坐姿的总体要求：端正、文雅、自如。具体来讲要注意如下几个方面。

(一) 头要端正

不出现仰头、低头、歪头、扭头等情况。整个头部看上去，应当如同一条直线一样，和地面相垂直。在办公时可以低头俯视桌上的文件等物品，但在回答学生问题时，必须抬起头。在和学生交谈的时候，可以正向对方，或者面部侧向对方，不可以把头后部对着对方。

(二) 上身直立

坐好后，身体也要端正。需要注意以下两点。(1) 倚靠椅背。倚靠座椅主要用以休息，在教室就座时，不应把上身完全倚靠在座椅的背部，最好不要倚靠。(2) 占用椅面。在课堂上，不要坐满椅面，最合乎礼节的是占椅面的3/4左右。

(三) 手臂摆放

1. 手臂放在双腿上

双手各自扶在一条大腿上，女教师也可以双手叠放后放在两条腿上，或者双手相握后放在双腿上。

2. 手臂放在身前桌子上

双手平扶在桌子边沿，或是双手相握置于桌上，也可以把双手叠放在桌上。

3. 手臂放在椅子扶手上

当正身而坐时，要把双手分扶在两侧扶手上；当侧身而坐时，要把双手叠放或相握后，放在一侧的扶手上。

二、教师落座的方法

正确的落座方法能给人优雅、稳重、自然、大方的美感。教师常用的落座方法有以下几种。

(一) 就座

就座时要从容大方地走近座椅，先根据自己的身材、体型调整一下座椅的位置，然后从左侧靠近座椅，轻轻落座。若椅子位置不合适，需要挪动时，应该先起身，把椅子移至欲就座处，然后再落座。坐在椅子上移动位置是违背礼仪的。

(二) 入座姿势

入座时要注意顺序，讲究方位，落座无声。注意顺序，是指和他人一起入座时，要讲究先后顺序，礼让尊长、来宾、长辈、上司或女性。讲究方位，就是入座时要遵守“左进左出”的礼仪规范，即从左侧走进座位。落座无声，是指在就座过程中，不论移动座位还是放下身体，都要轻、稳、缓，不能发出声音。穿裙子的女教师在入座时要自然地用手把裙子合拢一下，不要坐下后再拉拽裙子，这样很不雅观。

(三) 坐定姿势

坐定后的姿势，要注意以下五点：(1) 不宜满座，一般只坐 3/4 左右的位置；(2) 上身挺直，不要躬背，头不要扭、歪、低；(3) 双手安稳，通常坐定之后，双手应掌心向下，叠放于大腿之上，或是放在身前的桌面之上；(4) 双腿并拢，在面对尊长或贵客而又无屏障时，就座之后双腿应当并拢；(5) 双脚垂地，脚应自然下垂于地面之上，脚尖应朝向前方或侧前方。

(四) 离座谨慎

离座时应注意礼仪序列，请尊长、交往对象优先，从左侧起身退出，并记得随手将椅子摆放到原来的位置。

三、教师不同场合的坐姿礼仪

教师在不同的场合应该表现出不同的坐姿礼仪，以体现出教师良好的礼仪风范。常见的坐姿礼仪有以下几种。

(1) 在比较轻松的场合，可以坐得比较舒展、自由。

(2) 比较严肃的场合谈话时，适合正襟危坐。要求上体正直，落座在椅子的中部，双手放在桌上或将手放在扶手上。并膝、稍分小腿，或并膝、小腿前后相错并左右相掖。

(3) 女教师在社交场合，为了使坐姿优美，可以采用略侧向的坐姿，头和身子朝向对方，双膝并拢，两脚相并、相掖、一前一后都可以。在落座时，应把裙子理好、掖好，以免不雅。

（4）如对方是尊者、贵宾，坐姿要端正，坐到椅面的四分之三处，身体稍向前倾，向对方表现出积极、重视的态度。

（5）与学生在办公室谈话时，上身微前倾，眼睛平视学生，面带微笑，让学生感到亲切、真诚。

四、教师坐姿的类型

教师常见的坐姿类型有如下几种。

（一）“正襟危坐”式

适用于课堂上或正规集会。要求是：上身和大腿、大腿和小腿，都应当形成直角，小腿垂直于地面。双膝、双脚包括两脚的跟部，都要完全并拢。

（二）双腿斜放式

适合于穿裙子的女教师在较低的位置就座时所用。要求：双腿首先并拢，然后双脚向左或向右侧斜放，力求使斜放后的腿部与地面呈45度角。

（三）前伸后屈式

这是女教师适用的一种坐姿。要求：大腿并紧后，向前伸出一条小腿，并将一条腿屈后，两脚脚掌着地，双脚前后要保持在一条直线上。

（四）双腿叠放式

适合女教师所穿裙子稍短时采用。要求：将双腿一上一下交叠在一起，交叠后的两腿间没有任何缝隙，犹如一条直线。双脚斜放在左侧或右侧。斜放后的腿部与地面呈45度角，叠放的上脚尖垂向地面。

（五）双脚内收式

它适合与学生交谈时采用，男女教师都适合。要求：两条大腿首先并拢，双膝可以略微打开，两条小腿在稍许分开后向内侧屈回，双脚脚掌着地。

（六）垂腿开膝式

它多为男教师所用，比较正规。要求：上身和大腿、大腿和小腿都成直角，小腿垂直于地面。双膝允许分开，分开的幅度不要超过肩宽。

（七）双脚交叉式

它适用于各种场合，男女教师都可选用。双膝先要并拢，然后双脚在踝部交叉。需要注意的是，交叉后的双脚可以内收，也可以斜放，但不要向前方远远地上伸出去。

五、教师坐姿禁忌

教师的坐姿有如下禁忌需要注意。

(1) 双腿叉开过大。双腿如果叉开过大,不论大腿叉开还是小腿叉开,都非常不雅观。特别是身穿裙装的女教师,更不要忽视这一点。

(2) 架腿方式欠妥。坐后将双腿相架的正确方式是:两条大腿相架、并拢。忌把一条小腿架在另一条大腿上,两腿之间留出大大的空隙,这会显得过于无礼。

(3) 双腿直伸出去。这样既不雅观又妨碍别人。身前如果有桌子,双腿尽量不要伸到外面来。

(4) 将腿放在桌椅上。为图舒服,把腿架在高处,甚至抬到身前的桌子或椅子上,这样的行为过于粗鲁。不允许把腿盘在座椅上。

(5) 抖腿。坐时,不停地抖动或摇晃腿部,不仅让人心烦意乱,也给人以不安稳的印象。

(6) 脚尖指向学生。不管采用哪一种坐姿,都不要以脚尖指向学生,这种做法缺乏礼数。

(7) 脚蹬踏它物。坐下后,脚部要放在地上,忌用脚乱蹬乱踩。

(8) 用脚自脱鞋袜。在学生面前就座时,用脚自脱鞋袜,显然是不文明之举。

(9) 手触摸脚部。就座以后用手抚摸小腿或脚部,既不卫生又不雅观。

(10) 手乱放。就座后,双手应放在身前,有桌子时可将双手放在桌上。不允许单手、双手放在桌下,或是双肘支在面前的桌子上,或夹在两腿间。

(11) 双手抱在腿上。双手抱腿,本是一种惬意、放松的休息姿势,在教室和办公室不宜如此。

(12) 上身向前趴伏在讲台上。在教室中出现上身趴伏在讲台上的姿态,显得无精打采。

(13) 仰靠椅背,翘起并摇动二郎腿,会给学生傲慢和随意的印象。

(14) 漫不经心地手托下巴。

(15) 懒散懈怠地坐在椅子上转身板书。

六、教师坐姿训练

掌握教师坐姿训练的要点和方法在礼仪实训过程中至关重要,具体要做好如下几个方面。

(一) 教师坐姿训练要点

(1) 精神、友好、自然、大方、优雅、轻松。

(2) 坐、起要端庄稳重,动作要轻盈和缓、自然从容,不能发出响声。

(3) 上身挺直,双膝不能分开,用一张小纸片夹在双膝间,从始至终不能掉下来。

(二) 教师坐姿训练方法

(1) 单独训练取标准站姿背对椅子,与椅子保持 15～20 厘米距离,右脚后移半步,触碰到椅子边缘，用单手或双手捋平衣裙，轻轻稳坐在椅子的前 3/4 位置，上身挺直，双目平视，下颌微收。

（2）集体训练教师说“请坐”，学生说“谢谢”，按规范动作坐下。起立时，速度适中，既轻又稳。

（3）练习各种坐姿；练习不同交谈气氛下的各种坐姿。

第五节　教师的走姿礼仪

走姿，一般指的是人们在行走的过程中所形成的姿势，又称行姿或步态。它自始至终都处于动态之中，属于人的全身性的综合活动。其重点是在行进中的脚步之上，体现出人的运动风采和精神面貌。教师要以优雅、稳重、从容、落落大方的走姿提升在学生心目中的形象。

一、教师走姿的基本要求

教师走姿的总体要求是：从容、矫健、轻盈、匀速、优美、充满自信。具体要做到以下几方面。

（一）精神饱满

要昂首挺胸，头正，肩平，面带微笑，眼睛平视，收腹提臀，表现朝气蓬勃、积极向上的精神状态。

（二）方向明确

行进时，要使双脚两侧行走的轨迹大体上呈现为一条直线，使重心平稳，忌身体在行进中左右摇摆，要给人以稳重之感。

（三）匀速协调

注意步幅适中，步速稳健，身体协调。速度过快给人轻浮印象，过慢则显得没有时间观念，没有活力，正常的速度是每分钟 60～100 步。在这一总体原则下，教师行走的步幅、步频也要依据不同场合而定。一般的课堂行走，步频慢，每秒约 1 至 2 步，且步幅小；欢快、热烈的场合步频较快，每秒约 2.5 步左右，步幅应较大，如带领学生外出游览时；庄严的大会，步频以每秒 2 步为好，步幅自然。行走时挺胸抬头，目视前方，两臂应自然轻松、一前一后地有节奏地摆动，保持身体各部位之间动作的和谐，使步履匀称自如，表现出一种动态美。

(四) 男女有别

男教师行进时一般走平行线,即左右脚踏出的是平行线,两脚尖稍外展,速度稍快,脚步稍大,步伐有力,以展示阳刚之美。女教师行进时,两脚尖正对前方,两脚内侧交替走在一条直线上,使步履轻盈、雅致,展现自然的阴柔之美。

【专栏 4-1】

步度和步位

走路时步态美不美,是由步度和步位决定的。如果步度和步位不合标准,那么全身摆动的姿态就失去了协调的节奏,也就失去了自身的步韵。

所谓步度,是指行走时两脚之间的距离。步度的一般标准是一脚踩出落地后,脚跟距另一脚脚尖的距离恰好等于自己的脚长。这个标准与身高有关,身材高者则脚长,步伐自然大些;身材矮者,步伐就会小些。脚长是指穿了鞋子后的长度,而非赤脚。但穿什么样的服装和穿什么样的鞋也会决定步度大小。如果穿的是旗袍或筒裙,脚下又穿了高跟鞋,那么步度肯定就比平时穿长裤或平底鞋时小。穿着高跟鞋走路,步度便显得婀娜多姿。

所谓步位,就是脚落地时应放置的位置。走路时最好的步位是:两只脚的内侧所踩的是一条直线,而不是两条平行线。特别是女性走路时,双脚踩着左右两条线走路,是有失雅观的,同时又太男性化(穿裤装的例外)。步韵也很重要。走路时,膝盖和脚腕都要富有弹性,肩膀应自然、轻松地摆动,使自己走在一定的韵律中,显得自然优美。否则会失去节奏感,显得浑身僵硬。正确的走姿是:轻而稳,胸要挺,头抬起,两眼平视,步度和步位合乎标准。

二、教师不同场合的走姿礼仪

教师在不同场合要注意不同的走姿:

参加喜庆活动,步态应轻盈、欢快、有跳跃感,以反映喜悦的心情;

参加吊丧活动,步态要缓慢、沉重、有忧伤感,以反映悲哀的情绪;

参观展览、探望病人,环境安谧,不宜出声响,脚步应轻柔;

进入办公场所、登门拜访、在室内这种特殊场所,脚步应轻而稳;

走入会场、走向话筒、迎向宾客,步伐要稳健大方、充满热情;

举行婚礼、迎接外宾等重大正式场合,脚步要稳健,节奏稍缓;

办事联络,往来于各部门之间,步伐要快捷又稳重,以体现办事者的干练;

陪同来宾参观,要照顾来宾行走速度,并善于引路。

三、教师走姿禁忌

教师应避免以下走姿：

忌弯腰弓背，教师在课堂中的来回走动是不可缺少的，走时，身板要挺直，两肩要端平；

忌面无表情，教师在校园内行走要始终保持微笑，给学生以亲切感；

忌东张西望，教师行走时应随时保持步姿从容不迫，快慢自然，矫健轻快；

忌步子迈得过大或过小，以免有跨越感或谨小慎微感；

忌敞开衣襟，教师的走姿应当端庄，行走中不敞开衣襟，不斜披衣服；

忌拖着鞋走路；

忌走路时吃东西；

忌课堂上走动过急，课堂上行走过急会分散学生的注意力，引起学生的反感。

四、教师走姿训练

教师走姿训练的要点和方法阐释如下。

(一) 教师走姿训练要点

(1) 协调、昂扬、朝气、节奏感。

(2) 男性重稳健、力度，显示阳刚之美；女性重弹性、轻盈、端庄、文雅，显示温柔之美。

(二) 教师走姿训练方法

(1) 步态训练：头顶一本书，放稳后松手，按照标准行姿前行，双目平视，双臂自然下垂，手掌心向内，以身体为中心前后摆动，并保持来回走动时书不掉。上身挺拔，腿部伸直，腰部放松，摆动大腿关节部位，而不是膝关节，才能使步伐轻捷，并且富有弹性和节奏感。视线落在前方40米处，训练脊背和颈部的挺直。也可以两手叉腰，提起两脚跟，轻轻跳起，轻轻落下，有被绳垂直牵拉的感觉，如此训练可以使落步更轻盈。

(2) 步位训练：为使行姿更优美或纠正内、外八字步，可在地上画一条5厘米宽的直线，站在线端，行进时，双脚内侧缘落在该线上，随着训练的进程逐步减小线的宽度。配上节奏明快的音乐，训练行走时的节奏感。注意眼睛平视，不能往地上看，收腹、挺胸、面带微笑，充满自信和友善。

礼仪实训

一、实训练习

(一) 选择题

1. 人的举止指(　　)。

A. 仪容　　　　B. 仪表

C. 仪态　　D. 仪貌

2. 仪态美包括（　　）。

A. 人的容貌、形体、体态的协调优美

B. 经过修饰打扮及后天影响形成的美

C. 一个人高尚美好的内心世界和蓬勃旺盛的生命力的外在体现

D. 浓妆效果

3. 举止不包括以下（　　）。

A. 站姿　　B. 坐姿

C. 表情　　D. 身体展示的各种动作

E. 容貌

4. 下列关于"站姿的标准"错误的是（　　）。

A. 上半身挺胸收腹　　B. 腰直

C. 嘴张开　　D. 双臂自然下垂

E. 两眼平视

（二）判断以下说法的正误

1. 授课中的注视区域是眉毛以下、鼻子以上所形成的倒三角区。（　　）

2. 课堂上不应该出现下列眼神：盯视、瞪视、怒视、仰视。（　　）

3. 教师的坐姿要端庄、自然、大方，不能东倒西歪，不能前仰后合。（　　）

4. 教师站姿要求站如松，即站姿要端庄、自然、挺拔、轻松，身体重心要放在两只前脚掌上。（　　）

（三）简答题

1. 教师仪态的一般要求是什么？

2. 简述课堂举止礼仪所包含的内容。

二、实训项目

（一）站姿训练

训练方法：头顶可放本书，练习颈直和头颈部的稳定性；靠墙站立或两人一组背靠背站立，要求脚跟、小腿、双肩、后脑勺都贴紧墙或另一个人，练习身体直立，腰身挺拔。班级成员互相评议打分。

（二）坐姿训练

训练方法：面对镜子，按照动作的要领体会不同坐姿。班级成员互相评议打分。

（三）微笑训练

训练方法：对着镜子，咬住一根筷子，露出上排牙齿，用双手按住两颊肌肉，调整嘴角上扬的角度，直到达到最适合自己的笑容的位置。然后将筷子拿掉，看着镜子记住这个表情。如此反复。

第五章　教师语言礼仪

学习目标

1. 了解教师语言礼仪的基本特点。
2. 掌握教师语言礼仪的基本要求。
3. 熟练掌握教师语言礼仪的训练要领，并在实践中应用。

【案例导入】

一位教师在初二年级上课时，对学生已经学过的功课进行提问。“喂，你，过来回答。”教师对一个年龄较大的女学生说：“你不要只知道散步，却不知道功课。”“我啥时候散步了？”女生面红耳赤地说。她感到委屈，没有来到黑板前。“任性！”教师讥嘲地说，“你为什么总像个圆木头似的无精打采？”说完，教师转向另一个学生。从此这个受委屈的女学生的绰号“圆木头”就在班里叫开了。这位教师提问时经常斥责学生，以至于学生们紧张得在回答问题时连话都说不出来。当甲同学被叫起来还在思考怎么回答时，他就说：“回答不出来？噢，我早就知道，你是做不出来的。”当乙同学因不会而摇头时，他说：“你，总是摇头，摇头，任何时候，任何东西都不知道，也不会知道。”如果一个差生举了手，这位教师一定会朝这个学生点点头，说：“我本来想问你，可问你有什么用处！反正你是答不出来的！”如果平时学习不太好的学生做对了题目，他在检查时不仅不鼓励反而常常会说：“你做完了？奇怪，今天怎么居然让你给做对了？”

不仅在课堂上如此，这位教师在课外生活中也常常不懂得尊重学生，经常出言不慎。一次，去检查女生宿舍，发现学生宿舍又脏又乱，还有股臭味，就批评道：“还是女生宿舍呢，连猪圈都不如！”一个女生听见不高兴，就回了一句。这位教师感到权威受到了挑战，立马反唇相讥：“什么东西！”接下来更是口不择言地批评起那位女生来。

“身正为范”，案例中的这位教师在课堂提问之前，在自己心里就给学生下了一个判断：这些习题他们是做不出来的。教师在心里有了对学生失望的情绪，表露在语言中，就有如下的特征：用冷漠的外号来称呼学生；用带贬义的词语来概括学生的特点；对学生流露出低期望，导致学生丧失自信；歧视差生，用侮辱性的语言评价学生。更为严重的是在生活中和学生交流时都是脏话不离口,又怎么去要求自己的学生呢?

苏联著名教育家苏霍姆林斯基曾说:“语言是争取人们心灵的坚强战士……一切都取决于你这个教师的话语怎样。有的话语像患呆小病的人那样瘦弱难看,有的话语像枯草的影子一样没有力量和感情,有的话语则像永恒的星辰那样光辉灿烂、永不熄灭,为人类指引着道路。努力使你的话语成为指路的明星吧!”教师肩负着传授知识、培养学生的重任,开展各项工作都离不开语言表达。古人用“师言金玉语”来比喻师尊的谆谆教诲和言辞,如同黄金和美玉一样,珍贵无比。从某种意义上来讲,教育就是通过语言来造就人才。因此,一位优秀的教师应该具备驾驭语言的高超技能,无论是在课堂教学领域还是在课外思想教育工作中,都应该运用最完美的语言去启迪、影响、感染学生的内心世界,用最完美的语言去开拓学生的知识视野。

第一节　语言礼仪的基本特点

一、规范性

教师的一言一行对学生起着潜移默化的作用,因此,教师的语言首先要规范,不能想说什么就说什么。从大的方面讲,教师语言要受国家政策法规、道德标准、教育方针和教学大纲的制约;从小的方面讲,要受教学内容、教学目的的制约,备课中,教师不仅要根据教材的编排体系和学生的认知规律,系统地分析知识之间的内在联系,由浅入深,循序渐进,而且语言要准确、精练,对概念、基本理论的叙述要准确、规范,不应使学生产生疑问和误解。

二、教育性

教育性是指教师不仅传递着知识与文化,还传递着价值观和人生态度,影响着学生思想品德的形成,对学生的未来成长有着重大的指导意义。文学大师普希金曾说:“用语言去把人们的心灵点亮!”教师通过语言表现出的高尚人格与修养会在学生的心灵播下真、善、美的种子,会影响他们的一生。因此教师在教学过程中要将一定的思想道德观念和情操灌输给学生,不带任何思想性的语言绝不是教师的语言。不论是基础课还是专业课的教学中,教师都要善于使用富有教育性的语言把思想教育渗透在知识教育之中,使学生获得知识和思想教育的双丰收。

三、启发性

启发性是指教师的语言要充分调动学生的积极思维，激发学生的思考。这一特点是由教学的启发性原则决定的。具有启发性的语言寓教于乐，常常能使学生的学习趣味盎然，变被动接受知识为主动获取知识，达到事半功倍的效果。这一特点要求教师在备课过程中必须选择精致而具有启发性的例子，这样才能抛砖引玉，引导学生思维。例如，有位教师在讲到商品的概念时，先从学生的日常生活入手，“平时送给好朋友的生日礼物是商品吗？”“妈妈给你织的毛衣是商品吗？”“那我们每天享受的阳光和新鲜的空气呢？”“还有一些发达国家出卖加工净化后的罐装空气呢？”在一环扣一环的提问中，同学们兴趣高涨，积极思考，抢着回答，问题很快得到解决，商品是用来交换的劳动产品这一概念自然就牢记心中。

【专栏 5-1】

一位教师在教《列宁和卫兵》一课时，有个小朋友在初读课文后，提出问题：什么叫“叮嘱”。

师：谁知道怎样解释？

生：叮嘱就是嘱咐的意思。

师：对！在什么情况下用“叮嘱”？你们早上来学校时，爸爸、妈妈是怎样叮嘱你们的？

生：我爸爸叮嘱我，路上要当心车子，上课要动脑筋。

师：这就是叮嘱。

生：我妈妈叮嘱我，上课要守纪律，不要玩。

师：你们应该听爸爸妈妈的话。从这里可以知道，“叮嘱”这个词应该在什么情况下运用？

生：长辈对小辈。

生：上对下。

师：假如你们有事要对爸爸、妈妈、老师说，能不能用“叮嘱”这个词？

生：不能。

这位教师能紧密结合小学生的日常生活实际，通过启发式发问让学生自己不断总结、解释词语。不仅使学生理解了词意，也使学生初步懂得了如何运用。

四、激励性

教学艺术的本质不是传授，而在于激励、唤醒、鼓励。——第斯多惠教师应当选择和利用富有激励性的语言诱导学生焕发出积极向上的情感，充满上进的力量，不断进步。提高语言激励性的具体策略有如下几条。

(一) 利用期望效应

人们通常用这样的话来形象地说明期望效应："说你行，你就行；说你不行，你就不行。"要想使一个人发展更好，就应该给他传递积极的期望。期望对于人有巨大的影响，积极的期望促使人向好的方向发展，消极的期望则使人向坏的方向发展。

在教育教学过程中，教师很容易对学生形成一定的期望，会自觉不自觉地按照这种期望去对待学生。美国心理学家罗森塔尔运用实验证明了教师的期望对学生成绩及其行为规范有很大影响。

【专栏 5-2】

皮格马利翁效应

相传古希腊雕刻家皮格马利翁深深地爱上了自己用象牙雕刻的美丽少女，并希望少女能够变成活生生的真人。他的真挚的爱感动了爱神阿芙洛狄忒，爱神赋予少女雕像生命，最终皮格马利翁与自己钟爱的少女结为伉俪。

1968 年罗森塔尔带着一个实验小组走进一所普通的小学，对校长和教师说明要对学生进行"发展潜力"的测验。他们在 6 个年级的 18 个班里随机地抽取了部分学生，然后把名单提供给任课教师，并郑重地告诉他们，名单中的这些学生是学校中最有发展潜能的学生，并再三嘱托教师在不告诉学生本人的情况下注意长期观察。8 个月后，当他们回到该小学时，惊喜地发现，名单上的学生不但在学习成绩和智力表现上均有明显进步，而且在兴趣、品行、师生关系等方面也都有了很大的变化。原来，这些教师受到实验者的暗示，不仅对这些"最有发展潜能的学生"抱有高期望，而且还有意无意地通过各种方式将这种暗含的期望微妙地传递给了这些学生。当这些学生获得教师的期望信息之后，又产生了激励的效应，于是他们更加信赖教师，积极地投入学习活动。教师见到这种反应，又更会把自己的感情及所期望的特性投射到学生身上，并更加感到他们的可爱，从而激起了更大的教育热情。这就是"期望效应"。罗森塔尔借用古希腊神话中的典故把这种现象称为"皮格马利翁效应"。

期望效应给我们的启示是：教师期望一个学生"好"，他就会变好，而教师若期望一个学生变"坏"，那么他也会变坏。教师对学生的较高期望能够提高学生的学习成绩或使学生的行为更加规范。所以，在教育教学中，教师应该对学生抱有较高的期望，热忱地对待每一个学生，自觉转变以前对后进生的消极的低期望，代之以积极的高期望；自觉转变以前对待后进生的消极行为，代之以高期望的积极行为。这样，后进生便会在不知不觉中形成积极的自我概念，不断提高抱负水平及成就动机，自觉努力学习，学习成绩将不断提高，行为将更加规范。

例如，对一个第一次考试得50分、第二次考试得55分的学生，教师要看到该生有“5分的进步”，挖掘他的潜能，而不是看到他的“不及格”。不要说“你为什么又没有及格，你真是个笨蛋”，这样会伤害学生的自尊与自信，可以讲“这次有了进步，一定继续加油”之类激励的语言。教师要善于利用期望效应使学生看到自己的进步，肯定自己，激发出蕴藏于自身的巨大学习力量，使其潜质得以充分发挥。

（二）借助榜样的力量

教师与其用道理去感化学生，不如用榜样人物的高尚品德、模范行为、优异成绩去影响学生。正如一句俗话所讲的：“喊破嗓子不如做出样子。”未成年人以具体形象思维为主，善于模仿，易受暗示和感染，可塑性和依赖性大，并且孩子们大多不愿接受观念，喜欢接受形象。因此，教育教学过程中教师应该有意识地为学生们树立榜样，借助榜样来感化学生，促进学生的成长与进步。通常可以为学生树立两种榜样。首先，教师是学生的最直观的榜样。教师的言行举止对可塑性、模仿性很强的学生产生着直接的影响。教师要做到以身作则、为人师表，以自己独特的人格魅力去感染学生。其次，要树立学生身边的榜样，即他们自己的同学。这些最接近学生生活的榜样最易被学生接受，也最易激起学生的上进心。

（三）善于激发情感

教师的语言应富有情感之美。教师的语言要满载着对学生的热爱之情，充满对本学科的执著之情，饱含对专业知识的赞叹之情。教师饱满丰富的情感，会对学生产生积极的感召力，使学生也体验并积极地投入和教师一样的情感氛围中，使学生在情感共鸣中受到潜移默化的思想教育。例如，有位教师在教《卖火柴的小女孩》时用富有感情的导入激发了学生的情感，使学生动情地投入这篇文章的学习中：“同学们，你们还记得大年夜吗？大年夜对我们来说多么美好啊！一家人在温暖舒适的房间里围坐在圆桌旁，品尝着美味佳肴，享受亲人团聚的欢乐。精彩的电视节目，噼噼啪啪的鞭炮声，陪伴着我们迎接新年的到来……但是，你有没有想过，在一个又黑又冷的大年夜，有个小女孩光着头赤着脚，穿着一身破烂的衣服，手里拿着一把火柴，哆哆嗦嗦走在街上，叫卖着火柴……”

通过激发情感来鼓励学生，还表现在当学生做错事时，教师不应张口就骂，而应激发起学生的内疚感，利用学生的内疚感进行自我教育。著名教育家苏霍姆林斯基看到学生打死了一只麻雀，就领着学生找到雀巢，看见几只嗷嗷待哺的小麻雀，他仿佛自言自语地说：“它们失去了妈妈，现在谁也没法救他们了！”此情此景，使这位小肇事者羞愧难当，深深地低下了头。这个学生20年后对苏霍姆林斯基说：“如果当年您严厉地惩罚我，那么这么多年我就不会因此而自己惩罚自己了。现在我觉得自从打了那一弹弓后，世界上小鸟的啁啾声都变少了似的……”

（四）及时评价

现代心理学研究表明，当学生的某种良好行为出现之后，如能及时得到相应的认可，就会产生某种心理满足感，形成愉悦的心境，并使同类行为向更高层次发展。在教学之中，教师的一个眼神、一朵小小的红花、一个爱抚的动作和及时的肯定，都可以很好地带动学生学习的积极性。

五、针对性

所谓针对性是指教师要做到针对不同的学生、不同的教学内容，在不同的教学场合来选择教学语言，不能千人一面、生搬硬套。

（一）因人而语

教师的工作对象是学生，处于不同年龄阶段的学生，其认知、思维方式、情绪情感等诸方面的发展水平都不相同，对知识的接受能力自然就不一样。因此，教师要想真正做到有的放矢、针对性强，就一定要注意研究学生的实际心理发展水平和对知识的接受能力。进而针对不同年龄阶段学生的生理、心理特点，在课堂语言的表达上采用不同的方式。所谓“弹琴要看听众，射箭要瞄靶心”，说的就是这个道理。具体来讲，6 岁至 12 岁的学生，主要是形象思维，需要借助具体事物或形象的支持进行思维。因此，教学语言应形象、具体、亲切、有趣味性。而 12 岁至 15 岁的学生，已经能在头脑中把形式和内容分开，使思维超出所感知的具体事物或形象，进行抽象的逻辑思维和命题运算。因而，教学语言应深刻、明确、隽永、有哲理性。

例如，在对小学生讲授《少年闰土》一课时，有两位教师用了不同的语言导入新课。

教师甲：“鲁迅这个名字，想必大家都不会陌生吧。他写过许多著名的小说，《故乡》就是其中的一篇。今天，我们来学习《故乡》的节选——《少年闰土》。”

教师乙：“有这样一个孩子，他和我们的年纪相仿，他会捕鸟、看瓜、刺猹，还会讲许多新奇有趣的故事。这个少年是谁？今天，我们就要通过《少年闰土》这篇课文，与这位聪明、能干的少年相识。”

显然教师乙的导入设计考虑到小学生的年龄特点，更加深动、形象、具体，更容易抓住学生的心理。

总之，只有针对不同学生的心理需求采用有针对性的语言，才能充分发挥教学语言的艺术诱导作用。脱离学生身心发展实际、千篇一律的教学语言既违背了教学规律，也很难激发学生的学习动机，必然达不到教学目标。

（二）因学科施教

教师的课堂教学语言要根据教学内容的不同，选择不同的语言表达方法。数学、语文、历史、生物等不同的学科，教学内容截然不同，教学语言也应相应有所调整。在同一门学科中，也应根据不同的教学内容来选择恰当的教学语言，譬如，语文课本中有说明文、议论文、记叙文等。教师在讲授时在语调、语速等方面都是有所区别的。一般来说，记叙文的讲授应细致入微，栩栩如生；议论文应条分缕析，鞭辟入里；说明文应不蔓不枝，条理清晰。

(三) 因地制宜

因地制宜主要指的是课堂教学语言的时空针对性,即教师要根据不同的场合来选择合适的课堂教学语言。在空间较大、人数较多的教室里,教师的语言一定要刚健洪亮,力度浑然;相反,在空间小、人数少的班级里可以适当降低音量。疏密相间、张弛适宜的教学语言不仅使学生听起来舒服、协调,教师自己也节省了体力,保护了嗓子。

(四) 评价多样化

教师在课堂上经常使用评价语言,而且大多数教师的评价语言惊人地相似,仅仅是为了评价而评价。"新课标"明确指出:"课堂教学评价应充分关注学生的个别差异,关注学生在学习过程中表现出来的情感、态度和价值观,以鼓励、表扬等积极评价为主,使学生感受到学习的乐趣。"随着新课程理念的不断渗透,许多教师都意识到评价是重要的,却又总是走不出传统的为评价而评价的模式。在实际教学中课堂评价语言依然过于单一,要么是简单重复学生所说的话,要么过分夸奖,"你回答得真好""很好""你真棒""你讲得对"。这样机械、简单、重复的评价语长期充斥我们的课堂,学生每天听着这样的评价语言,还有发言的欲望和动力吗?理想的课堂评价应该是一个美好的境界,它是一支燃烧的火把,点燃学生思维之光;是一块聪慧的宝石,掷入水中激起千层波浪;是一缕灵光乍现,使混沌露出一线光明。

例如,有位教师是这么点评学生朗读的。

生 1 读,师评:"音色美,读得美。"

生 2 读,师评:"感情真挚,读得好。"

生 3 读,师评:"你的感情很丰富。"

这位教师对学生朗读的点评注重语言的针对性与多样性。同样是表扬学生读得好,他没有采用空洞的赞美,而是使用具有针对性的语言,使学生知道自己和他人的朗读好在何处,让学生产生认同感,起到朗读指导的作用,同时,也显示出教者语言的丰富、态度的真诚。

总之,课堂评价应具有形象生动、机敏睿智,充满亲和力、感染力的特点。其形式多种多样,不应拘泥于一种形式,它应因人而异、因时而异、因课而异、因发生的情况而异,教师应根据学生的反馈信息或突发情况,巧妙应对,通过情趣盎然的表述、精辟微妙的分析、入木三分的概括、恰到好处的点拨,独特创新地进行评价,把学生带进瑰丽的知识殿堂,积极主动地调动学生参与课堂教学活动,使教学达到令人难以忘怀的艺术境界。

第二节　语言礼仪的基本要求

一、熟练使用普通话

我国是一个多民族、多语言、多方言的国家,推广普及普通话有利于增进各民族各地区的交流，维护国家统一，增强中华民族凝聚力。尤其是现代社会，在市场经济的大环境下，社会步入了信息时代，各个地区之间的人民在交往上越来越密切，语言的规范化对各地区人民之间进行思想、政治、经济、文化等各方面的交流都有巨大的意义。普通话是国家法定的标准化语言，是教师必须使用的职业语言，也是校园规范语言。教师必须运用国家规定的“全国通用普通话”教学。学生的模仿能力很强，他们不仅跟教师学习文化知识，也跟教师学习语言，在教师使用规范语言的潜移默化的影响下，学生便也能讲规范化语言。有个故事很能说明问题：有一个南方教师方言很重，说“洗”时，发“死”的音。有一次，一位家长请他吃饭。饭前主人请他洗手，他挺客气地说：“你 sǐ 吧！”主人挺不高兴：我请你吃饭，你怎么还咒我死呀！就不太高兴地说：“我不死！”那个教师还挺死心眼：“今天你一定要先 sǐ。”惹得这位家长窝了一肚子气。如果这位教师的普通话标准，怎么会引起这样的误会呢？如此教师，又怎能推广普通话呢？因此，教师必须花大力气克服方言的影响，学会说一口标准的普通话。

二、语音准确

一名教师会讲普通话，并不能保证他语音的准确性。教师的发音准确与否，将直接关系到学生对知识的理解是否正确。汉字是表意文字，音韵调之间关系密切，若语音不准，表意则可能差之千里；汉语中多音现象、混音现象繁多，就更需要教师在准备教学语言时，潜心推敲、稽查，以求准确通畅地表情达意。例如，一位教师教高中语文《阿房宫赋》时，首先碰到一个问题：“阿房”二字应该如何正确读音？该教师读“ē fáng”，正确的发音是“ē páng”，教学语音不准确，不但影响教学质量，还动摇了教师在学生心目中神圣的地位。

语音不准确还表现在有些教师咬字不清，讲话囫囵吞枣，或有字头无字尾，或有字尾无字头(声母或者韵母残缺)。主要原因是没有掌握准确的发音技巧。首先，正确发音的基础是气息。吸气是发声的准备，讲课时要求教师吸气多一些，吸得深一些。戏曲演员讲“气入丹田”，就是在感觉上把气吸到小腹部。气息准备的量多了，就可以避免因气息不足而加重声带的负担，从而达到“字正腔圆”的效果。其次，要学会正确使用“共鸣腔”——胸腔、口腔、头腔、鼻腔。圆润动听的声音是以上共鸣腔联合发出的，偏重用胸腔，则声音低沉；偏重用头腔，声音飘浮；偏重用鼻腔，声音晦涩；只用口腔，声音干燥。所以共鸣腔要协调合作。大声讲话要求胸部放松端正，口腔张圆，使声音打到口腔上部的中间，鼻孔微微张开，感觉声音集中于一个点上。只有这样，发出的声音才能清晰、动听。

三、语调优美

教师是以声音为载体进行教育教学活动和传递信息的。除了达到语音准确这一基本要求外，还应注意语言的节奏，即语调的高低顿挫。汉语是有声调的语言，声调不同，语音语义就不一样。在教学中，我们要合理安排语调的阴阳上去。随着教学内容的不同、教师的感情变化，教师语言可以是和风细雨、娓娓动听，也可以是铿锵有力、慷慨激昂。要形成波澜起伏、抑扬顿挫的和谐美，既有平心静气的叙述，又有严谨细密的说理；既有轻松自如的谈笑，又有慷慨激昂的陈词。只有这样，才能从心理上调动起学生的情感，使学生产生强烈的共鸣，以收到最佳的交际效果。否则，平铺直叙的教学语言，始终就是一个频率、一个声调，往往使人觉得就像在喝一杯淡而无味的白开水，使教学显得机械、呆板，让学员感到味同嚼蜡，很快就觉得没意思。现代生理学研究表明：人在一种单调的声音刺激下，大脑皮层会很快进入抑制状态，而要打破这种单调的催眠刺激，就要让教学语音具有节奏感。为此，讲课时语调应繁简分明、疏密得当、疾徐有间、平仄多变、抑扬顿挫、跌宕起伏，让学生感到生动活泼，听起来“如临其境、如见其人、如闻其声”，从而使知识的传授取得最佳效果。

四、音量适中

教师要讲究语音的合理响度，把音调和音强控制在适当程度，让学生听清楚，耳感舒适。具体标准是使坐在每个位置上的学生都能毫不吃力地听清楚教师讲的每种音调、每个音节，并且耳感舒适。音量过大，学生感到太刺激，听觉易疲劳，还易消耗教师的能量和精力，造成声带损伤；音量过小，后排听起来感到费力，这将直接影响教学效果。科学把握教学语言的响度，可以根据教室大小、学生人数多少、室内外噪音大小设定音量，把每句话清楚地送到学生的耳中。

五、语速适中

语速的快慢一般与教师的性格特点有关，但学生易于接受的语速有比较稳定的标准，具体来讲，教师在进行单向表述式阐释时以每分钟250个音节左右为宜，如果语速太快，学生反应不及，难以消化，将抑制学生的积极思维，产生消极影响；如果语速太慢，单位时间内语言包含的信息量就会偏少，两种情况都将对教学效果产生不良的影响。另外，语速的快慢还要根据教学内容的特点、学生的认知水平和思维状态、教学环境等的变化来确定。比如当教师提出一些难度较大的思考题时，语速应慢一些，让每一个学生都能听清楚。语速过快，像打机关枪一样，就会使学生应接不暇，没有回旋、反思的余地，理解、消化就会产生困难。但如果语速始终是慢节奏，四平八稳，也会影响学生的听课兴趣，让他们感到乏味厌倦。一般来说，叙述的语言语速应适中，激昂的语言语速应加快，关键之处语速应稍慢。总而言之，教师语速要始终与学生的思维协调合拍。

六、表意准确、生动、精练

表意的准确、生动、精练是教学语言最重要的要求。任何抑扬顿挫、快慢适度、音量适中、语气自然的语言都必须在能准确、生动表意的基础上才是有意义的。教师语言的内容与其他行业相比，必定是专业性、科学性较强，教师在课堂上授课的每一个概念、每一个定理、每一次批评或表扬，语言的运用必须力求字斟句酌，容不得半点含糊，更容不得谬误，避免学生错误地接受和理解教学信息。

生动、形象化的语言一直被教师视为最廉价的直观教具，它能充分调动学生的感觉器官，化抽象为具体，化深奥为浅显，化枯燥为有趣，帮助学生理解和记忆。

由于课堂教学时间有限，不允许教师啰唆、拖泥带水。这就要求教师要对语言行为进行自我控制，对教学信息进行选择、加工和提炼，做到言简意赅、富有逻辑性，使教学语言在有限的课堂教学时间内发挥出最好的效益。

七、用语要文明

长期以来，由于过分强调教师职业的高尚和社会地位的崇高，我们往往忽略了学生的存在与尊严。许多教师批评起学生来，习惯性地居高临下，既不讲平等，更不讲民主，有时连理也不讲，只要本着“我是对你好，对你负责”的心态，就理直气壮，甚至有的教师将蔑视、讽刺、辱骂、挖苦、威胁、打击作为常用的批评手段。同时，由于受“一日为师，终身为父”古训的影响，家长把孩子交给教师，大多数都是持“你办事，我放心”的心态，“要打要骂随你便”。家长的这种态度在一定程度上也助长了教师的不文明行为。最常见的粗俗恶语有：

“就你拉我们班后腿！”

“你再这样，我就找家长！”

“我教这么多年学生，没见过你这样的！”

“没见过像你这么笨的学生！”

“别人都懂了，怎么就你不懂！”

“不愿意上课就出去！”

“你就不能像……那样！”

“你真让我失望！”

“你一辈子就这样了！”

“你给我站起来！”

当然，还有很多更粗俗更伤害学生的恶语。这需要教师去彻底克服。

教师文明用语，有利于增强教师的文明意识，树立教师在学生心目中的良好形象和崇高威望，对建立和谐、平等的师生关系，培养学生健康的现代人格和全面的学习能力大有裨益。在教学中，教师要根据教学实际需要适时、恰当、灵活使用有关文明用语。教师课堂常用文明用语有：

“只要肯下工夫，就一定能学好！”

“老师相信你可以做得更好！”

“你真的很出色！”

“你一定能行！”

“你的回答很独到！”

“老师很愿意帮助你！”

“你别急，再想一想，你会答得很好！”

“谁都可能会有错误，只要改正了，你仍然是好样的！”

“你很有个性，希望你发扬长处，克服不足！”

“谢谢同学们对老师的信任和支持！”

当然，还有很多尊重学生、鼓励学生、信任学生、启发学生、爱护学生、引导学生的语言，这需要教师去创造，去恰当使用。

第三节　教师语言礼仪的禁忌

俗语说“身正为范”，教师在语言方面有很多禁忌。如果不注意避免，不仅会影响教师自身的形象，也会给教育活动带来许多负面效应。

一、忌“一言堂”

对话是交流的基础，有对话才有交流，有交流才能产生情感。课堂是师生双边活动的场所，不是教师独领风骚的舞台。课堂教学中与学生互动时，教师不宜滔滔不绝地将自己的好恶、想法全部说出来，只管自己尽兴，而始终不给学生说话的机会。要根据授课内容启发学生理出学习思路，让学生能围绕学习内容，有滔滔不绝的话题。教师要鼓励学生自己摸索学习方法，进行自主学习，在学生自主学习的过程中，教师要排除思想顾虑与学生进行热烈的讨论与交流。切忌学生回答时，当场纠正学生话语里的错误，或时常修改、补充对方的意见，打断对方的思路。教师在认真倾听学生的发言后，要及时评价，教师及时、中肯的评价、点拨，不仅有利于师生之间的语言交流，也有利于师生之间心与心的碰撞和感情距离的缩小，从而激发学生学习的动机。

二、忌污言秽语

教师在使用语言时，要切忌一切低级、粗俗的污言秽语，努力做到语言健康。语言是一个人文明程度的表露。教师的语言修养是其为人师表的重要因素，会对学生的道德品质培养和审美修养产生极大影响。课堂上，无论何时何事，教师都不能使用脏话、粗话、黑话，这些不文明的语言都有失教师身份，并给学生带来恶劣影响，是教师职业道德所不允许的。

三、忌带口头禅

教师的“口头禅”，是教师长期习惯化了的语言，虽然它在一定程度上已经成了无意识行为，但是也反映了教师的教育观念和态度。也许学生经过一段时间会习惯教师的口头禅，但教师不能完全无视这些“没有意义的空话”给教学带来的负面效应。

口头禅是一种语病，有两种类型的口头禅会严重影响教师的形象。一是傲语口头禅，如“你懂什么”“我告诉你”“你得了吧”等不礼貌的口头语，常会给人自以为是、盛气凌人的感觉；二是废话口头禅，如“怎么说呢”“这个”“那个”“对不对”等，这些词语往往只是说话者的一种语言习惯，在句子里没有实际意义，但是反复出现，使句子拖沓、紊乱，令人厌烦。教师如有讲口头禅的习惯，就要尽快改正，以免影响学生。

教育实践中，一些优等生很容易在课堂交流过程中“我行我素”，只需要得到教师的评价，而忽视同伴的评价。部分原因是有些教师长期把“很好”“不错”等赞美之词“送”给优等生们。所以建议教师把单一的只有教师对学生的评价，引导向学生与学生之间、教师与学生之间的多元评价发展。这就需要教师转变自身角色，从“权威者”转向“指导者”，引导学生之间进行评价。教师可以让学生说说“你听懂了他的话吗？懂了请你再说给大家听一遍”“你觉得他讲得怎样？”“认为好，说说好在哪儿？认为不妥，说说不妥在哪儿？”等一系列引导学生互相评价的语言，淡化“好”“很好”“不错”等没有具体评价的口头禅，让学生成为课堂真正的主人。

教师的专业化发展需要教师良好的语言素养，课堂中教师的语言艺术更值得我们研究，希望没有意义的“口头禅”能远离教师的教学用语。

四、忌话题庸俗

诙谐幽默的课堂语言绝不是戏剧丑角的插科打诨，或胡说些与教学无关的笑料。要注意语言“通俗”并不是“庸俗”。有些教师为了让课堂气氛轻松一些，扯出一些庸俗的话题和讲一些俗不可耐的事取悦学生，这与“通俗”的要求是大相径庭的。

五、忌说话刻薄伤人

教师在讲话时不可尖酸刻薄、出口伤人。如果话语中充满恶意，肯定会伤害学生的自尊心、自信心。在课堂中，即使学生有不良情况发生，教师也不可挖苦讽刺，应尽量使用委婉的语言表达。

六、忌飞短流长地议论别人

在课堂中，教师切忌传播闲言碎语，背后非议他人，恶意中伤别人，这是既不文明也不道德的行为，只能表明教师自身缺乏教养。

综上所述，教师的语言表达在很大程度上直接影响着学生在课堂上学习的效率，影响着学生今后的学习思维方式和对人生的态度。作为课堂的组织者、学生的引路人，教师应该遵循以上基本要求，不断锤炼自己的课堂语言，以帮助学生积极地投入学习和生活。

礼仪实训

一、实训练习

（一）简答题

1. 教师语言礼仪的基本特点有哪些？

2. 教师语言礼仪的基本要求是什么？

3. 谈谈教师讲普通话的重要性。

4. 教师的课堂语言存在哪些方面的禁忌？需要怎么改进？

（二）案例分析

李老师：

您好！我就要毕业了，这意味着我就要离开母校，离开朝夕相处的同学，离开您——我的好老师。在我即将与您分别之际，我有几句心里话要向您诉说。

老师，对您来说，我要谈的这件事只不过是一件微不足道的小事，但是，正是这件事，我终生难忘。

一天上课，您站在讲台上问："昨天晚上我布置的家庭作业——背诵古诗《马》和《塞下曲》，有哪些同学会背了？请举手。"我一惊，心想：举吧，我昨晚没背下来，只依稀记得一些内容，不举吧，挨批评的滋味可不好受……想了半天，害怕批评的心理终于占了上风，我颤颤巍巍地举起了手。可是，老天爷偏偏要来捉弄我——老师叫我背诵《马》这首诗的译文。我慢慢地站起来，不由得埋怨老天爷的不近人情，可是眼前最要紧的是应付老师。"开始背吧！"您的声音很温和，而我听起来却像一个炸雷。于是我硬着头皮，努力从脑海中搜寻《马》的影子，"漠漠旷野，沙石像雪一样晶莹洁白；燕山上，挂着……一轮……"我卡住了，周围响起了一阵窃窃私语，几十双眼睛"刷"地扫过来，像看模特儿似的望着我。我难堪极了，恨不得地上裂开一条缝让我钻下去。这时，您的脸沉了下来，我心中直叫苦："完了，这下得挨批评了。"可是，您却说："别紧张，我相信你能背出来的。"老师是信任我的！我心里像打翻了的五味瓶，既有对您的感激之情，又有没按时完成作业的愧疚之感，于是，我抬头看了看您，正好与您亲切的目光相撞，那目光里分明写着"信任"二字。我定了定心，在您的目光的鼓励下，剩下的内容竟然记起来了。老师，您就像无边学海里的一盏指航灯，为我指明了前进的航向，我要从心底喊一声："我爱您，老师！"

请通过这个案例分析教师的语言艺术对课堂产生的教学效果。

二、实训项目

（一）语言表达——讲故事

训练方法：8～10 人分为一组，每人准备一个 3～5 分钟的故事，在微格教室进行讲故事练习，根据教师的语言特点互相作出评价。

第六章　教师教学礼仪

学习目标

1. 熟悉课堂教学礼仪的基本环节并熟练应用。
2. 掌握课前准备礼仪、课堂活动礼仪和课后辅导礼仪的规范。
3. 课堂教学礼仪的实践应用。

【案例导入】

两个才女，两样人生

她在读初中时，作文极好而数学极差，几次数学考试都不及格。为了对得起父母和老师，她硬生生地把数学题死背下来，此后三次小考，数学都得了满分。数学老师认为她成绩的提高，百分之百是因为作弊。她是个倔强又敏感的女孩，并不懂得适度地忍耐更能保护自己，就直言不讳地对老师说："作弊，对我来说是不可能的，就算你是老师，也不能这样侮辱我。"结果，被冒犯的老师气急败坏，单独给她发了一张她根本就没有学过的方程式试题，让她当场吃了鸭蛋，之后拿蘸了墨汁的毛笔，在她的眼眶四周涂了两个大圆饼，然后让她转身给全班看，又让她去大楼的走廊上走一圈。这一事件的结果是：第一，让她休学在家，自闭了七八年，严重时，连与家人同坐一桌吃饭的勇气都没有；第二，养成了她终生悲观、敏感、孤独的性格。尽管她一生走过 48 个国家，写了 26 部作品，用她的作品帮助很多人树立起豁达、坚强的人生信念，但她自己始终走不出心灵的阴影。

这个女孩同她一样，读初中时，国文也出奇地好，曾在年级的国文阅读测验中得过第一名。但数学相当糟糕，面对数学课本，就像面对天书，数学老师教的东西，她没一样能懂。她戏称自己为天生的"数学盲"，并且断言永远无药可救。她跌跌撞撞地读到初三时，数学要补考才能参加毕业考。她知道事态的严重，却无法左右事态的发展，只好整夜不睡觉，把一本《几何》课本从头背到尾。第二天，上数学课时，老师讲到一半，忽然停下来，在黑板上写了 4 道题让全班验算。这没头没脑的 4 道题在下午补考之前出现在黑板上，又与正在教的内容毫无关系，再笨的学生也明白老师的良苦用心。于是，她忽然成为全班最受怜爱的人，几位同学边笑边叹气把 4 道题的标准答案写出来教她背。她背会了 3 道，在下午的补考中得了75分，终于能参加毕业考，终于毕了业。后来，初中最后的那堂数学课连同数学老师关切和怜爱的眼神，一并成为她生命中温馨美丽的记忆。

第一个故事的主人公是三毛，第二个故事的主人公是席慕蓉。三毛很不幸，她碰到的是一位看重成绩而忽视人格的、具有强烈的权威意识的数学老师。他为了维护自己那点可怜的尊严而滥用权力，给完全没有防范能力的三毛精神上以致命一击，让她穷尽毕生精力都无法从那种伤害中复原。席慕蓉则非常幸运，她的数学老师并没有因为她在数学方面的不足而全盘否定她，于不动声色中放了她一马，让她有条件在更适合自己的领域里展翅高飞。在自己最不擅长的领域里，得到的都是发自内心的怜爱与关怀，难怪她对生命充满眷恋，对人世充满信心。作为一个极富才情的女子，席慕蓉既有能力爱丈夫、爱孩子，充分享受亲情之乐，又用自己的诗、画和文章吸引和陶冶了无数人。

教师礼仪主要是以教学活动为载体来体现的。教师的素质和修养在教学活动中展露无疑，不仅直接影响着教学效果，甚至影响学生的一生。因此，在教学过程中，教师应时时处处讲究文明礼仪，自觉规范自己的言行举止，恰当地展示内在美与外在美的统一、动态美与静态美的协调，以树立知书达理的谦谦君子形象。

第一节　教师课前准备礼仪

课堂教学是整个教学工作的中心环节，为优化课堂教学效果，提高教学质量，教师必须在课前认真、充分地做好各项准备工作。在课前准备阶段，教师要注意以下几个方面的礼仪要求。

一、备课礼仪

备课是教师在一定的教学观念指导下，根据教学需要，为实现教学目标所做的准备工作，是组织好课堂教学的前提和基础。为了优化课堂教学，教师在备课过程中要符合教学礼仪和规范，体现高尚的职业道德。

（一）钻研教材，态度认真严肃

深刻地理解教材、准确地把握教材、恰当地处理教材是上好课的前提，也是教师教学水平高低的重要标志。教师在备课时，应该端正态度，认真严肃地钻研教材。应该依据教学大纲规定和教学内容要求，逐一列出知识点、重难点，以便在教学中有的放矢，逐一落实；要把握各知识点的深度、难度和广度，注意突破重难点，归纳其方式方法，以利于授课时切中要害，化难为易。教师备课时需精心揣摩、反复推敲，才能真正理解和把握教材。教师切忌把备课当任务，敷衍了事，或照搬现成教学资料，投机取巧，或满足于已有经验的浅尝辄止。这些都不可能使教学达到应有的深度和广度。

（二）依据教学大纲和教材

教师备课必须以教学大纲和经批准使用的教材为依据，不能根据个人兴趣和爱好随意取舍，要体现一门课程的完整性和科学性。

（三）求新求实，与时俱进

各种大众传播媒介迅速发展，使得学生能通过各种书刊、报纸、电视、电脑等媒体及自身的生活实践，不断地接受知识的刺激，学生的感性知识变得前所未有的丰富，这就要求课堂教学内容也应及时地反映新的知识信息。教师备课要善于利用学科的最新研究成果和教学资料。一要博览，拓宽视野；二要取其精华，灵活运用。应紧跟时代要求，与时俱进，通过对教案的编排、设计，选择最佳的教学方法，因势利导，因材施教，给学生解惑、点拨和指导，以达到最佳的学习效果。教师切忌一份备课笔记或教案多年不变，或者以教材和胸中的知识储备代替备课笔记。

（四）以学生为本

教师应摆正位置，以学生为中心，尊重学生，把爱心和耐心体现到备课当中。教师备课既要对大纲“心中有数”，还要“胸中有书”，更要“目中有人”。现代教学理论强调学生是学习的主体，教师的“教”要落实到学生的“学”上。教师如何引导学生的思路？如何调动学生学习的积极性、主动性？师生之间选取什么样的交流方式？这些问题都必须周密思考，并体现在备课之中。教师备课要从重视教师“教”的构思转向重视学生“学”的引导，才能让学生成为学习的主人，让更多的学生体会到学习的乐趣，融入活跃的学习活动中去。

（五）熟悉学生，关注差异

教师备课时既要研究教材知识体系，更要熟悉学生的实际水平，应将学生与课本知识之间的差距作为教学设计的着眼点，以系统、整体、联系的观点去把握学生已具备的知识水平和潜在的通过教育能达到的知识水平。在备课时不仅要分析班级的整体情况，还要熟悉不同层次水平的学生个体。教师在备课时要针对不同类型的学生和教学内容，选择不同的教学方法，不仅要保证水平高的学生能够“吃得饱”，更要保证水平低的学生“能消化”，使全体学生都能得到最大可能的发展。

（六）教学设计富有创造性

在备课时，教师应充分发挥智慧，创造性地设计教学。教师不应过分依赖教科书和教学参考书。教师在备课时要备“活”课。绝不能把教参当做唯一“向导”，而要活用教参，凭自己的深刻领悟，备出新颖独特、有个性化特点的课。要跳出“教教材”的圈子，引导学生体验和领悟教材的精华。

（七）注重实效，提高课堂效率

教师备课不能搞形式主义，不能为了应付学校的考核，只注重书写是否漂亮工整。教师应该把精力主要放在教学目标和重难点的确定、教具的运用、教学过程的精心设计等方面。教师备课要注重实效,以提高课堂效率为目的。

二、请教礼仪

教师在教学准备工作中如果遇到自己不能解决的问题,经常会向其他教师或职工请教。在请教过程中,教师需要注意的礼仪规范有以下几个方面。

(一) 语言文明礼貌

礼貌语言在一定程度上标志着一个社会的文明程度,一个人的语言反映一个人的精神世界,"礼貌是人类共处的金钥匙"。

教师在向别人请教时,常用的礼貌用语有:(1)"您好,打扰您一会儿";(2)"我有一个问题向您请教";(3)"请多指教";(4)"这方面的问题还请您多指导、多帮助";(5)"谢谢您的建议";(6)"麻烦您了";(7)"以后还要向您多学习"。

(二) 态度诚恳谦虚

教师向其他教师请教问题时,态度要诚恳谦虚,说话要真诚、坦然。"能者为师",自己不知道或不清楚的问题就应该虚心向别人请教。要注意所提问题应简洁、明了,语气谦恭、和善,语速均匀适当,语言表达委婉得体、有艺术性。切忌虚伪做作、华而不实或轻慢无理、语气生硬,倘若这样,对方就不乐意与你交流。

(三) 认真耐心倾听

在别人回答问题时.教师应该认真耐心倾听。倾听对方发言,要保持良好的坐姿,面部保持微笑。要全神贯注地听对方讲话,目不斜视地看对方,不能有漫不经心的举止。倾听对方说话要有耐心,不随便打断对方的话,不争吵。要积极响应,认真思考,通过点头、微笑、提问等方式积极作出信息反馈,有不理解的地方要礼貌地请对方再讲清楚,有不同的意见与对方诚恳地商讨。倾听对方回答要能把握重要内容,并能简要转述,用做笔记的方式以示对对方谈话的重视。

(四) 尊重对方意见

教师在请教别人问题时,应把他人的经验之谈作为宝贵财富。教师应尊重对方的意见,虚心向对方学习,这对于自身的提高是大有益处的。如果在尊重对方的同时虚心向对方学习,那么对方的经验就可能转化为自身的经验,对方的教训就可能转化为自身的借鉴,在与对方学术交流、思维碰撞的过程中就可能会产生单凭个人冥思苦想难以出现的思想火花和灵感。

三、调停课礼仪

教学工作是学校的中心工作,完成教学任务是每位教师的职责,课程表是学校教学活动中最基本的依据,任课教师必须按照课程表进行教学活动。教师如有特殊情况,如因公或因病、产、婚、丧假等原因不能按课程表上课的,要按照学校调停课的规定来办理,遵守相关的程序和规范,体现教师应有的礼仪素质。一般而言,教师调停课时要注意以下几个方面。

第一,教师办理调停课手续时必须先考虑调课,如时间过紧或的确无法调课,可考虑停课。

第二,需要调停课的教师应提前提出申请,按照程序办理具体手续,调课、停课由教务处统一安排,教师不能私自到教务处要求调整课程。

第三,教师切忌随意调课、停课,应根据课程表合理安排其他事情,不能因为其他事情任意冲击教学。课程表是学校教务部门的指令性安排,不能随便调动,教师不能私自变更上课时间或地点,也不能随意更换任课教师。教师擅自调课、停课,都属于教学事故。

第四,教师在填写调课、停课申请表前,应征求教学班学生的意见;临时调课的教师应负责向学生说明原因,做好解释及善后事宜的处理。

第五,教师要确认教学班学生得到调课、停课的通知。

第六,课程调动后,教师应按照调好的时间、地点上课。

第二节　教师课堂教学礼仪

课堂教学礼仪是指教师在课堂教学活动中的仪表、仪态等所显示的精神文明风貌。它是教学活动的组成部分,尤其是教师进行教书育人的重要辅助手段。教师以浓厚的思想感情、庄重大方的仪表、和蔼可亲的仪容、彬彬有礼的语言给学生做示范,会潜移默化地影响学生。因此,教师在课堂上应讲究礼节、风度,时时谨慎、处处垂范,以自身良好的礼仪风范为学生树立榜样。

一、课堂问候礼仪

师生相互问候是课堂教学的起始阶段,也是教师课堂礼仪必经的第一程序。师生问候的实际意义在于表示师生双方彼此尊重,相互显示亲切,具有情感导入功能,是营造学习氛围的开端。

(一) 提前走进教室

著名作家冰心说过:“教师的现在,就是学生的未来。”教师的每一个行为习惯,都可以成为学生效仿的对象。成功的课堂教学,不仅仅只涉及课堂教学过程,上课前教师状态的自我准备也是课堂成败的关键。据专家的经验,教师提前 3 分钟走进教室最为合适。走进教室,教师可以从以下几个方面安排时间。

1. 准备上课资料和教具

现在的课堂教学大多使用多媒体设备,教师提前走入教室检查多媒体设备已经成为课堂教学的必要步骤,一方面可以及时发现和更换有故障的设备,另一方面也能很好地准备好自己的多媒体资料,避免铃声过后的慌乱。当然教师还需要对必要的教学设备略加检查,如黑板是否擦干净、粉笔是否够用等,避免上课时许多不必要的麻烦。

2. 调整教学心态

教师饱满、愉悦的精神状态是课堂教学质量的保证。积极的精神状态是有激情的课堂教学的基础,提前走进教室,教师可以利用这几分钟的时间进行情绪的自我调控,调整消极情绪,以愉快的情绪投入教学。

3. 靠近学生

走下讲台,走到学生中去,这样教师才有机会走入学生的心灵。教师提前走进教室,可以走下讲台与学生聊天或者解答学生的问题,了解学生在学习上的困难以及学生对教师授课的意见,这种方式没有上课交流的拘束,是师生内心自然的亲近。与学生的交流,缩短了师生的距离,融洽了师生关系,这样不仅能够帮助完善教学工作,还能增进师生的情谊。

(二) 上课开始的问候

上课开始,教师迈着从容的步伐走上讲台,教师和学生相互问好和行礼,是相互尊重、讲礼貌的表现,也是教师组织教学的必要环节。这有助于学生做好心理准备,产生愉快的学习情绪。为此,教师应该做到坚持铃声响后 1 分钟到位,时间不宜过长。其礼仪要求如下。

教师从容走上讲台,把课本、讲义、教具等轻轻地放在课桌上。

教师:“上课!”

值日生:“起立!”

全班同学:“老师好!”

教师面带微笑,用温和的目光把全班同学环视一遍。

老师:“同学们好!”

值日生:“坐下!”

教师进入课堂走上讲台,全体学生起立并向教师行注目礼,教师应该环顾全体学生后师生相互问好。课堂礼仪虽然简短,但气氛庄重,感情亲切。

(三) 下课时的问候

下课铃响后,教师应结束讲课,并保持愉悦的心情与学生礼貌告别。其礼仪要求如下。

教师:“下课!”

值日生:“起立!”

全体同学:“谢谢老师!”

教师:“谢谢你们的配合,同学们再见!”

全体同学:“老师再见!”

教师在向学生施礼的时候,切忌埋头收拾自己的东西而不看学生;也不能急着出教室,避免学生还站在那里而教师已经出了教室门。假如教师还没宣布下课,学生就一阵忙乱，教师一定要重视，不能由着学生去。这些既不符合教学要求，也不符合礼仪要求。特别是有本校或外校人员听课时，教师应示意学生请听课人员先行，必要时鼓掌欢送。

二、课堂组织的礼仪

课堂教学是一门科学，也是一门艺术。如何在教学过程中遵循教学的客观规律，适应主体的学习能力，让自己独特的课堂教学魅力受学生的喜爱，这是对教师课堂教学的挑战。特别是在课堂上，总有部分同学会出现各种不同程度的违纪行为，扰乱课堂教学秩序，影响教学活动的开展。教师既不能放任不管，更不能体罚或变相体罚学生。为了不影响正常的教学活动，教师在组织教学时，如何用合乎礼仪的方式艺术地处理这些违纪行为呢？

（一）不当众批评学生

在影响学生的内心世界时，教师要保护好他们心灵中最敏感的一个角落——自尊心。人人都要面子，即使再调皮的学生也非常顾及自己的面子，不愿意在众目睽睽下受到批评。课堂教学中，影响正常教学活动的情况常常发生，教师应该循循善诱，晓之以理，动之以情。即使批评，也一定要有真情实感，让学生感受到教师对他的尊重和期待。一个真诚的笑容、一个善意的眼神、一句轻微的责备、一个带微笑的轻声细语的分析开导、一个亲拍肩膀的动作，都能在课堂上起到事半功倍的效果。

【专栏 6-1】

四块糖育人

当年陶行知任育才中学校长，有一天，他看见一名男生用砖头砸同学，马上上前制止，并责令男生到校长室接受批评。回到办公室，他见男生已经在等候了，于是掏出一块糖递给他说：“奖励给你的，因为你比我按时到了。”接着，他又摸出一块糖：“这也是奖励给你的，我不让你打同学，你立即住手，说明你很尊重我。”男生忐忑不安地接过了糖。陶行知又说道：“据说你打同学是因为他欺负女生，说明你很有正义感。”便掏出第三块糖给他。这时，男生哭了，说：“校长，我错了，同学再不对，我也不该用这种方式……”陶行知遂拿出第四块糖说：“你已经认错，再奖励你一块糖，我们的谈话结束。”陶先生不当众批评学生，以缓解学生的情绪，平易近人地尊重学生，营造宽松氛围，发掘学生优点以引导他认识错误，最后点到为止，以尽快结束学生的尴尬境地。

（二）善待学生的“错误”

学生由于知识结构、生活经历、情感体验、家庭文化背景等的不同，思维水平可能参差不齐，接受知识难免会有快慢区别。其实，学生心理、生理都处在人生成长阶段，课堂上出错不可避免，但教师如何对待学生的错误，对课堂教学的组织却有重要的影响。英国心理学家贝恩布里奇说："错误人皆有之，教师不利用是不可原谅的。"教师需要正确对待学生的课堂发言错误，不仅要善待发言错误的学生，更要挖掘、利用好学生的错误资源，让学生在纠错中开启智慧、培养能力，这样学生出错有时反而成就了课堂"无法预约的精彩"。

错误，也是一种宝贵的教学资源。教室就是出错的地方，如果学生人人都怕出错，不敢说出自己的想法，正确的答案从哪里来呢？因此，应宽容、理性地对待学生的发言错误，不要轻易否定学生的发言，要肯定学生的积极参与，用鼓励的语言去评判，只有这样，师生之间才能实现真正意义上的对话。

【专栏 6-2】

坐井观天

一位优秀教师在教学"坐井观天"这个成语故事时，为了培养学生的想象力和创造性思维，组织学生以"青蛙跳出井口了"为题进行说话作文训练。经过几分钟时间的准备，第一位学生说，青蛙跳出井口后，看到无边无际的大海，吓得连忙向小鸟求救；第二位学生说，青蛙看到外面迷人的景色，它陶醉了，觉得外面的世界真精彩；第三位同学突发奇想，竟说青蛙去环球旅行了。正当大家兴趣盎然，积极举手发言的时候，有一位同学说：青蛙跳出井口，到外面看了看，觉得还是井里好，它又跳回井里。听完这位学生的发言，教室中顿时哄堂大笑，教师也愣住了，没想到这位学生的回答这样地与众不同，但他马上示意这位学生继续说下去，说说这样想的原因。那位同学继续说，青蛙来到小河边想喝水，突然，它听到一声大吼："不要喝，水里有毒！"它看到对面一只奄奄一息的老青蛙在对它说话。刚想道谢，就听到"呱"的一声惨叫，一支钢叉刺穿了老青蛙的胸膛，老青蛙痛苦地挣扎着，这只小青蛙吓呆了，觉得外面的世界太可怕了，还是井里安全。于是又跳回了井里。这时，课堂上响起一片热烈的掌声。

（三）幽默的力量

教学幽默是教师思想、才学、视野和灵感的结晶。教师的幽默，可以活跃课堂气氛，调节情绪，愉悦精神。教学中，课堂的笑声是"解压"的"良药"，使"教"与"学"变得轻松有效。教学幽默的恰当使用，能营造良好的教学艺术氛围，在活跃的课堂气氛中，学生才能在教师的指引下，更好地融入有声有色的教学活动中，才能以积极的心态接受知识，掌握技能，发展创造性的思维。

教师的幽默，可以和谐师生关系，增强教师的魅力。著名教育家苏霍姆林斯基认为："如果教师缺乏幽默感，儿童也不理解教师。"幽默可以使教师产生亲和力，幽默乃师生间的"润滑剂"，教学幽默不损教师个人的尊严，也不会伤害学生的自尊心，对于课堂教学中某些违纪的行为，也可以在“笑声中产生一种平衡的影响效果”。教师的幽默，可以激发学生的学习兴趣和求知欲望。课堂教学中，教师如果能够充分利用幽默，把课讲得有趣味，给学生栩栩如生之感，学生就会印象深刻、难以忘记，从而调动学生学习的积极性，也能激发他们探求知识的热情和动力。教师的幽默，可以开启学生的心智，活跃思维。课堂教学中幽默犹如“兴奋剂”，可以调节学生的情绪，驱散学生的疲倦感，让学生集中精力；同时，教学内容也会因幽默而有趣味，让学生在笑声中增强了记忆。教师幽默的语言习惯，慢慢也会成为学生学习的对象，尤其某些妙语警句、双关语和其他一些敏捷的语言技能，更能创造性地提高学生运用语言的能力。

（四）走下讲台

传统的教室中，讲台是不可缺少的，它总是教室中最起眼的一张桌子，比学生的课桌要高、要大，似乎象征着教师的威严和高高在上的权威。当然讲台、讲桌的设置有其本身存在的合理性，它便于学生集中精力听课、便于统一教学活动、便于保证课堂纪律等，是班级授课制的产物，不会轻易退出历史舞台。因此，对于教师，走下讲台不仅仅是观念上的更新，更是教师角色的一种转换。

苏霍姆林斯基说：“在教学中我们的教师不仅应该走下讲台走近学生，而且更应该敞开心扉与学生交流，聆听他们的声音，感受他们的喜怒哀乐，及时回应孩子心灵的呼唤。”走下讲台，课堂上学生的违纪行为减少了，平日那些爱违纪学生的小动作因为教师的靠近而有所收敛，也开始慢慢加入互动的课堂教学之中；走下讲台，学习困难的部分学生的问题也找到了，教师的靠近让他们能够鼓起勇气，小心翼翼地向教师请教问题；走下讲台，走到学生中间去与他们进行情感交流，用含有微笑的目光鼓励和肯定每一位同学的发言，使学生在这种爱的氛围中积极思考，勇于回答问题；走下讲台，拉近了教师与学生的距离，教师的音容笑貌、表情手势、语言表达可以发挥更有效的作用，减少师生之间的心理隔阂；走下讲台，师生可开展平等的对话和互动，学生在轻松的环境中接受学习、参与学习，也会充满自信。

（五）上课绝不“拖堂”

美国著名作家爱默生说：“教育成功的秘密在于尊重学生。”因此，对于教师而言，不管有多少理由、有多么善意的想法，都不要剥夺学生课间10分钟的休息时间。拖堂对一个教师来说，就是时间观念不强。教师可以拖堂，那么学生就可以拖作业，教师的时间观念对学生也产生了消极影响。因此，拖堂是一种体罚，而“体罚是教育的无能”。一个不尊重学生时间的教师，永远也不会赢得教育的成功。

当清脆的下课铃声响起，老师最后一句话音刚落，然后从容走出教室，这才是真正的潇洒！这样的老师才是最受学生欢迎的老师。

三、课堂语言礼仪

课堂语言是教师用以“传道、授业、解惑”的特定语言，是师生实现沟通、交流的主要载体。苏霍姆林斯基说过："教师的语言修养在极大程度上决定着学生在课堂上脑力劳动的效率。"教师要自觉培养文明修养，注重自己的礼貌谈吐，遵守语言的规范性，掌握语言的使用方法，讲究语言的艺术性，准确表达授课内容，唤起学生的求知欲，从而充分发挥语言的作用。

教师课堂教学语言的礼仪规范和禁忌请参考本书第五章的有关内容。

四、课堂提问礼仪

课堂提问是教师根据教学目标联系教学重点，向学生提出问题，并引导学生经过思考，对所提出的问题得出结论，提出自己的看法，从而获得知识、发展智力的教学方法。这是课堂教学的一个重要手段，它将教师、学生、教材三者有机结合起来，是师生课堂交流的主要方式。在深入开展素质教育的今天，教师应充分调动学生的主观能动性，激活学生的创新意识，课堂提问无疑是培养学生能力、发展学生智力的有效途径，课堂提问的成功与否是课堂教学成败的关键。因此，在课堂教学中，教师掌握必要的课堂提问的礼仪规范对提高教学质量具有重要意义。

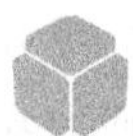【专栏 6-3】

美国的孩子如何理解"灰姑娘"

上课铃响了，孩子们跑进教室，这节课老师要讲的是《灰姑娘》的故事。老师先请一个孩子上台给同学讲一讲这个故事。孩子很快讲完了，老师对他表示感谢，然后开始向全班提问。

老师：你们喜欢故事里面的哪一个？不喜欢哪一个？为什么？

学生：喜欢辛黛瑞拉(灰姑娘)，还有王子，不喜欢她的后妈和后妈带来的姐姐。辛黛瑞拉善良、可爱、漂亮。后妈和姐姐对辛黛瑞拉不好。

老师：如果在午夜 12 点的时候，辛黛瑞拉没有来得及跳上她的南瓜马车，你们想一想，可能会出现什么情况？

学生：辛黛瑞拉会变成原来脏脏的样子，穿着破旧的衣服。哎呀，那就惨啦。

老师：所以，你们一定要做一个守时的人，不然就可能给自己带来麻烦。另外，你们看，你们每个人平时都打扮得漂漂亮亮的，千万不要突然邋里邋遢地出现在别人面前，不然你们的朋友要吓着了。女孩子们，你们更要注意，将来你们长大和男孩子约会，要是你不注意，被你的男朋友看到你很难看的样子，他们可能就吓昏了(老师做昏倒状，全班大笑)。好，下一个问题：如果你是辛黛瑞拉的后妈，你会不会阻止辛黛瑞拉去参加王子的舞会？你们一定要诚实哟！

学生(过了一会儿,有孩子举手回答):是的,如果我是辛黛瑞拉的后妈,我也会阻止她去参加王子的舞会。

老师:为什么?

学生:因为,因为我爱自己的女儿,我希望自己的女儿当上王后。

老师:是的。所以,我们看到的后妈好像都是不好的人,她们只是对别人不够好,可是她们对自己的孩子却很好,你们明白了吗?她们不是坏人,只是还不能够像爱自己的孩子一样去爱其他的孩子。孩子们,下一个问题:辛黛瑞拉的后妈不让她去参加王子的舞会,甚至把门锁起来,她为什么能够去,而且成为舞会上最美丽的姑娘呢?

学生:因为有仙女帮助她,给她漂亮的衣服,还把南瓜变成马车,把狗和老鼠变成仆人。

老师:对,你们说得很好!想一想,如果辛黛瑞拉没有得到仙女的帮助,她是不可能去参加舞会的,是不是?

学生:是的!

老师:如果狗、老鼠都不愿意帮助她,她可能在最后的时刻成功地跑回家吗?

学生:不会,那样她就可以成功地吓到王子了。(全班再次大笑)

老师:虽然辛黛瑞拉有仙女帮助她,但是,光有仙女的帮助还不够。所以孩子们,无论走到哪里,我们都是需要朋友的。我们的朋友不一定是仙女,但是,我们需要他们,我也希望你们有很多很多的朋友。下面,请你们想一想,如果辛黛瑞拉因为后妈不愿意她参加舞会就放弃了机会,她可能成为王子的新娘吗?

学生:不会!那样的话,她就不会到舞会上,不会被王子看到、认识和爱上了。

老师:对极了!如果辛黛瑞拉不想参加舞会,就算她的后妈没有阻止,甚至支持她去,也是没有用的,是谁决定她要去参加王子的舞会?

学生:她自己。

老师:所以,孩子们,就算辛黛瑞拉没有妈妈爱她,她的后妈不爱她,这也不能够让她不爱自己。就是因为她爱自己,她才可能去寻找自己希望得到的东西。如果你们当中有人觉得没有人爱,或者像辛黛瑞拉一样有一个不爱她的后妈,你们要怎么样?

学生:要爱自己!

老师:对,没有一个人可以阻止你爱自己,如果你觉得别人不够爱你,你要加倍地爱自己;如果别人没有给你机会,你应该加倍地给自己机会;如果你们真的爱自己,就会为自己找到自己需要的东西——没有人能够阻止辛黛瑞拉参加王子的舞会，没有人可以阻止辛黛瑞拉当上王后，除了她自己。对不对？

学生：是的！

老师：最后一个问题，这个故事有什么不合理的地方？

学生（过了好一会儿）：午夜12点以后所有的东西都要变回原样，可是，辛黛瑞拉的水晶鞋没有变回去。

老师：天哪，你们太棒了！你们看，就是伟大的作家也有出错的时候，所以，出错不是什么可怕的事情。我担保，如果你们当中谁将来要当作家，一定比这个作家更棒！你们相信吗？

孩子们欢呼雀跃。

（一）提问的目标要明确

教师设计课堂提问要有明确的目标性，即扣紧目标设计问题。问题是教学目标的具体化，问题的设计必须紧扣本节课的教学目标，围绕教学内容的重难点和学生原有的认知结构。教师应精挑细选所提问题，使之切中学生的疑惑之处，并设置悬念，启发学生思维，学生需要调动已学过的知识，并且重新构建自己的知识结构，还需要合作学习、交流，才能解决这个问题。教师应引领学生不断地思考和学习，而不应偏离教学目标提出一些又偏又怪的问题，也不应为了提问而提问，注意克服课堂提问的随意性。

（二）提问的难度要适宜

教师设计课堂提问要能激发学生积极思维。过深、过难的问题，学生站起来一大片，谁也回答不了，最后只好由教师自答，这样的提问没有实际效果；过浅、过易的问题，学生不假思索即能对答如流，不仅无助于思维能力的锻炼，而且在表面上看似繁荣的背后，会使学生养成浅尝辄止的不良习惯。因此课堂提问既不能让学生觉得高不可攀，也不能让学生觉得唾手可得，而应该让学生“跳一跳，够得着”，给学生思考的时间和空间，向学生的智力和创新能力提出挑战。要让学生感觉到问题很熟悉，运用已有的知识和经验又无法解决，必须重新构建自己的知识结构。由此可见，教师提出的问题要难度适宜，需要学生探讨协商，再加上教师的启发、点拨、提示，最后才能完成对这一问题的认识。

（三）提问的机会要均等

教师提问的机会要平均分配给全班学生，不要只向少数课堂表现积极的学生发问。对于不同的对象，提出的问题也可有所差别。优秀生的思维相对活跃，可以向优秀生多提一些难度相对较高的需要快速做出反应的问题；中等生知识素质、能力基础“比上不足，比下有余”，可以向他们多提一些相对适中的、利于提高其自觉参与意识的问题，从而促进其全面发展；对于较差的学生，教师提问时要注意同时提问成绩反差较大的两个或两个以上的学生，要求成绩较差的学生作主要回答，成绩好的学生作补充回答，教师自己作修正性回答。这种方式具有示范效应，能促进后进学生的热情，调动其学习积极性，提高学习自信心。因此，教师在课堂上提问学生时，注意提问对象要普遍，机会要均等。

（四）提问的时机要恰当

在一个完整的教学单位时间内，只有少数几个瞬间是提问的最佳时间，教师必须善于抓住这些最佳时刻。在上课初期，学生的思维处在由平静趋向活跃的状态，这时多提一些回忆性问题，有助于培养学生的学习积极性，唤醒、激发学生的学习兴趣，起到使学生集中注意力的作用；当学生思维处于高度活跃状态时，多提一些说明性、分析性和评价性的问题，有助于学生分析和理解所学知识的内容，进一步强化学习兴趣，并使学生保持积极的思维状态；当学生思维处在由高潮转入低潮阶段时，多提一些强调性、巩固性和非教学性问题，这时可以重新激发学生的学习兴趣和积极性，防止学生非学习行为的出现（如讲话、打瞌睡、看课外书等）。教师应当先向全体学生发问，并留有充分的时间，让全班学生思考一番，然后再指名回答，而不应该在发问之后，就匆匆指定学生回答。这样可以使全班学生注意教师所提的问题，并使全班学生都在心中试拟一个答案，进而更好地对自己或别人的答案加以评价。

除此之外，还要注意提问前的准备状态和提问后的等待时间。

1. 提问前的准备状态

在教师的思维与学生的思维基本保持一致的情况下，提问可以取得良好的效果。如果两者的思维不同步，那么教师可在提问之前，利用“先行组织者”对学生激思、设疑、释义，造成学生的“愤悱”状态，然后再提问。所谓“不愤不启、不悱不发”，就在于此。

2. 提问后的等待时间

在提问后，教师究竟应等多长时间，现在仍是个众说纷纭的问题。有人认为等待时间至少3秒钟，有人认为10秒钟以内，大多数人认为等待时间应根据问题的难易程度和学生的接受能力而定。恰当的等待时间具有如下好处：(1) 学生可以回答较多的内容；(2) 学生可以主动而且恰当地回答问题，减少“一问三不知”的现象；(3) 增强学生回答问题的信心，增多创造性思维的成分，提高迟钝学生的学习积极性；(4) 减少以教师为中心的现象，增强师生间的情感交流和相互影响。

（五）提问的对象要随机

提问不宜按照一定的次序进行，如按学生的学号、座位号的顺序依次发问，这种机械的发问方法，使学生轻易就推测出这个问题应该轮到哪位学生解答，而其余的学生就可以不注意听讲了。所以教师提问时，不要有一定的次序，应使学生无法推断下一个问题应该轮到谁去解答，因而必须集中注意力听讲。提问时，教师要把问题表述清楚，问题说出之后就不要再重复，以免养成学生不注意教师发问的习惯。

（六）提问的评价要积极

在整个提问的过程中，对学生的回答，教师要随时进行判断，对学生是否掌握了相应的知识、掌握的程度如何等进行公开评价，保护学生回答问题的积极性，从而进一步调动学生学习的积极性。为此，教师应该做到以下几点。

1. 以表扬为主

教师提问后，对于学生的回答，应以表扬、鼓励为主。即使学生回答不正确、不全面，也要循循善诱，切不可出现伤害学生自尊心的话语。

2. 鼓励求异

教师应允许学生有不同的见解，不能用统一的标准去判定学生的答案，应鼓励学生对问题有个性化的理解，教师更不应该对学生的答案持否定态度，不要轻易下"不正确""错误"等结论。明智的做法是：面对学生认识的不一致、观念的分歧、思想的碰撞，教师要给予充足的时间，让他们分别表明自己的立场，阐述自己的理由。当学生正在发言时，教师千万不能急切地打断他们，或是把自己的观点强加于学生，或代替学生过早地下结论，即使课堂时间不允许深入探究，也应该在课后对学生有所交代。

3. 帮助有困难的学生

学生站起来说"不会"，情况是复杂多样的。这时教师不应马上叫学生坐下，可以再复述一遍问题鼓励学生回答，也可改变提问的角度或添加辅助性的问题引导学生回答。有经验的教师总不放弃回答问题的任何一个学生，即使多次启而不发，也请学生先坐下，让他听别人的回答，然后请他复述一遍。这种评价的做法对转变差生、大面积提高教学质量是大有益处的。

（七）正确控制影响提问的因素

教师提问时的面部表情、身体姿势和体态以及师生间的空间距离，这些因素能支持、修饰和代替言语行为所难以表达的感情和态度。比如学生对自己回答问题的正确与否，可以从教师的面部表情中获得暗示，可以从教师的目光中识别是信任、鼓励，还是不耐烦、不屑一顾，从而增强或减弱学生回答问题的自信心。再如师生间的空间距离也可影响师生间的对话交流和知识传递。教师本身的动机、兴趣、态度、情绪等方面对学生的思维发展也有一定的影响，如教师提问时持积极的态度，学生从教师愉悦的态度中，可以得到鼓舞和激励，从而增强学生回答问题的自信心；反之，如果教师提问时表现出不耐烦、责难的态度，学生就会产生回避、惧怕甚至抵触情绪，从而阻碍问题的解决，不利于学生的全面发展。因此，教师在课堂提问时，应正确控制以上影响因素，提高课堂提问效益。

五、课堂板书礼仪

板书是课堂教学中的一个重要组成部分。有人说黑板是教师的"责任田"，形象地道出了板书的重要性。好的板书能加强理论教学的直观性，能更加突出教学重点，显示某种条理、提纲挈领，起到画龙点睛的作用，同时还可以帮助学生加深印象和理解，增强学生的感受能力，使其获得一种美的享受。因此，教师要认真设计好每节课的板书，重视板书的礼仪规范。

（一）板书的礼仪规范

教师在课堂教学中的板书应注意以下几点。

1. 板书文字应简明扼要

“文贵精，不贵多。”板书应化复杂为简单，令人一目了然。这就要求教师在编写教案时，要注意掌握教学重难点，要分清轻重、主次，抓住带有关键性的环节，预先明确板书部分的内容，文字要反复推敲、筛选，尽量做到在黑板上“写下的是真理”。

2. 板书字迹要端庄秀丽、大小适度，不写错别字、潦草字和不规范的简化字

为了激发兴趣、启迪思维，特殊字、词可以采用变体，但必须以学生的理解和接受能力为前提，不能故弄玄虚。

3. 板书线条、符号要运用得体

板书中的线条、符号犹如集成块中的线路、元件，各有其独特的不可替代的作用。一般来说，虚、实线常用来表示连接的意思。虚线有时表示暗线，实线则表示明线；虚线表示远距离，明线表示近距离。折线表示升降、曲折，箭头指示方向，三角符号表示重点提示。除此之外，还有括号、标点等。

4. 板书布局、组合要合理

主板书居黑板中上醒目位置，辅板书分置两边。主板书排列要遵循一定规律。例如：对比式适于通过比较揭示文章中心，回环式适于直观显示事物联系，开合式适于表现文章的结构层次，阶梯式适于体现空间位移等。教师应科学地划分黑板的区间，形成合理的布局与使用习惯。同时，板书有多种形式，教师应根据授课的类型、内容的不同而选择与之相适应的形式。

5. 板书色彩要搭配适宜

教学实践证明，板书中恰当地运用色彩，不仅能收到赏心悦目的审美效果，而且能激发学生学习兴趣，增强学生对知识的理解。一幅纯用白色的板书无疑会使人感到单调乏味，稍有点缀，既突出了重点，又不显平淡，其效果就会大相径庭。值得注意的是，板书中的用色一定要少而精，切忌五彩斑斓。

6. 板书图示应具有形象性和启发性

图示要针对教学重点、难点来设计。教学中，借用图示的直观形象性来启发学生悟出蕴涵的意思，可以增加趣味性，降低教学难度，达到突出重点、难点的目的。图示一定要简洁明了，几笔成形。

7. 板书与其他教学方法要达到有机的统一

比如讲解，在教学过程中，板书时应同步用口语复述其内容，让学生的视觉和听觉得以互补。讲写脱节既不利于学生感知，也会降低教学效果。此外，在分层板书期间，插入演示、分析、设问等灵活多变的其他方法，将知识内容逐步深入但又不失完整地展现出来，不但能为学生的思索留有空间，而且有利于教师调控学生的注意力和课堂教学的节奏，使教学的双边活动张弛错落，动静交替。

（二）板书的禁忌

1. 板书文字书写不规范

比如教师常写不规范的简化字或已淘汰的繁体字，英文则艺术字和手体字杂糅，数字或字母难以辨认，文字时正时草、时大时小、时斜时倒，又画圈又加杠，又增字又调行，给人一种治学不严谨的感觉。学生则猜疑不定，在课堂上或交头接耳，或相互转抄，或举手发问。这样不仅影响了教学秩序，而且会造成学生的厌烦心理，教学效果自然也就不会好。

2. 板书内容拉杂

板书看上去又多又实，面面俱到，但实际上逻辑不清、条理紊乱，学生抄得很苦却把握不了，教师写得很累却还要费口舌解释。这样的教师往往不是靠拖堂弥补，就是完不成课时计划。

3. 板书单调呆板

板书八股气十足，反映了思维方式的单一性。比如有的教师最拿手的就是方面之中有大点，大点下面有小点，小点后面还有 A、B、C。这样开药方似的板书虽然便于记忆，但并不利于调动学生的思维能力，不利于培养学生的创新意识。

4. 板书零星散乱，随心所欲

有的教师板书时往往是东写写、西画画，信手写完随手擦，不能反映思维的连续性和整体性。面对这样的板书，学生无法将这些零星散乱的知识点贯穿起来，更谈不上理解和掌握，而且还造成学生感官的疲劳与笔记的无所适从。

第三节　教师课后反馈礼仪

课后反馈是教师、学生之间互动沟通的过程，是整个教学过程的重要一环。教师通过课后反馈能及时了解学生对知识的理解及掌握情况，为随时调整教学进度、选择教学方法和教学手段提供依据，以更好地因材施教。课后反馈与课堂教学是相辅相成的，因此，教师要重视在课堂教学之后与学生的交流反馈，在师生互动中讲究文明礼仪，以达到良好的效果。

一、课后辅导礼仪

课后辅导是教学环节的重要组成部分，是教师了解学生和检查教学效果的一条重要途径，是解决统一教学与学生个性差异之间矛盾的主要措施之一。只有把课堂教学与课后辅导紧密结合起来，才能不断提高整体教学质量，发现和培养学生的个性特长。在课后辅导中，教师的言行要符合一定的礼仪规范。

（一）忌直接作答，宜点拨思路

在辅导时，学生常会问："这个问题怎么回答？"这时，教师不宜简单地直接给出答案，更不能越俎代庖，而要引导学生分析、讨论，让学生充分参与。我国古代教育家孔子早就主张教育学生要循循善诱，“不愤不启，不悱不发”。也就是说，不到学生苦苦思索还想不通时，不去开导他；不到学生深入思考有所体会，想说又不能恰当说出来时，不去启发他。教师只能在解决问题的思路上给学生以点拨，帮助学生找出使其思维受阻的关键环节。所以，在课后辅导答疑过程中，教师不能一问一答，满足学生会背一个定义、会看会画一个图，而应该帮助每一个学生去发现问题和解决问题，注意培养和发展学生的思维能力。

（二）忌正面纠错，宜适当反问

“知其然，而不知其所以然”，就谈不上对问题的真正理解。因此，在辅导中，面对学生存在的这样或那样的错误，教师不一定都正面纠错，而应适当反问。通过反问，学生认识到出错的根源，从而得到启迪，加深了对问题的理解。

（三）忌条条框框，宜探索创新

学生已掌握的知识以及长期形成的思维习惯往往会影响他们对新问题的理解和把握，因此在辅导的过程中，应鼓励学生敢于突破已有知识的界限，打破旧知识的条条框框，进行发散思维，这对培养学生的创新精神大有益处。

（四）忌简单回绝，宜循循善诱

在辅导的过程中，经常会遇到部分学生提出一些超前的或离奇的问题，这时，教师不要简单地用“还没学到”“超纲了”或“这不需要知道”等回答随便应付了事，更不能对提出离奇问题的学生讽刺挖苦，伤害学生的自尊心，因为学生毕竟是经过一番思考才提出这些问题的，简单回绝只会压制学生探索问题的强烈愿望。如果教师给予鼓励和引导，帮助其提高对某一问题的认识，那么就能培养学生思维的主动性和积极性，增强其探求科学的思想和意识。

（五）忌厚此薄彼，宜一视同仁

课后辅导有的教师往往只盯上几个尖子生，对他们提出的问题热情有加，且能做到循循善诱，而对成绩平平或较差的同学，则冷眼相对，敷衍了事。长此以往，势必会使大部分学生丧失对教师的信任，滋生与教师的对立情绪，进而发展到不愿意学习这门课。因此，教师在辅导时对学生要一视同仁，切忌厚此薄彼。

（六）忌态度生硬，宜热情主动

学生本来对教师就有畏惧心理，尤其是成绩差的学生，他们在请教教师问题时有三种心理状态：一是有顾虑，怕提出一个很简单的问题被教师嫌弃，被同学取笑；二是抓不住问题，不知问哪个好；三是没机会问。如果教师在课后辅导时再态度生硬，他们有问题根本就不敢问，这样，教师就无法真正做到与学生的沟通，了解学生对课程的掌握情况。因此，教师特别要注意态度，要主动热情，应鼓励学生多提出问题，引导、帮助他们解决问题，并主动地帮助差生找出存在的问题，使他们对教师产生好感和信任，树立信心，提高学习的积极性。

（七）忌居高临下，宜平等耐心

在辅导中，教师不能以居高临下或嫌弃厌恶的态度对待学生。“这个问题太简单了！”“这都不知道！”教师类似的回答会大大挫伤学生的学习积极性。教师应以平等的姿态与学生交流思想，使学生得到启发。对于学生提出的各式各样的问题，教师应耐心听取，并迅速判断问题的性质：要明确学生是提出问题，还是询问答案；是概念不清，还是未掌握方法；是课堂知识，还是超出课本的知识；等等。从这些问题中了解学生的思路和疑难之处，然后再细心地引导和解答。对于反应慢、接受能力差的学生，教师不能横加指责，更要多花点精力，加强具体的、个别的辅导，要弄清原因，耐心讲解，把问题讲得透彻一点、通俗易懂一点。

二、批改作业礼仪

作业批改是教学的一面镜子，也是师生交流信息的一个窗口。通过这个窗口，教师能够及时了解学生掌握知识的情况，矫正学生学习过程中的失误，弥补学生知识的缺陷，促使学生进一步巩固基础知识。教师如果能按照书面礼仪规范，灵活运用个性化评语来批改学生的作业，往往能够激发学生强烈的学习兴趣和热情，使教学工作取得事半功倍的效果。

（一）批改作业的礼仪规范

批改作业的礼仪规范具体表现在以下几个方面。

（1）批改作业一律使用红色墨水。

（2）按照教学常规中各学科设置的作业，要求做到全批全改。

（3）批改符号原则上应保持一致，圈画要有规范，自成体系，一目了然。

（4）每次作业，教师应及时地进行批阅，认真评分，所给分数、批改日期，写在学生作业结尾的下一行里。

（5）当学生作业中出现问题时，教师不能只做简单的判断，而应该注意运用多种手段启发学生，引导学生自己发现和纠正错误，不能重批轻改。

（6）作业应尽快批改发还学生，并督促学生详加研读，或加以讲解以发挥批改的效果。这有助于培养学生按时完成任务的责任感和良好的学习习惯。

（7）在批改作业中要善于发现教学中存在的问题并及时补救。要有启发性、鼓励性的批语，以激发学生的上进心。

（8）作业如有错误，教师应予以订正，应指导学生重做或指导学生自行订正直至正确为止。订正的作业，教师同样要进行批改，并标上批改时间。

（9）对书写整洁、解题具有独到之处的学生，教师要有针对性地批注。尽可能地使用鼓励性手段，肯定为主，否定为辅。对于学生作业中新颖的观点或解题方法，无论是否完全正确，教师都应表示出赞赏与鼓励。

（10）针对不同对象采用不同批改方法。对优等生，鼓励他们进行发散性思维；对中等生，重在“点化开导”，帮助其理清思路、总结规律；对差生，则应“关怀备至”，强化其基础知识、基本技能的掌握，唤起他们的上进心，增强学习兴趣。

(11) 批改学生作业，教师应注意字迹工整、认真，以示对学生劳动的尊重，对错题多的学生要进行面批。

(二) 使用评语的礼仪规范

教师批改作业不仅要判断正确，了解学生的认识水平，还要注意对非智力因素的评价。恰当的评语可以激发学生的学习兴趣，强化其学习动机，使其养成良好的学习习惯。带有感情色彩的评语，能使学生感受到教师对他的关爱和希望，从而使学生逐渐产生浓厚的学习兴趣。教师可以用恰当的评语委婉地指出学生作业中的不足。教师在写评语时，要注意语言简洁、明了、自然、亲切，充满期望，富有启发性。事实表明，坚持为学生写出恰如其分又情深意切的批语，使教学信息在传递与反馈中产生最佳效果，能充分调动学生学习的主动性、积极性和创造性。教师的评语应充满爱心，具有启发性和鼓励性，才能显示出教师人性化的礼仪规范。

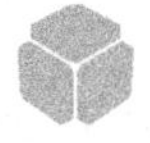

【专栏 6-4】

教师批改作业好评语举例

"你很聪明，如果字再写得好一点，那就更好了！"

"看到你在进步，我很高兴，希望你继续努力。"

"方法太好了，可要细心呀。"

"你肯定有高招，因为你是我的骄傲。"

"你准行！"

"你的进步很大，因为你付出了劳动。"

"看到你在进步，我万分高兴，希望你更上一层楼。"

"还有更好的解法吗？"

"爱动脑筋的你肯定还有高招。"

"解得巧、方法妙。"

"结果正确，但格式正确吗？"

"聪明的你，一定能发现简便方法。"

"搬开你前进的绊脚石——粗心，奋勇前进！"

"和细心交朋友。"

"你的字写得真漂亮，要是能提高正确率，那肯定是最棒的！"

"再细心一些，你准行！"

(三) 批改作业禁忌

1. 反馈时间过长

当前教师的工作量普遍偏重，造成每次作业批改的周期较长，反馈时间短则两三天，一般为四五天，长的竟达一个星期。学生作业中出现的问题不能及时解决，正确的得不到强化，错误的得不到及时改正，实际上已经失去了批改作业的信息价值，从而影响了教学质量。

2. 反馈信息量过小

有的教师批改作业只是“蜻蜓点水”，简单画上对错号，不能认真评论或改正每个学生的作业。等作业发下来，学生看到的只是对错号，却不明白错因，如此反馈，信息量过小，作业利用价值不大。

3. 校正措施不力

因为反馈时间过长，作业返回到学生手中时，已学过几天，加上课业负担较重，学生根本没有时间回头复习旧课以及校正作业中存在的问题，这就形成了问题遗留，违背了学习过程循序渐进的规律。

4. 批改作业情绪化

有的教师批改作业容易随心情的变化而变化：心情好，随便给高分；心情不好，只要作业稍有不满意处，便红“×”满目。这样做，教师的情绪会不经意间影响学生的情绪，影响学生的心理健康。所以，教师批改作业时一定要避免情绪化。

5. 评价多元化不够

一种是“优”泛滥现象，即为了调动学生的学习兴趣和树立学生的自信，只要学生按时完成作业，一律以“优”定论；一种是“优”吝啬的现象，即以“严格要求”为宗旨，作业稍有错误或书面不整洁，便一票否决，与“优”无缘。这两种现象均不可取，教师批改作业时一定要做到评价多元适度，要体现个性化，如使用悲伤的表情、微笑的表情等。

【专栏 6-5】

小学教师个性化评语示例

1. 你是一个乖巧听话的孩子，你有可爱的笑容，做事仔细，热爱学校生活，和小朋友们相处愉快，也尊敬老师，学习认真，但上课不能积极举手发言，做事缺少一些自信心。老师希望你以后要多一点自信，相信自己能行！可以吗？因为你确实很好。

2. 你是一位聪明又懂礼貌的好男孩，每次无论老师在哪儿碰到你，你总是亲切地向老师问好，老师心里好高兴，可是当老师看到你作业本上潦草的字迹、上课经常讲悄悄话和做小动作时，不禁皱眉了。聪明的男孩，下学期你一定不会让老师失望的，对吗？利用暑假好好把钢笔字练练。

3. 知道吗？这学期，你的进步可真大啊！你的每一点进步，老师都为你感到高兴。每次老师表扬时，总有你的名字。你的字漂亮了许多，你那高高举起的小手，你那正确无误的回答，都让老师深切地体会到你在越变越好！继续加油！保持你爱看课外书的好习惯！

4. 你很聪明，也很可爱，但你是个性格极其内向的孩子。你并不比别人差，只因你老是闭着嘴不说话。为什么总是那么胆小？缺乏自信，你已失掉了不少成功的机会。老师希望你以后大胆些，主动些，你一定会取得很大进步的，能做到吗？

高中教师个性化评语示例

1. 你个性沉静，不爱言辞，却是个人缘极好、能与同学融洽相处的可爱男生。悟性高，记忆力强，背诵语文和英语课文是你的拿手好戏，常因此获得同学们的交口称赞。在全校英语背诵比赛上你的翩翩风采给人留下难忘印象。如果你能改掉贪玩、散漫的毛病，把聪明才智多用于数理化的学习上，全面提高各科成绩，将是一个更加优秀、令人羡慕的好学生。

2. 你爱说爱笑，开朗活泼，脸上的表情毫不掩饰内心的喜怒哀乐，这说明你为人坦荡而率直。担任学校的团支部书记，工作做得有声有色，显示了较强的个人素质。学习上，你同样不甘落后，成绩稳中有升。老师相信凭你的聪明才智，再加上勤苦的努力，你一定会成为学生中最优秀的一个。

3. 看似漫不经心，实则聪慧过人。你超凡的记忆力和过人的理解力常常令同学们羡慕不已，数理化成绩一直班级领先，文科成绩也呈上升态势，且拥有尚待挖掘的巨大潜能，的确是一个有很好培养前途的可造之材。老师相信自己的眼光，更希望你坚定必胜的信念，告别慵懒的习性，奋斗三年，描绘出一张理想的人生蓝图，为你自己争光，为东方明珠添彩。

4. 一个聪明活泼、天真单纯又富有才气的可爱男生，常常提出奇思妙想的问题，展示了你非同一般的魅力风采和文学才华。当然，你生性好动，比较贪玩，尤其上课时风凉话不断，对自己听讲和课堂纪律都会造成一定影响，希望你在新的一年里能有所改进，可以吗？

5. 在顺境中遭遇挫折，在挫折中再度崛起，表明你是一个不甘落后、积极上进的学生。你正逐步告别自己懒散的习惯，变得勤学好问，更加关心集体，已得到了全班绝大多数同学的信任和支持。老师为你的成长进步感到高兴。希望你保持这种良好势头，做一个品学兼优的学子。

6. 豁达开朗，笑口常开，让人感到你的确是一个充满活力的阳光女孩。你随和，对人没有心计，故能与同学和睦相处；你有上进心，敢于在公众场合大胆展现自己的才华，故越来越受同学们的尊重，受老师的赏识。尤其是学习上的钻研精神，更让你品尝到学习上成功的乐趣，自信心大大增强。你做事认真，良好的书写记录习惯得到较好的培养，在12月份的大课笔记评比中，你受到孙校长的嘉奖。老师相信，只要你继续保持这种积极的势头，你一定会更加优秀。

7. 你是高一(3)班的一匹快马，校运会上勇夺三项冠军，充分展示了你非凡的个人魅力；学习上你也毫不怠慢，且钻研劲头有增无减，是数学老师喜欢的科代表、全班同学信得过的副班长。当你和同学产生矛盾时，能主动谦让，化干戈为玉帛，表明你有豁达的心胸。希望你继续努力，尤其注意上课听讲这一环节，你的学习成绩将会更上一个台阶。

8. 你生性好动，聪明活跃。课堂上经常能听到你富有“创造性”的发言，老师喜欢你那种敢想、敢说、敢问、敢辩的课堂表现。孙校长亲自为你授奖，就是对你“刻苦钻研、大胆质疑”精神的肯定。你写作能力较强，数、理、化也有不错的基础，是一个有发展前途的好苗子。不过，要成为一名最优秀的学生，马虎、粗心、上课打瞌睡的毛病可得改掉哟。

9. 你担任班上的生活委员，默默付出，使(3)班在全年级的卫生评比中一直领先；你为人诚实、厚道，同学们都乐于与你交往，在班干部民主评议中，你得到的赞成票最多。学习上你虽然尚未达到你理想的目标，但老师相信，只要能静下心来，学会做案头工作，你一定会迎头赶上，取得良好成绩。

10. 明亮的大眼睛透着你的聪颖和睿智，美术绘画、乐器演奏展现了你非凡的才艺。课堂上常常能回答别人难以回答的问题。你设计的班刊图文并茂，内容丰富，多次在评比中获年级第一名。为创办明珠文学社，你出智出力，多方奔走，并使第一期刊物得以面世。老师多么希望你在学习上同样保持高昂的热情，全面提高各科成绩，为今后的成才奠定坚实的基础。

三、试卷点评礼仪

考试是教学评估过程中的一个重要组成部分，教师应充分利用其测量与评价反馈功能，鼓励学生追求真才实学，帮助学生找出学习过程中存在的不足。考试结束以后，教师要对试卷进行批阅和评讲，对试卷作全面分析，对问题进行矫正，让学生从成功中总结经验，从失败中吸取教训。试卷批阅的规范性是教学规范化管理的重要内容，也是教师教学礼仪、态度、素质的重要体现。

（一）试卷批阅的礼仪规范

批阅试卷的礼仪规范具体表现在以下几个方面。

(1) 试卷一律用红笔批阅，批阅标记要清晰，字迹要端正。

(2) 试卷批阅时每部分扣分均应在对应项目处标明。

(3) 试卷每部分得分应在答题纸相应栏目框内注明。

(4) 卷面成绩必须准确，切忌发生加减错误。

(5) 对照试卷参考答案进行批阅，评分标准应统一、严格、规范。应一视同仁，体现教师批阅的公平公正。

(6) 阅卷教师应签名。

(7) 试卷批阅时应做到卷面干净整洁，不宜涂改，更不可在卷面上出现随意加分或减分现象。如确需涂改，务必在修改处签上批阅教师姓名。各项得分栏目框及总分框内数据如有涂改，也应签上教师的姓名。

（二）试卷讲评礼仪

教师讲评试卷，应通过对试卷的分析，抓住学生出错的要害，指导学生掌握解题的思路、方法和规律，使学生不仅能知其然，而且能知其所以然，从而举一反三、触类旁通。讲评试卷时，教师要精心准备，抓住典型，择其要点，精讲精析的同时延伸发散、归纳技巧，更要发挥学生的主观能动性，尽可能地调动他们的积极性。教师讲评试卷应建立在规范、宽容、理解、尊重的基础之上，照顾到每位学生的心理感受，体现出教师的崇高情怀与严谨的礼仪规范。

1. 试卷讲评要备好课

在讲评前，教师应将试题亲自做一遍，搞清楚每一道试题的前因后果，核实每一道试题的答案，不能有丝毫的含糊。如讲评选择题，不仅要搞清楚为什么选择这一项，而且要明白为什么不选其他项。对在哪里，错在哪里，必须清清楚楚，切忌似是而非。教师要明确考查目的，将试题研究透彻，分析失误原因，总结失误类型，备好讲评材料，使讲评达到最佳效果。

2. 试卷讲评要抓住重点

试卷讲评要具有高度的概括性和极强的针对性，讲评重点应该是考试的重点和难点，不仅让学生明确考试错在哪里，应如何改正，而且从各个方面分析出现错误的原因。试卷讲评课不能从头到尾面面俱到、按部就班地讲，而应抓住共性问题，有选择、有侧重，否则既浪费学生的宝贵时间，又难有成效。

3. 试卷讲评要及时

学生考试后，都迫切希望知道哪些做对了、哪些做错了。若拖延一段时间才讲评，学生的迫切心情淡化了，所做的题目也淡忘了，讲评的促进作用会受到很大影响。

4. 试卷讲评要有针对性

为提高讲评的实效性，讲评的目的在于教与学双方通过讲评，发现各自存在的问题，以便在今后教与学的过程中加以解决。试卷讲评课和上新课一样需要教学艺术和技巧，教师必须充分发挥自己的才智，从多方面多角度讲评，切莫把答案公布就完事，要根据学生不同的特点采取有针对性的讲评。

5. 试卷讲评要尊重学生

讲评时，教师要尊重学生，只有这样，才能让学生在平等、信任、理解和宽容的氛围中受到激励和鼓舞，才会激发学生的创造性思维。因此，在讲评试卷时，教师要努力做到在心理上与学生协调一致，做到心平气和，增强讲评的情趣性，努力为学生营造轻松、愉悦的环境。在做总结时，或表扬鼓励，或提醒告诫，都要掌握尺度，切忌只顾分数，不管其他，一味地表扬好学生、批评后进生。应尽量采用多肯定、少责备的方式来总结考试过程中的得失。讲评中应教育学生正确对待考试，正确对待分数。讲评中要注意尊重学生，尽量保护学生学习的积极性，激励学生奋发向上的精神。讲评时要特别看到后进生的点滴进步，及时给予表扬鼓励，让他们树立信心以求上进。

6. *试卷讲评用语要巧妙*

教师要注重讲评技法，采用适当的语言表达方式。教师语言带有鼓励性，可让学生不时感觉到自己的行为得到了教师的肯定，也可采用各式体态语来暗示鼓励。鼓励不仅适用于学习优秀的学生，更适用于学习不够优秀的学生，因为，鼓励是前进的动力，它能给所有的学生带来希望，增强信心。

礼仪实训

一、实训练习

（一）案例分析

李老师听到预备铃一响，就收拾好教材、备课本、教具等，整理好服饰，迈着轻快的步子向教室走去，面带微笑站在教室门口，用亲切温和的目光环视全班同学。

预备铃响了，学生开始安静下来，眼睛看着教室门口，王老师还没有来，学生开始三三两两议论、吵闹开来。王老师迟到了，脸上却呈现出若无其事的神色，既没有向学生表示歉意，也没有向学生说明迟到的原因，在学生猜疑的情况下，就匆匆忙忙开始上课。

请通过这个案例分析两位老师的做法会对课堂产生什么样的后果。

（二）简答题

1. 教师课堂教学礼仪所包含的内容有哪些？

2. 教师课堂提问应注意哪些问题？

3. 教师批改作业的礼仪规范有哪些？

二、实训项目

（一）课堂教学观摩

训练方法：到中小学观摩优秀教师的课堂教学，学习他们遵守课堂教学礼仪的言行，写出心得体会。

（二）微格教学训练

训练方法：8～10人分为一组，每人准备10～15分钟的课堂教学，在微格教室进行练习，对同学的课堂教学礼仪作出评价。

（三）板书设计比赛

训练方法：分小组在规定的时间内进行板书设计，组织评委对各小组展示的板书进行等级名次评比。

第七章　教师校园活动礼仪

学习目标

1. 正确认识校园活动中典礼与仪式在校园活动中的重要性。
2. 掌握校园活动各种不同性质典礼与仪式礼仪规范。
3. 把握具体仪式的特点和礼仪要求。

【案例导入】

中国古代的“开学典礼”

在中国古代，新生入学有隆重的“开学仪式”，“入学礼”被视为人生的四大礼之一，与成人礼、婚礼、葬礼相提并论。古代的儿童一般4至7岁入私塾读书，称为“开书”“破学”或“破蒙”。通常的“开学仪式”包括正衣冠、行拜师礼、净手净心、朱砂开智等内容。

1. 正衣冠

据《礼记》记载：“礼义之始，在于正容体、齐颜色、顺辞令。”因此，古代开学仪式的第一课即是“正衣冠”。古人认为：“先正衣冠，后明事理。”让学生注重自己的仪容整洁，是开学要上的第一课。入学时，新生要一一站立，由先生依次帮学生整理好衣冠，然后，“衣冠整齐”地排着队到学堂前集合。恭立片刻后，才能在先生的带领下进入学堂。

2. 行拜师礼

步入学堂后，先要举行拜师礼。学生先叩拜至圣先师孔子神位，双膝跪地，九叩首，然后是拜先生，三叩首。拜完先生，学生要向先生赠送六礼束脩。所谓六礼束脩，即古代行拜师礼时弟子赠与师父的六种礼物，分别是：芹菜，寓意勤奋好学、业精于勤；莲子，莲子心苦，寓意苦心教育；红豆，寓意红运高照；红枣，寓意早早高中；桂圆，寓意功德圆满；干瘦肉条，以表达弟子心意。“束脩”本意为捆成一捆（十条）的干肉，是古时学生送给老师的报酬。据《礼记·少仪》记载：“其以乘壶酒、束脩、一犬赐人。”

3. 净手净心

行过拜师礼后，学生要按先生的要求，将手放到水盆中“净手”。“净手”的洗法是正反各洗一次，然后擦干。洗手的寓意在于净手净心，去芜存菁，希望能在日后的学习中专心致志、心无旁骛。

4. 朱砂开智

朱砂开智也叫朱砂启智或朱砂点痣，是开学仪式中最后一道程序。具体做法是先生手持蘸着朱砂的毛笔，在学生眉心处点上一个像痣一样的红点。因为"痣"与"智"谐音，朱砂点痣，取的其实是"智"的意思，意为开启智慧、目明心亮，希望学生日后的学习能一点就通。

礼仪是一个国家社会文明程度、道德风尚和生活习惯的反映。重视和开展礼仪教育已成为学校道德和美育的一个重要内容，校园活动礼仪的内容涵盖着社会生活的各个方面。

校园活动礼仪从内容上看，有仪容、举止、表情、服饰、谈吐、待人接物等；从对象上看，有个人礼仪、公共场所礼仪、文明交往礼仪等；从形式上看，主要有常规活动礼仪、庆典礼仪、运动会礼仪、晚会礼仪、舞会礼仪、聚会礼仪等。

第一节　常规活动礼仪

学校组织的常规活动仪式有升旗仪式、开学仪式、颁奖仪式等。

一、升降国旗仪式

中华人民共和国国旗是中华人民共和国的象征和标志，升降国旗仪式是重要的校园礼仪仪式。一般升旗仪式在每周一早晨举行，全体师生着装整洁，在操场上面向国旗列队集合。升国旗、奏国歌时，全体师生神情要庄严肃穆，脱帽肃立，向国旗行注目礼，切忌嬉笑打闹、自由走动。

(一) 升旗

升旗仪式的程序有如下几步。

1. 出旗

旗手持旗，护旗手在旗手两侧，齐步走向旗杆，在场的全体师生立正站立。

2. 升旗

升旗时，奏国歌或唱国歌，全体师生行注目礼。在中小学，少先队员应行队礼。

3. 国旗下讲话

由校长或其他教师作简短而有教育意义的讲话。

(二) 降旗

降旗一般在傍晚进行，可不再举行仪式，由升旗手和护旗手直接将旗降下。此时，态度要认真恭敬，用双手将旗托住，不能将旗触地，也不可随手乱放，以免弄脏国旗，亵渎国旗的严肃性。

在校外遇见升降国旗仪式时，也应立即肃立，向国旗行注目礼，待升降国旗仪式完毕后再继续行走。遇到悼念活动需降半旗时，要先把国旗升到旗杆顶端，然后再降为半旗。

总之，升降国旗一定要符合《中华人民共和国国旗法》，维护国旗的尊严，增强学生国家观念，发扬爱国主义精神。

【专栏 7-1】

国旗的悬挂

国旗是国家的一种标志，是国家的象征。人们往往通过悬挂国旗表示对本国的热爱或对他国的尊重。但在主权国家领土上，一般不得随意悬挂他国国旗。不少国家对悬挂外国国旗都有专门的规定。在国际交往中，还形成了一些悬挂国旗的惯例，为各国所公认，以下为悬挂国旗的类型与方法。

1. 在建筑物或室外悬挂国旗，一般应在日出升旗，日落降旗。有时需要悬旗致哀，如国家元首逝世，通常做法是降半旗，但并不是直接将旗升至旗杆一半，而是先将国旗升起来至杆顶，再下降至距杆顶约 1/3 杆长的地方。也有国家不用降半旗的做法，而是在国旗上方挂黑纱致哀。

2. 悬挂双方国旗。按照国际惯例，以右为上、左为下。这是以旗面本身为准的。若以挂旗人为准，“面对墙壁左为上，右为下”。挂旗人必须面对墙壁，这时左为上，就挂客方国旗，右为下，挂主方国旗。乘车时应记住“面对车头左为上”，左边挂客方国旗，右边挂主方国旗（有的以汽车行进方向为准，则驾驶员右手为上）。所谓主客标准，不以在哪国举行活动为依据，而以举办活动的主方为依据。如果外国代表团来访，东道国举办欢迎宴会，东道国是主人；外国代表团举办答谢宴会，则来访者是主人。

3. 由于国旗是一个国家的标志与象征，代表一个国家的尊严，所以悬挂国旗时，一定不能将国旗倒挂。一些国家的国旗由于文字和图案的原因，不能竖挂和反挂。有的国家明确规定，竖挂时需另制国旗，将图案转正。

4. 注意国旗尺寸。各国国旗图案、式样、颜色、比例均由本国宪法规定。不同国家的国旗有时长、宽比例是不同的，如果用同样尺寸制作，两面国旗放在一起，就会显得大小不一。因此，并排悬挂不同比例的国旗，应将其中一面略放大或缩小，以使旗的面积大致相同。

二、开学仪式

每个新学年开学之际，学校一般都要举行形式不同、规模不等的开学典礼。开学典礼是宣布新学年开始和欢迎新生入学的仪式。在开学典礼上，通常要介绍学校基本情况，进行必要的入学教育，布置学校新学年的工作，动员全校师生为完成新学年的任务而努力奋斗。

(一) 准备工作

1. 发送请帖

学校要在举行开学典礼前一周左右，将请帖送到或寄给当地党政领导和上级有关部门，邀请学校所在地领导和上级有关部门负责人或代表参加。

2. 布置会场

学校要安排专人布置会场，把学校大礼堂或露天会场打扫干净。要制好会标，会标可写“××学校××××年新学年(或新生)开学典礼”或只写“开学典礼”四个大字。会标挂在会场主席台前幕(也称大幕)上边，两侧可配对联。主席台后幕正中挂上国旗，两边各插5面红旗。会堂外可插彩旗、摆放鲜花、放置盆景。此外，会场内外可张贴一些标语，烘托典礼气氛。在主席台上安排若干座位，座位前面放置会议桌，用红布或天蓝色的丝绒围好，主席台前可摆放鲜花、放置盆景。

3. 准备大会发言

开学典礼一般安排校长、教师代表、学生代表发言，并请上级领导同志和有关方面代表讲话，也可安排学生家长代表发言。领导发言或代表讲话，都要事先准备好发言稿或打好腹稿。典礼筹备组应物色好典礼的主持人、学校领导讲话人、上级领导讲话人和有关方面代表的发言人，并按先后次序排好发言名单、发言时间。筹备组还要准备好音响设备、音乐唱片或录音带以及饮料等。

4. 服务工作

典礼筹备组要物色接待人员，安排好迎送来宾的车辆，接待人员中的礼仪小姐可身披礼仪绶带在会场门口接待来宾，为来宾引路、倒茶等。一切与开学典礼有关的准备工作应按时就绪。届时，师生排队入场，分别在指定的位置入座。

(二) 典礼的程序

开学典礼的一般程序是：宣布开会，奏国歌，宣读来宾名单，领导讲话，来宾讲话，代表讲话，奏《国际歌》，宣布大会结束。开学典礼通常由分管教学的副校长或负责学生工作的校党委副书记主持，念完来宾名单后，宣布开学典礼开始。首先，全体起立，唱国歌；然后校长讲话；接着，请上级领导和有关方面代表(包括教师代表、老生代表、新生代表等)讲话；最后，全体起立唱《国际歌》。主持人宣布开学典礼结束。

三、颁奖仪式

为先进集体和个人颁奖，既是对先进集体和个人的一种奖励，也是为了树立学习榜样，扩大影响，促进物质文明和精神文明的建设。

（一）布置会场

颁奖仪式的会场布置，主要应注意以下几点。

1. 营造隆重氛围

颁奖仪式，一般宜安排在较大的礼堂中举行。主席台的正上方，应悬挂标有“××表彰大会”或“××颁奖大会”的横幅；主席台两旁，亦可悬挂与其内容相配的标语；在礼堂周围可布置一些彩旗等。

2. 主席台布置

在主席台上，可按上台人数放几排长桌，在长桌或椅背上，要设置姓名标签，以便有关人员自行对号入座。主席台前沿，可摆放一排花盆，为会场增添喜庆气氛。

3. 受奖人安排

受奖的有关人员，一般在会场的前排入座。如果人数较多，也应在座位上设置姓名标签，以便自行入座。其座次最好能与他们接受颁奖时的先后次序相一致，这样可防止在受奖过程中产生不必要的混乱。

（二）主持人礼仪

颁奖的主持人，一般应是主办单位的负责人。要主持好颁奖仪式，主持人应注意以下几点。

1. 应明确颁奖仪式的程序

颁奖仪式的一般程序大致如下。

① 仪式开始前播放乐曲，要以热烈的气氛欢迎接受颁奖的有关人员入场。

② 尽可能准时宣布仪式的开始。

③ 请有关领导宣读有关命名、颁奖的决定。

④ 举行颁奖，同时播放乐曲。

⑤ 请来宾致贺词。

⑥ 由接受颁奖的有关人员发言致谢。

⑦ 宣布仪式结束，再次播放乐曲，以欢送接受颁奖的有关人员和全体来宾。

2. 应始终保持饱满的热情

当接受命名与颁奖的人员来到会场时，要热情接待，并作礼节性的介绍。当礼仪结束后，也要热情地送行，不能只顾领导干部，而冷落受奖人员。

3. 要善于协调工作

主持人应当始终注意仪式保持隆重与热烈的气氛。当宣布颁奖开始时，主持人应注意提醒有关人员上台，并组织工作人员尽快播出音乐，同时要亲自鼓掌，以鼓励会议参加者一起热烈鼓掌。主持人一定要有审时度势和随机应变的能力。

（三）报告人礼仪

颁奖仪式的报告人是一个重要的角色。报告人的报告，能使与会者对为何要举行命名、颁奖活动及受奖的集体与个人有何主要事迹等有较清晰的了解。报告人在礼仪上主要应注意以下几点。

1. 服饰要整洁、大方和高雅

报告人应该给人以庄重和高雅的感觉，如果穿西装，要求按礼仪要求打好领带。

2. 作报告时，应有良好的礼仪形象

如果报告人身体紧倚着讲台，甚至趴在讲台上，就不符合礼仪。正确的姿势是身体略向前倾，稍微离开讲台。这样的站姿既显得庄重、潇洒，又显得很有礼貌。

3. 讲究语调节奏

一般说来，在宣读命名与颁奖决定时，声音要高昂有力，以表示尊重与祝贺。同时又要注意节奏，必要时略有停顿。在介绍受奖人员事迹时，重要的部分应讲得缓慢些，以便让与会者都能听清楚。

4. 注意报告的内容

报告的内容一定要实事求是，评价要恰如其分，篇幅则不宜过长。

(四) 颁奖实施过程的礼仪

颁奖，是仪式的高潮。主要应注意以下几点。

1. 应事先周密安排

如果颁发锦旗，在仪式开始前，有关人员就应将锦旗挂在主席台最前排桌子面对会场的那一面，使其引人注目。如果是颁发奖状，工作人员应事先做好分工，由专人负责递送。由哪位领导向哪个受奖人颁奖，也应在事先安排好。此外，受奖人员应注意哪些事项，同样要在事先交代清楚。

2. 颁奖时，要忙而不乱

当主持人宣布颁奖开始后，在主席台下的工作人员应把受奖人员（有时还包括授奖人员）井然有序地引上主席台。分工负责的工作人员应迅速将命名状、锦旗或奖状递交给授奖人员。授奖人员在把锦旗、奖状等双手递交给受奖人员时，应主动和其握手，并表示“祝贺”与“希望”。如果颁奖时分有等级，应按规定次序依次进行。

3. 要为摄影和录像提供方便

一般可让记者、摄影师及录像师在仪式开始前就对现场作些观察，以便选择最佳角度，捕捉到最佳画面。

(五) 受奖人的礼仪

为使颁奖礼有条不紊地进行，受奖人员在礼仪上应注意以下几点。

1. 注意仪表服饰

在台上站立要稳健、端庄和大方，要注意自身的仪容美，服饰要整洁。女性如佩戴饰品，不可过多过繁。

2. 听从工作人员的指挥

当工作人员引领时，应当列队上台。在走上主席台时，双目应平视，不要频频左顾右盼，更不要耸肩缩颈或两肩左摇右晃。

3．注意表情姿态

当接受奖品时，要面含微笑，郑重地伸出双手去接，然后腾出右手与授奖者亲切握手，并表示谢意。接着应该转过身来把奖品高高举起，向与会者表示谢意，并施鞠躬礼。当工作人员示意走下主席台时，要予以配合。

第二节　庆典礼仪

举行一次庆典活动并不十分复杂，但是要办得隆重热烈、丰富多彩、具有自己的特色，让人经久不忘，却不是一件容易的事情，需要经过周密的策划和较长时间的筹备。对于学校来说，最常见的庆典活动有开学、毕业、校庆、表彰等。学校最为隆重的庆典应首推校庆。有关庆典礼仪，我们大致分为组织庆典的礼仪和参加庆典的礼仪两方面。

一、组织庆典的礼仪

为搞好庆典，必须做好充分的准备。

（一）成立筹备组

庆典一经决定举行，应马上成立对此全权负责的筹备组。成员通常应当由各方面的有关人士组成，他们应当是能办事、会办事、办实事的人，也可根据具体需要，设公关、接待、财务、会务等若干专项小组，明确分工，各负其责。其中负责礼宾工作的接待小组，大都不可缺少。庆典的接待小组，原则上应由年轻、精干、身材与形象较好、口头表达能力和应变能力较强的男女青年组成。

（二）确定庆典的形式

庆典的形式多种多样，可以根据庆典的缘由、目的，选用正规的大会、宴会、招待会、舞会等形式，要能够体现出庆典的特色。

（三）安排庆典的内容

策划内容要周密细致，以庆祝为中心，把每一项具体活动都尽可能组织得热烈、欢快而隆重，营造一种喜庆而令人激动的气氛，最终给全体出席者带来欢快、愉悦的感受。

（四）进行舆论宣传

选择有效的传播媒介进行广泛的宣传，内容应包括庆典举行的时间、地点，庆典的形式、内容，主办单位的其他相关信息。此外，还需要宴请有关媒体到现场采访、报道，以加强宣传的力度。

（五）确定出席者

庆典的出席人员名单需要精心确定好。应当以庆典的宗旨为指导思想，对出席者进行选择，不可滥竽充数，或是让出席者勉为其难。庆典来宾数量越多，现场越热闹，但每次庆典都有一定的经费限制，也有其庆典的具体目标。因此，一般来说，庆典的出席者主要包括如下人士。

1. 上级领导

地方党政领导、上级主管部门的领导，大都对主办单位的发展给予过关心、指导，邀请他们参加，主要是为了表达感激之情。

2. 社会名流

根据公共关系学中的“名人效应”原理，社会各界的名人对于公众最有吸引力，能够请到他们，将有助于提高主办单位的知名度。

3. 新闻传媒

在现代社会中，报纸、杂志、电视、广播等大众传播媒介的记者，被誉为“无冕之王”。邀请他们参加庆典，主动与其合作，请他们宣传报道主办单位的成就，有助于加深社会公众对主办单位的了解，并取得认同。

4. 教职工代表

教职工是学校的主人，学校每一项成就的取得，都离不开他们兢兢业业的工作。所以，在组织庆典时，教职工代表是理所当然的参加者。

人员的具体名单一旦确定，就应尽早发出邀请或通知。鉴于庆典的出席人员甚多，牵涉面极广，故不到万不得已，均不许将庆典取消、改期或延期。

(六) 选择地点

在选择具体地点时，应结合庆典的规模、影响力以及主办单位的实际情况来决定。主办单位的礼堂、会议厅，单位内部或门前的广场，以及外借的大厅等均可选择。现场的大小应与出席者人数的多少相适应，可稍稍宽敞一些。不过在室外举行庆典时，切勿因地点选择不慎，而制造噪声、妨碍交通或治安。

(七) 布置环境场地

举行庆祝仪式的现场，是庆典活动的中心地点。其安排、布置是否恰如其分，往往会直接影响庆典留给全体出席者的印象的好坏。为了烘托出热烈、隆重、喜庆的气氛，可在现场张灯结彩，悬挂彩灯、彩带，张贴一些宣传标语，并且张挂标明庆典具体内容的大型横幅。在贵宾站立之处铺设红地毯，并在醒目之处摆放来宾赠送的花篮、牌匾。还应提前准备好来宾的签到簿、主办单位的宣传材料、待客的物品等。

(八) 准备音响

在举行庆典之前，务必要把音响准备好。尤其是供来宾讲话时使用的麦克风和扩音设备，在关键时刻绝不允许临阵“罢工”。在庆典举行前后，播放一些喜庆、欢快的乐曲。播放的乐曲应先期进行审查。切勿临场让工作人员自由选择，随意播放，以免出现背离庆典主题的背景乐曲，甚至是一些凄惨、哀怨或不够庄重的乐曲。

（九）接待来宾

凡应邀出席庆典的来宾，绝大多数对主办单位都是关心和友好的。当他们光临时，主人没有任何理由不让他们受到热烈而且合乎礼仪的接待。主办方不仅应当热心细致地照顾好全体来宾，使每位来宾都能心情舒畅，而且还应当通过接待工作，使来宾感受到主人真挚的尊重，并且使每位来宾都能心情舒畅，有宾至如归之感。

接待来宾要做好以下工作。

首先是来宾的迎送，即在举行庆祝仪式的现场迎接或送别来宾。

其次是来宾的引导，即由专人负责为来宾带路，将其送到既定的地点。

第三是来宾的陪同，某些年事已高或非常重要的来宾，应安排专人陪同始终，以便关心和照顾。

第四是来宾的接待，即指派专人为来宾送饮料、上点心以及提供其他方面的关照。

（十）拟定庆典程序

庆典的具体程序，一定要精心拟定。一次庆典举行的成功与否，与其具体的程序关系密切。

1. 拟定程序的原则

拟定庆典的程序时，有两条原则必须坚持。

(1) 时间宜短不宜长。大体上讲，它应以一个小时为限。这既是为了确保其效果良好，也是为了尊重全体出席人员，尤其是尊重来宾。

(2) 程序宜少不宜多。过多的程序，不仅会加长时间，而且还会分散出席者的注意力，并给人以庆典内容过于烦琐、凌乱之感。

2. 庆典的具体程序

依照常规，一次庆典大致上应包括下述几项程序。

(1) 介绍嘉宾。请来宾就座，出席者保持安静，介绍嘉宾。

(2) 宣布庆典正式开始。全体起立，奏国歌。

(3) 主办单位主要负责人致辞。内容包括对来宾表示感谢、介绍此次庆典的缘由等，其重点应是庆典的可“庆”之处。

(4) 嘉宾讲话。大体上讲，出席此次庆典的上级主要领导、协作单位，均应有代表讲话或致贺词。嘉宾讲话应当提前约定好，不要当场当众推来推去。外来的贺电、贺信等，可不必一一宣读，但应当公布其署名单位或个人。公布时，可依照致贺的先后顺序，或是按照其具体名称的汉字笔画的多少依次公布。

(5) 安排文艺演出。安排文艺演出的程序可有可无，如果准备安排，应当慎选内容，注意不要有悖于庆典的主旨。

(6) 来宾参观。如有可能，可尽量安排来宾参观本单位的有关展览或特色等。当然，此项程序有时也可省略。

二、参加庆典的礼仪

参加庆典时,不论是主办单位的人员还是外单位的人员,均应注意自己临场之际的举止表现。其中,主办单位人员的表现尤其重要。

在举行庆祝仪式之前,主办单位应对本单位的全体员工进行必要的礼仪教育,须规定好有关的注意事项,并要求大家在临场时务必严格遵守。主办单位的负责人,尤其是出面迎送来宾和上主席台的人士,更要严格要求自己。因为在庆祝仪式上,真正令人瞩目的,还是东道主方面的出席人员。假如这些人在庆典中精神风貌不佳、穿着打扮散漫、举止行为失当,会对本单位的形象造成不好的影响。按照庆典仪式礼仪的规范,主办单位的人员在出席庆典时,应当严格注意的礼仪问题主要有以下六点。

(一) 仪容服饰

所有出席本单位庆典的人员,事先都要洗澡、理发,男士还应刮光胡须。主办方的工作人员不能蓬头垢面、胡子拉碴、浑身臭汗,必须穿着礼仪性服装,绝不允许在服饰方面自由放任,以保持庆典的庄严隆重。

(二) 遵守时间

遵守时间,是基本的庆典礼仪之一。上到校长书记,下到教职员工,都不得姗姗来迟或无故缺席,中途退场则更不应该。如果庆典的起止时间已有规定,则应当准时开始、准时结束,要向社会证明主办单位言而有信。

(三) 表情庄重

在庆典举行期间,不允许嘻嘻哈哈、嬉皮笑脸,或是愁眉苦脸、唉声叹气,否则会影响来宾对主办单位的看法。在举行庆典的整个过程中,都要表情庄重、聚精会神。倘若庆典之中安排了升国旗、奏国歌的程序,一定要依礼行事:起立、脱帽、立正,面向国旗或主席台行注目礼,并且认认真真、表情肃穆地和大家一起唱国歌。在起立或坐下时,使坐椅发出嘈杂的响声,或一边脱帽一边挠头,或是在此期间走动、与他人交头接耳,都是失礼的行为。

(四) 态度友好

这里所指的主要是对来宾态度要友好。遇到了来宾,要主动热情地问好。对来宾提出的问题,要立即予以友善的答复。不要围观和指点来宾,或是对来宾持有敌意。当来宾在庆典上发表贺词或是随后进行参观时,要主动鼓掌表示欢迎或感谢。此外,还需注意,即使个别来宾在庆典中表现得对主办单位不够友善,或说了几句不太顺耳的话,主方人员也应当保持克制。不允许打断来宾的讲话,向其提出挑衅性质疑,或是对其进行人身攻击。

(五) 行为自律

主方人员有义务以自己的实际行动,来确保本单位庆典的顺利与成功。在出席庆典时,主方人员应时刻注意自己的行为举止。

不要“想来就来，想走就走”，或是在庆典举行期间到处乱走、乱转。

不要有意无意地表示出对庆典毫无兴趣，避免以下行为，如读小说、看报纸、听音乐、玩游戏、打扑克、打瞌睡、织毛衣等。

不要让人觉得自己心不在焉，诸如探头探脑、东张西望，一再看手表或是向别人打听时间。

不要与周围的人说悄悄话、开玩笑，或是朝主席台上的人挤眉弄眼、出怪样。

当本单位的会务人员对自己有所要求时，要“有则改之，无则加勉”，不要一时冲动，或是为了显得自己玩世不恭，而产生逆反心理，做出不合礼仪的行为。

（六）发言简短

在庆典中发言须谨记以下四个重要的问题。

1. 上下场时要沉着冷静

走向讲坛时，应不慌不忙，不要急奔过去，或是慢吞吞的。在开口讲话前，应平心静气，不要气喘吁吁、面红耳赤、满脸是汗或紧张得讲不出话来。

2. 要讲究礼貌

在发言开始，勿忘说一句“大家好”或“各位好”。在提及感谢对象时，应目视对方。在表示感谢时，应郑重地欠身施礼。对于大家的鼓掌，应以自己的掌声来回礼。在讲话末了，应当说一声“谢谢大家”。

3. 要宁短勿长

发言一定要在规定的时间内结束，而且宁短勿长，不要随意发挥甚至信口开河。

4. 应少做手势

含义不明的手势应当少做，尤其在发言时应当坚决不用。

第三节　运动会礼仪

运动伴随人类社会走过了几千年，其强大的健身性和娱乐性让它保持着旺盛的生命力。随着人类社会的发展，运动项目也从传统和单一走向了现代和多样，这不仅反映在其数量上的增多，更体现在其人性化和竞技性的规则上。在学校，体育也是一项极其重要的内容，除了日常的体育课、体育活动以外，一般每年都会隆重举行至少一次全校师生都参与的运动会。在校园运动会举行过程中，主要有三大流程：开幕式、各项比赛和闭幕式。运动会的开幕式和闭幕式礼仪，可参看本章第一节相关内容。本节主要从各项比赛入手，从两类不同的对象，即运动员和师生观众出发，来阐述相关的礼仪要求。

一、观看运动会礼仪

（一）等待比赛

在每场比赛开始前，师生观众应提前几分钟入场，并尽快坐到观众席上等待比赛开始，不要大声喧哗、高声喊叫。在比赛中，如组织啦啦队，可统一着装，并指定专人统一指挥，以确保赛场秩序。

（二）一视同仁

观看比赛应对比赛的双方一视同仁，持公正态度，为双方运动员鼓掌。另外，观众要理智对待输赢，要坦然接受各种可能的比赛结果。

（三）自尊自重

师生观众应礼貌地对待运动员的比赛表现，对偶尔失误的运动员要予以谅解、鼓舞，要爱护公物和环境卫生，不可当场扔东西，不随地吐痰。语言要文明，不可出言不逊，发泄自己的不满，以免损伤运动员的自尊心和自信心。

（四）支持裁判

观众要支持裁判员的工作。体育竞技场面激烈，难免出现判断失误。若裁判出现误判，不应对裁判起哄，以免引起混乱。

（五）文明退场

退场时不要拥挤，要按顺序先后离开观众席。出场后自动疏散，不要围堵运动员或运动员休息室，以免造成秩序混乱。另外，在运动会结束后，又要投入紧张的学习和工作中，切忌不要对身边参加比赛的同学、同事品头论足，尤其是评论或指责他们在比赛中的失误。这样，既损伤他人的自尊，不利于团结，又挫伤了他人参加运动会或其他活动的积极性，不利于今后的活动组织。

二、运动员比赛礼仪

运动会中有很多比赛项目，在不同的项目中运动员的礼仪要求有所差异，但总体而言，运动员比赛礼仪大体有以下要求。

（一）遵守比赛时间

在校运会进行过程中，因比赛项目较多，运动员一定要准确掌握好参赛项目的时间，切勿缺席或临阵退场，当然特殊原因（如受伤、参赛项目时间发生冲突等）除外。遵守比赛时间并认真参加比赛，是运动员礼仪的重要内容。

（二）着装协调

运动员在比赛的过程中，要根据所参赛的项目选择合适的、协调的着装，一般可选择干净、整洁、得体的运动服。着装的协调不仅反映了运动员对比赛的尊重和对本项目的认识，更体现了运动员的礼仪修养。

（三）做好运动前的准备

在比赛前，一定要做好相关运动前的准备，也就是所谓的热身运动。这样，既可以尽量避免不必要的运动损伤，如拉伤、扭伤等，又可以保证比赛顺利进行，保证运动员正常水平的发挥，以取得令人满意的比赛效果。

（四）友谊第一，比赛第二

在比赛过程中，所有的参赛选手都是竞争对手，要彼此互相尊重。千万不能因为追求比赛结果而有敌视和排挤心理，更不能在比赛中出现言语侮辱或身体攻击。这样做不仅有损自身形象，而且会破坏良好的比赛气氛，破坏友谊。正确的礼仪规范应该是坚持友谊第一、比赛第二，尊重所有的参赛选手。

（五）遵守规则

体育运动讲究竞赛规则。作为运动员，首先要了解并遵守相关规则。这些规则不仅能很好地保护运动员的身体，而且对运动员双方都有好处，能使比赛更富有趣味性，并可减少运动员之间的摩擦。

（六）服从裁判

运动员在比赛中非常重要的一项礼仪就是要服从裁判，这也是个人素质的体现，不要对裁判员的裁判提出异议，裁判人员的决定是最终的决定。

（七）比赛时精神集中

运动员在比赛时，一定要保持精神集中，保持心情愉快，展现出高昂的斗志。特别是在进行如接力赛跑这样的团体比赛时，一定要精神集中，保持与同伴间的良好默契，展现出良好的比赛精神风貌。

（八）礼貌地结束比赛

在比赛结束后，无论最后结果如何，都要礼貌地走到对手面前，同他们握手。如果对方获胜，祝贺他们的良好表现；如果对方失利，肯定他们的精彩发挥，并谦虚地表示自己要向他们学习。

第四节　晚会礼仪

晚会礼仪是社交活动中诸如为庆祝节日或有重大意义的纪念日而举行的娱乐性活动所运用的一种交际形式，对于联络感情、加深友谊、扩大社交范围是很有益的。晚会的形式多种多样，不同的晚会由于其本身的特殊性，礼仪要求也有所差异。本节主要介绍校园活动中较为常见的文艺晚会的常见礼仪要求。

一、主办方礼仪

注重文艺晚会的礼仪，就要求主办方在举行晚会前，要考虑节目选择、座位安排、晚会程序和出席注意事项等方面。

（一）节目选择

在节目选择方面，要事先精心安排，要根据来宾的性质、身份、习惯以及双方的相互关系、本地的传统文化和主办方实际能力拟定，以具有本地特色的音乐、歌曲、戏剧、舞蹈为主，宣扬本地的传统文化，必要时可加入一到两个来宾所在地的知名节目或来宾本人喜爱的节目，以照顾来宾的特殊爱好和风俗习惯。在演出前应印制专门的节目单，保证演出时人手一份，简略介绍晚会中每个节目的内容。

（二）座位安排

在座位安排上，来宾座位安排要便于安全保卫，位置要最佳。在学校音乐厅或正规的剧场内观看文艺演出时，通常最好的座位在第七至九排的中间，但一般出于对领导和来宾的尊敬，其座位安排都在最前排。观看演出时，要让宾主集中就座，并且来宾进场、退场要比较方便。

（三）晚会程序和出席注意事项

在晚会程序和出席注意事项上，有如下几个方面应重点注意：一般在演出开始前，要有礼仪小姐、陪同人员在门口迎候，做好相关服务工作，并专门设立休息室，以供宾主稍事休息与交谈；主办方领导（一般是学校相关领导）与来宾共同步入晚会会场时，其他观众应起立鼓掌欢迎；演出结束时，学校领导与来宾要一同上台，向演员献花、见面、合影，之后领导陪同来宾一起退场；在宾主退场后，观众方可离开。当然，这几项可以根据实际情况略有删减。

二、观众礼仪

文艺晚会的另一大主体就是观众。观众在参与晚会、从晚会中获取快乐的同时，也应该清醒地意识到，自己是在参加一项公共活动。要对自身的言行有一定的约束，否则将破坏整台晚会欢快而融洽的气氛，破坏自身的公众形象。因此，观众在观看文艺晚会时也必须遵守相关礼仪，做一个文明的观众。

（一）着装要求

参加晚会，穿着打扮应当文雅大方，不允许身着便装，或穿着过于随意，要穿得干净利索，尤其不能穿着拖鞋出入。观众如果戴帽子，进入晚会现场应该把帽子脱下，以免影响他人的观看。只有这样，才能形成一个和谐、融洽的晚会现场。同样，整台文艺晚会也将因为观众的高素质而更显高雅。

（二）提前进场

受邀参加晚会，必须提前进场就座。如迟到，应等到幕间休息才入场，尽量不要打扰他人，遇他人让路应道谢。在演出期间也不要提前退场。

（三）保持安静

观看演出时不要制造任何噪声。交谈、走动、吃东西、打电话等，都会妨碍演出效果。在观看演出时，尽量做到不说话、不聊天，即使与亲密的人一起观看，也不要把头靠在一起，否则会遮住后排观众的视线；进出座位时，一定要低头弯腰，不影响后排观众的观看。

（四）服从主办方安排

未经主办方的允许，不要拍照、摄像。如果违反了这一规则，不但会影响其他人的观看，而且还有可能会侵犯演出方的权利。当然，校园内的文艺演出一般不涉及此项内容，但出于尊重，需要拍照、摄像的观众应征求主办方的意见并获得批准。

（五）尊重演员劳动

观看演出要充分尊重演员的劳动。不准在观看演出时乱喊乱叫、乱鼓掌、乱跺脚、乱扔东西、乱往台上跑、乱对演员或节目加以评论。演出结束后，观众应向演员鼓掌表示感谢。演员谢幕前，不能提前退席。

手机铃声不断、窃窃私语聊天、吃零食、迟到、在演出进行时走来走去，这是观看文艺演出时常见的五种不文明行为。在观看演出时，很多观众却缺乏对以上行为的认识，从而在晚会现场做出很多失礼的行为，非常不受身边其他观众的欢迎。

在文艺演出过程中，很多观众疯狂地“追星”，也是失礼的行为。尤其是一些年轻观众在观看文艺演出时，看到自己“偶像”的演出，表现出了非常狂热的举动。这些行为显然是对演出者的不尊重，也有损自身形象，应尽量避免。

第五节　舞会礼仪

舞会，又称交谊舞会或交际舞会，是指以社交联谊为主要目的而举办的舞会，是一种高雅而讲究礼仪的社交联谊活动形式。它形式活泼，气氛融洽，格调高雅，宜在节庆日、周末、生日会、婚礼等喜庆礼仪中举行。舞会的形式多种多样，有广场舞会、家庭舞会、校园舞会、生日舞会、婚庆舞会等。在任何舞会活动中，都必须遵循相关舞会礼仪，否则就会出现很多尴尬的场面，既影响整个舞会欢快的气氛，又引起不必要的误会和麻烦，有损自身形象及与他人的友谊。只有懂得并运用好舞会礼仪，才能充分发挥舞会的作用。校园舞会的目的在于联谊和庆祝，校园师生在举办和参与舞会的过程中要遵循以下相关礼仪。

一、总体礼仪要求

（一）举办舞会的时间

根据惯例，校园舞会一般选择在周末、节假日或纪念活动、联欢活动的晚上举行，以免影响学校的正常教学秩序和师生的工作、学习，也便于成功邀请学校领导、教师和来宾出席。舞会一般控制在两个小时左右为宜，普遍认为，晚上7时至9时，或者晚上8时至10时，是最适宜举办舞会的时间。没有特殊原因，一场正规的舞会不宜长于4个小时，而且也不应当延续到子夜时分。

（二）选择适当的场地

校园舞会的场地根据舞会的规模来确定，并考虑到举办地点和舞池状况。舞会举办地点一般选择在学校活动中心，不宜选择校外场地，因为涉及租借费用、安全保障、现场秩序维护等诸多问题。舞池状况则注意大小适度，防止跳舞中障碍物过多或舞者受伤；灯光和音响要适度，避免现场灯光过强或过弱，或有噪音而影响所有人情绪；现场还要提供适当的桌椅，以供舞者休息等。

（三）准备适当的曲目

曲目是舞会的导向和灵魂。在曲目的选择上一定要注意和本次舞会的内容及性质相称，要符合舞者的需要和特点。一般情况下，宜选择大家熟悉、节奏鲜明、旋律优美动听的曲目作为舞曲，照顾到现场的氛围和节奏穿插安排，以满足参与者的不同需要，便于营造舞会不同阶段的气氛与高潮。另外，还要考虑到曲目数量与舞会时间的协调，特别选定最后一支舞曲来宣布舞会的结束，一般以《友谊地久天长》作为结束曲。

（四）舞会的参加人员

一般而言，舞会的参加人员主要可以分为三类，即来宾、主人、工作人员。校园舞会常邀请学校领导、教师、社会人士及相关同学参加，在确定好人数及男女比例后，应提前向参与人员发出邀请，并出好海报。在常用的口头邀请、书面邀请和电话邀请中，以书面邀请最为正规，一般是向对方发出请柬。邀请最好提前一周，便于被邀请者尽早安排。人数限定是为了确保场地的安全与不拥挤。按照惯例，邀请的每位来宾参加舞会时，需请其再邀请一位异性一同前来，保证舞会上男女人数大致相同，以便于相邀共舞。任何一场正式的舞会都必须有一位名义上的主人，校园舞会一般由主办方安排。一般情况下，主人不应当是单身。

（五）做好接待管理

接待工作是校园舞会的重要环节，其中尤其要确定好舞会主持人和接待人员。主持人通常由组织能力强、有文艺方面特长的教师或学生担任，以保证控制、调整现场情绪和气氛。接待人员应当由男女学生组成，并佩戴统一醒目的标志。其职责是迎接来宾，并提供茶水服务等。事先应让接待人员了解来宾姓名、性别和身份等。

二、舞会着装要求

参加舞会，必须穿着整洁得体、合乎礼仪规范，具体而言，主要注意以下几个方面。

（一）适当修饰

参加舞会时，应根据舞会的形式和性质适当修饰一下仪表，不可过分随便，不修边幅。无论男士还是女士，服饰均应整洁、讲究，不可太露太透。要选择与舞会的氛围协调一致的服装。女士则最好穿便于舞动的裙装或穿旗袍，搭配色彩协调的高跟皮鞋。男士一定要头发干净，衣着整洁，一般情况下可以穿深色西装。如果是夏季，可以穿浅色的衬衣，打领带，衬衣最好是长袖的。

（二）准备礼服

一些特殊的情况下，学校也会举办大型正规的舞会。这时的请柬会注明“请着礼服”。接到这样的请柬一定要提早做准备，女士在正式场合要穿晚礼服。有条件且经常参加盛大晚会的女士应该准备晚礼服，偶尔用一次的可以向婚纱店租借。近年也有穿旗袍改良的晚礼服，既有中国的民族特色，又符合中国女性端庄典雅的气质。小手袋是晚礼服的必备配饰，其装饰作用非常重要。另外，穿晚礼服一般要佩戴成套的首饰如项链、耳环和手链。晚礼服是盛装，因此最好佩戴比较贵重的珠宝首饰，在灯光的照耀下，闪光的首饰会为你增添光彩。男士的礼服一般是黑色的燕尾服、黑色的漆皮鞋，正式的场合也需戴白色的手套。参加舞会的男士，头发一定要整洁，并保持口腔卫生，最好用口腔清新剂，因为在跳舞时两人的距离较近，保持良好的形象是个人修养的体现。

三、舞会具体礼仪要求

在舞会上，每位参与者的一言一行看似无关紧要，实则每个细节无不体现舞会礼仪。那么，究竟舞会中具体的礼仪有哪些？又该如何遵循呢？一般来讲，有以下一些内容需要注意。

（一）邀请女方

男方如果要邀请女方跳舞，在舞曲响起以后，要大方地走到女方面前，弯腰鞠躬做出邀请手势，并轻声邀请。女方如有同伴在旁，邀舞者应先向其点头致意，并征求说：“先生，我可以请这位小姐跳舞吗？”在征得同意后，走到女方面前立正，微欠身致意说：“小姐，您是否肯赏光与我跳一支舞？”得到允许后，与女方步入舞池共舞。邀舞时，表情要谦恭自然，不能流于粗俗。万一被人捷足先登或遭到拒绝，均应保持风度，以礼相待。邀请舞伴前最好先适应一下现场气氛，细心观察后做出明智的选择。一般来说，校园舞会中选择舞伴有下列原则：年龄相仿，容易合作；身高相当，以免身高悬殊出现尴尬；舞技相近，有利于双方发挥技艺，相得益彰；希望结识与联络，借邀请之机，以舞为“桥”，加深联络等。

（二）两位男士同时发出邀请时

从国际礼仪的角度考虑不难解决，女士面对两位或者两位以上的邀请者，最能顾全他们面子的做法是全部委婉地谢绝。要是两位男士一前一后走过来邀请，则可以按照“先来后到”的顺序，接受先到者的邀请，同时诚恳地对后面邀请的男士说：“很抱歉，先生，我和你跳下一支舞吧！”并尽量兑现自己的承诺。

（三）当女方主动时

一般情况下，女士是不用主动邀请男士的。但特殊情况下，需要请长者或者贵宾跳舞时，则可以不失身份地表达：“先生，请您赏光。”或者说：“我能有幸请您吗？”

（四）不要轻易拒绝邀请

女士一般不宜随便拒绝别人的邀请，若有领导、贵宾、长者在场时，还应主动邀请。如果实在有困难，必须拒绝男士的邀请时，应婉言表达，并向对方表示歉意，千万不能在同一支舞曲里拒绝了前者的邀请，而又接受后者的邀请，这是非常不礼貌的。当然，邀请者面对拒绝，也应坦然自如，不要再三强迫或表示不满。

舞会是通过跳舞交友、会友、联谊的场合，所以在舞会上女士不要轻易拒绝他人的邀请。当然，女士也可以拒绝个别“感觉不佳”男士的邀请，但千万要注意分寸和礼貌用语，并且要委婉地表达。比如，可以推托“对不起，我累了，想单独休息一会儿”或“我不熟悉这首舞曲”等。

（五）同性不宜共舞

根据国际惯例，两位男士共舞等于宣告他们不愿意邀请在场的任何一位女性，无形中表明他们是同性恋关系。两位女士也应尽量不共舞，尤其是在有外宾的情况下，与会者要注意这一点。

（六）不要总和一个人跳

依照正规的舞会礼仪，结伴而来的一对男女，只要一同跳第一支舞曲就可以了。从第二支曲子开始，大家应该有意交换舞伴，以认识更多的朋友，不要总和一个人跳舞，那样就失去了舞会的交际功能。

（七）要体现男士的绅士风度

舞会上最能体现男士的绅士风度。参加舞会时，男士若带有女伴，则要扮演“十分殷勤”的角色。男士应该先带女伴去见女主人，然后与她跳第一支舞。跳舞中要保持一定的距离，左手轻扶舞伴的后腰（略高于腰部），右手轻托舞伴的右掌，尤其在旋转的时候，男士一定要舞步稳健，动作协调，同舞伴一起享受舞曲的优美。在一支曲子结束后，男士要礼貌地将女士送回原座位，道谢后方可离去，再去邀请其他女士共舞。舞会期间，男士应处处照顾好女伴，最后还应该请舞伴跳末场舞，然后领她一起去和女主人告辞，并送她回家。

男宾若是舞跳得不错，千万不能忘记在舞会进行中适时地分别请女主宾一起跳舞，以表示对她们的尊敬。

如果在舞会上有人将一位女士介绍给一位男士，该男士必须请这位女士跳一次舞，如果这位男士不怎么会跳舞或是跳得不好，也可以征求女士的同意与她一起坐在一旁，不去跳舞。总之，男士应该有礼貌、有绅士风度地对待每一位相识或不相识的女士。

（八）把握好参加和离开舞会的时间

无论是参加何种形式的舞会，遵守时间是重要的礼仪，与会者要准时到达。至于什么时间离开舞会较为合适，一般来说，只要不是跳了一支曲子就走，给人觉得应酬色彩过浓就可以了。当然，如果自己是舞会的主办人或是参加朋友的私人舞会，则必须要坚持到舞会结束后再离开，以表示对此次舞会的支持。

第六节　聚会礼仪

校园聚会的形式多种多样，有班级聚会、社团聚会、毕业生聚会、同乡聚会、校友聚会、联谊会等等。在出席这些聚会之前，了解必备的礼仪和技巧，将可以把握更多的机会，更好地展示自我。

宴请是聚会中最为常见的方式之一，常用的宴请形式有宴会、招待会、茶会、工作进餐等。若出席学校、教师或好友的宴请时，要注意以下几个问题。

一、烟酒礼仪

在聚会一类的活动中，烟酒是需认真应对的重要环节。吸烟和饮酒必须遵守相关的礼仪规范，否则就会洋相百出，直接影响聚会交往效果。一般来说，掌握烟酒礼仪规范，应当重视以下几个环节。

（一）吸烟礼仪

宴席上除备香烟外还应备上烟灰缸。现在提倡公共场所不吸烟，因此有的宴会可省去备烟这一项目。需要吸烟的宾客，需事先征得旁人特别是主人的同意，最好是主动到专设的休息室或吸烟室去吸烟。在较隆重的宴会上，中餐要等到送来水果甜汤后才可以吸烟，西餐要等到喝过咖啡后才能吸烟。烟蒂和烟灰一定不能扔在地上，要放入烟灰缸中。

（二）饮酒礼仪

1. 正确选择酒具

饮用不同类型、品种的酒水应当选择不同式样的酒杯，如饮用葡萄酒要选择葡萄酒杯，饮用冰水要选择冰水杯，饮用果汁要选择果汁杯。为正确选择酒杯，可主动系统地学习有关知识，或在现场效仿他人，即跟随行家或跟随大家进行，出错的概率自然会小些。

2. 正确掌握酒杯拿法

在正式场合，酒杯具体持握方式颇有讲究，要注意姿势和酒温等多种因素。如饮用冰镇香槟酒或加入冰块的白葡萄酒时应手持酒杯杯腿，饮用温度要求稍高的白兰地酒时则手托杯底。在持握酒杯时，应注意避免错误或不雅观的拿法，如双手托杯、手托杯腿、手指搭在杯口以及用手捂住酒杯等。

3. 注意酒水的搭配

所谓搭配是指酒水与酒具、酒水与菜肴、酒水自身所要求的搭配。比如，在正规西餐宴会上，讲究上一道菜换一种酒；不同菜肴与酒水有固定的搭配；饮用白葡萄酒时，应加入一些冰块等。因此，主人最好能多准备些酒。

4. 坚持适量饮用

适量具体体现在两个方面：一是装杯定量，如中餐饮酒通常“酒满敬人”，西餐宴请则切忌满杯，大致以“七分满”为限；二是饮用适量，切忌贪杯和强人所难地劝酒，切忌借酒消愁，一醉方休，以免醉酒误事。

5. 礼貌地祝酒、敬酒

祝酒是酒会的一个重要礼仪程序，正式宴请中主人敬酒，宾客们应回敬。为此，举行或出席酒会或宴请，应事先了解饮酒风俗和出席宾主双方人员身份。祝酒时，主人与主宾先碰杯，目视对方（眼鼻组成的三角区）以示致意，人多时可同时举杯，不一定碰杯。敬酒时，态度要热情，身体要站稳，举起酒杯，以不超过自己眼睛高度为限，待对方饮酒时才跟着饮酒。如规模较大，主办方负责人将依次到各桌上敬酒，而后，每一桌可选派一位代表到主桌向主办方负责人回敬一杯。女士接受他人祝酒时，不一定要举起自己的酒杯，以微笑表示感谢即可，若能稍微喝上一点更好。当为尊贵人物的健康干杯时，酒杯中的酒最好一饮而尽，若自己酒量不行，应事先把握好斟酒的量。

6. 礼貌地谢绝敬酒

不论是中餐还是西餐，在聚会中不会喝酒或不想喝酒的人，都可以有礼貌地谢绝他人敬酒，但至少要喝上一点汽水、果汁或其他饮料，哪怕茶水也行，以使大家尽兴。谢绝他人敬酒有三种方法。其一是主动要一些汽水、果汁等饮料，并说明自己不饮酒的原因。其二是接受对方的少许斟酒，然后用手轻轻推开酒瓶。杯子里的酒可以不喝，这是符合礼仪的。其三是当对方向自己杯中斟酒时，用手指轻轻敲击酒杯的边缘，以表示“谢谢，我不喝酒”。千万不要把酒杯翻过来倒放以谢绝别人的敬酒，更不能把别人敬的酒悄悄倒在地上。当然作为敬酒者，也应根据情况，不可强人所难。

二、饮咖啡的礼仪

咖啡一直是欧美国家诸多饮料中的主角。近年来，随着学校社会化、国际化办学和对外交流的深入和扩大，校园内部和周边的咖啡吧应运而生。在这里饮用咖啡，一方面作为饮料享用，另一方面更重要的是借此进行聚会与交际，甚至借此体现自己的教养与素质。

一般来说，饮咖啡的礼仪主要体现在饮用举止的得体。其中最主要的是在饮用数量、配料添加、饮用方法等方面需多加注意。

（一）饮用数量

聚会中饮用咖啡应注意“两少”，即一次饮用的杯数要少、饮用时入口要少。一般情况下，饮咖啡一杯为好，至多也不应多于三杯。饮用时切忌端起咖啡杯扬脖一饮而尽，或是大口吞咽咖啡，甚至饮用时发出声响。只有一小口一小口地慢慢品尝，才能悟出咖啡妙处，显示优雅举止。

（二）配料添加

在某些情况下饮用咖啡，需根据个人需要和偏好添加诸如牛奶、方糖之类的配料，这时务必牢记“自主、文明”两项基本要求。即自己完全自主添加配料，不要自作主张地为他人添加，甚至强人所难，令对方反感或不快；若他人为自己添加配料时，应当真诚地道谢，不宜责怪或厌烦。另外，在具体操作时应自然大方、温文尔雅，尽量避免不卫生、不得体的做法。

（三）饮用方法

1. 端杯

持握咖啡杯的得体方法是用右手拇指与食指握住杯耳之后，慢慢移向嘴边轻轻地喝，不要发出声响。在正式场合,咖啡都是盛入杯中,然后放在碟子上,若碟中已有溢出的咖啡,切勿拨在地上或倒入口中,可用纸巾将其吸干。若坐在桌子附近饮用,通常只需端起杯子而不必端碟子;如距离桌子较远或站立、走动时饮用,则应用左手将杯、碟一起端起至齐胸高度,再以右手持杯而饮。这种方法既高雅又安全,并可防止溢出杯子的咖啡弄脏衣服。

2. 用匙

咖啡匙是专门用来搅拌咖啡的,在咖啡中加方糖,应当用专用的夹子,而不能用咖啡匙去取,也不要用咖啡匙去用力捣碎已放入杯中的方糖,可轻轻搅拌,促使方糖溶化,但要避免咖啡匙碰撞杯壁发出声响。要喝咖啡时,应当先把咖啡匙取出来放回咖啡碟上,千万不要用它来舀咖啡喝。如嫌咖啡太烫,不能用嘴去吹,而应等它自然冷却,或用咖啡匙在咖啡杯内轻轻搅拌使之冷却。

3. 取食

饮用咖啡时,往往会同时备有一些糕点、水果之类的小食品。取用时,应首先放下咖啡杯,切勿双手左右开弓,一边大吃,一边猛喝。另外,切勿只吃不喝,本末倒置。

4. 交谈

在饮用咖啡时,应适时地与交往对象进行交谈。交谈时务必细语柔声,千万不要大声喧哗、乱开玩笑,更不要与人动手动脚、追追打打,破坏饮用咖啡时的现场氛围。另外,不要在他人饮用咖啡时向其提出问题,若在自己饮用咖啡后讲话,应当用纸巾擦嘴。

三、饮茶礼仪

茶是中国人熟悉和喜爱的一种日常饮料,也是聚会中用以接待亲朋好友的饮品。中国有句老话叫做“茶是话博士”,说的就是以茶待客可以活跃交际气氛,增加宾主交谈的兴致。就聚会中以茶待客或出席茶会而言,饮茶的礼仪主要涉及茶叶品种、敬茶程序、品茶方法等三个方面。

(一)区别茶叶的品种

不同的地区、不同的民族、不同的饮茶者,对茶叶的品种往往会有不同的偏好。一般情况下,江浙人爱喝绿茶,北京、四川人爱喝花茶,东南沿海一带的人爱喝乌龙茶,而欧美人爱喝红茶,尤其是袋装红茶。因此,聚会中首先需要区别茶叶的品种,力求在以茶待客时做到因人而异,投其所好。根据茶叶加工、制作方法的不同,目前我国茶叶可分为绿茶、红茶、乌龙茶、花茶、砖茶、袋茶等不同品种。

1. 绿茶

绿茶茶叶碧绿,茶汤清澈。入口之后,饱含沁人心脾的清香,并且爽口宜人。在夏日饮用,还可以消暑降温。我国闻名遐迩的绿茶有产于浙江杭州的龙井茶、江苏太湖的碧螺春、安徽黄山的黄山毛峰、湖南洞庭湖的君山银针等。

2. 红茶

红茶在冲泡沏水之前色泽油润乌黑，在冲泡沏水之后具有独特的浓香与爽口的滋味，并可暖胃补气，提神益智。一般而言，红茶性温热，故适宜在冬天饮用，而不宜作为夏日饮品。我国最著名的红茶当推产于安徽祁门的祁门红茶。

3. 乌龙茶

乌龙茶的别名叫做青茶。其色泽凝重鲜亮，芳香宜人，不仅可以化解油腻，而且健胃提神，令人心旷神怡。我国著名的乌龙茶有产于南安溪县的铁观音、闽北武夷山区的武夷岩茶等。

4. 花茶

花茶又叫香片，它是以绿茶经过香花熏制而成的茶叶。它的最大特点是，冲泡沏水之后芳香扑鼻，口感浓郁，味道鲜嫩。一年四季之中，都可以饮用花茶。

5. 砖茶

砖茶又叫茶砖，它是特意将茶叶压紧之后制作而成的一种类似砖块形状的茶叶品种，它颇受一些少数民族的喜爱。多用于煮饮，尤其是添加奶、糖等之后煮饮。

6. 袋茶

袋茶并不是茶叶的某一品种，而是为了饮用方便，将绿茶、红茶、乌龙茶或花茶等装入纸袋之内，饮用时只需将纸袋置于杯内，然后冲泡即可。袋茶是一种茶的方便饮品。

（二）掌握敬茶的程序

一般来说，要注意的是上茶规矩、敬茶方法以及续水时机这三个程序。

1. 遵守上茶的规矩

合乎礼仪的做法是：先为客人上茶，后为主人上茶；先为主宾上茶，后为次宾上茶；先为领导上茶，后为部属上茶；先为女士上茶，后为男士上茶；先为长辈上茶，后为晚辈上茶。如果来宾甚多，且均为比较熟悉的教师和同学，可采取下列上茶顺序：以上茶者为起点，由近而远依次上茶；以进入客厅之门为起点，按顺时针方向依次上茶；以客人的先来后到为先后顺序，由饮用者自己选用。

2. 讲究敬茶的方法

以茶待客时，应当借上茶机会向客人表达自己的谦恭与敬意。应双手端着茶盘进入客厅，将茶盘放在邻近客人的茶几上或备用桌上，然后右手拿起茶杯的杯托，左手附在杯托附近，从客人的左后侧双手将茶杯递上去。茶杯放置到位之后，杯耳朝向外侧。若使用无杯托的茶杯上茶时，应双手捧上茶杯。上茶的同时，应轻声告之：“请您用茶！”若对方道谢应回答一声：“不客气。”如打扰了客人，不忘道一声：“对不起。”另外，我国古时流传下来有以三请茶作为暗示送客的做法，因此，在招待老年人或海外华人时，要注意，不能一而再、再而三地请其喝茶。

3. 掌握续水的时机

为客人端上第一杯茶时，通常不宜斟得过满，更不能使茶叶外溢。得体的做法应当是斟到杯身的三分之二处。客人喝过几口茶后，应为之续水，绝不可让其杯中茶水见底。为来宾续水时应以不妨碍对方为佳，续水不要续得过满，也不要使自己的手指、茶壶或者水瓶碰到茶杯。如有可能，续水时在茶壶或水瓶的口部附上一块洁净毛巾，以防止茶水溢出。

（三）掌握品茶的方法

在聚会活动中，饮茶应当文明、礼貌，做到态度谦恭，注意细心品味。

1. 态度谦恭

以茶待客是一种礼仪，客人在接受款待的时候，应该对主人表现出谦恭与敬意。当主人向你征询“想喝什么”时，如果没有什么特别的禁忌，可以告知“随便”。如果自己不习惯饮茶，应向主人说明。若自己尚未说明而茶水已经递上，可以不饮用，千万不要面露不快或责怪。对方为自己上茶、续水时，应当面带微笑，点头致意，或者欠身施礼。不喝的凉茶、剩茶，千万不要随手泼洒在地上。在与交往对象谈话时，不要突然转而饮茶，或突然转向其他对象，要在谈话结束或告一段落之后，才可借此机会喝一口茶水或转向其他人。

2. 认真品味

饮茶时应懂得悉心品味，因为这不仅体现聚会者自身的修养，而且也是待人接客的一种礼貌做法。饮茶应当小口小口地品尝，切忌大口吞咽、一饮而尽，切忌口中发出“咕噜咕噜”的声响，或茶水顺着腮帮子直流。正确的饮茶方法是：以右手端起茶杯杯耳，或以右手手握无杯耳茶杯的中部，左手端起杯底，切忌将茶水带茶叶一并吞入口中，不可用手去杯里捞出茶叶来扔在桌上或地上，也不要吃茶叶，更不能将口中的茶叶吐入杯中。饮盖碗茶时，可用杯盖轻轻将漂浮在茶水之上的茶叶拂去，不要用口吹。若茶水太烫的话，也不要去吹，最好是待其自然冷却。饮用红茶和奶茶时，不要用茶匙舀茶，也不要将其插放在茶杯中，不用时可将其放在杯托上。如主人告知所饮的茶是名茶，则应仔细观赏一下茶水，并在饮用后加以赞赏，不要随口贬低或说些令主人不快的话语。

四、吃水果的礼仪

聚会上，一般都要吃些水果。非正式场合，吃水果可以随便些，而在正式场合，吃水果就要讲究礼仪了。通常水果应多预备几种以便使客人有选择的余地。洗净后的水果装在盘内端上来时，应备好清洁的水果刀或成套的水果餐具。不要主动为他人削、剥水果，也不要拿着削好、剥好的水果硬塞给别人吃，因为这样做既不卫生，又不礼貌。现在为方便大家，通常是端上事先去皮切块的水果，如西瓜、哈密瓜、香瓜、苹果、梨、菠萝等，插上牙签，以便大家拿牙签戳着吃。草莓等可洗净放于盘中，用匙或叉取食。甜橙可洗净后带皮切块装盘，客人用手或用牙签拿了吃，吃完后把皮放入果皮盆。如果所食水果有核，不能直接将核吐在桌上，而应用手或餐巾遮口，把果核吐在手中或餐巾中，再放到果皮盆里。吃水果应小口地吃，不要一下子把嘴塞满，也不能边吃边谈，更不能把果皮果核乱吐乱扔。西餐中，在吃水果前，通常要送上洗手钵，水面上常撒有花瓣，专供洗手用。但要注意，千万不能把整个手伸进去洗，只能洗手指尖。洗毕，用餐巾擦干手，再吃水果。同样，吃完水果，也应当洗手指，再用餐巾擦干，而不能直接用餐巾擦。吃核桃一类的坚果时，不能放在嘴里直接用牙咬，而应当用专用的锤子或夹子把果壳敲开，再用专用的夹子取食。

礼仪实训

一、实训练习

(一) 判断以下说法的正误

1. 运动员在比赛中要根据参赛项目选择合适的、协调的服装。 ( )
2. 一般而言，一场正规舞会不宜长于 4 个小时。 ( )
3. 女士在舞会中可以随便拒绝别人的邀请。 ( )
4. 舞会中两个男士不能共舞，但女士是可以的。 ( )
5. 咖啡匙是用来舀咖啡喝的。 ( )

(二) 案例分析

工作了一天，李老师和王老师收拾好东西，一边谈着一天的情况，一边从办公室走出来。从操场边经过的时候，正在举行降旗仪式，他们继续走着、谈着，直至出了校门。

请评析这两位老师的做法是否符合礼仪规范。

(三) 简答题

1. 简要叙述运动会的礼仪要求。

二、实训项目

(一) 颁奖仪式模拟训练

训练方法：模拟颁奖仪式，掌握颁奖仪式礼仪程序，分组负责现场布置与颁奖道具准备；模拟颁奖小姐、获奖单位、引领小姐、颁奖领导嘉宾等。

(二) 举办校园舞会

训练方法：根据舞会举办的总体礼仪要求，成立舞会举办小组，举办一场周末校园舞会。

(三) 举办文艺晚会

训练方法：成立文艺晚会小组，就晚会的节目选择、座位安排及举办的有关程序进行实际训练。

第八章　教师公共场所礼仪

学习目标

1. 掌握办公室着装和称呼礼仪。
2. 了解图书馆基本礼仪。
3. 了解会议礼仪的基本要求。
4. 掌握其他场合的各种礼仪规范。

【案例导入】

有一次，王老师陪同一位外籍教师去学校图书馆参观，图书馆阅览室里座无虚席，同学们都安静地坐着看书。两人往里面走了几步，那位外籍教师却突然站住不走了。王老师奇怪地问他怎么了，做出邀请他继续往里走的手势。要知道这所大学的图书馆是以历史悠久、建筑宏伟、环境幽雅著称的，其历史最早可以上溯到清末湖广总督张之洞创办的“自强学堂”图书室，而其正式建馆也已近九十年。学者们来这所大学，几乎都要参观这间著名的图书馆。

而那位外籍教师却仍然站在原地不动。他指了指自己的脚，摆了摆手，又朝周围正在埋头学习的同学看了看。王老师还没有明白过来，只见外籍教师突然蹲下身去，迅速地把自己脚上穿着的皮鞋脱掉了！然后他把皮鞋拎在手里，脸上浮现出心安理得的神情，光着脚继续往里走。原来他担心自己的皮鞋走在木地板上发出声音会干扰同学们的学习！

校园场景，包括办公室、会议室、图书馆及洗手间、楼梯电梯等，是教师活动的重要场所，应遵循一些规则及礼仪，使每个人彬彬有礼。

第一节　办公室礼仪

办公室礼仪，是校园场景礼仪中常见的内容，也是办公室礼仪文化的重要组成部分。办公室就是单位的门面，关系到单位的形象，而遵守办公室的礼仪不仅是对同事的尊重，更是每个人为人处世、礼貌待人的最直接表现。

一、办公室礼仪的基本要求

办公室礼仪中主要有以下几个方面需要重点注意。

(一) 办公室衣着礼仪

在办公室礼仪当中,衣着占据了相当重要的地位。衣着虽然是静态的,但通过穿衣风格,基本可以看出一个人的内涵、品位、修养、做人的态度,以及对他人的尊重。

办公室衣着要符合教师身份,至少要遵循以下几点原则。

1. 整洁

平时的服装并非一定要高档华贵,但需保持清洁,并熨烫平整,穿起来才能大方得体,显得精神焕发。整洁并不完全为了自己,更是尊重他人的需要,这是良好仪态的第一要领。男教师最宜着西装、中山装、夹克衫、衬衣等。禁穿背心、短裤、文化衫、拖鞋。女教师应着夹克衫、衬衣、长裤、裙子,禁穿无领无袖、薄露透短或开线、破损的服装;着裙装应穿肉色长筒袜;禁穿拖鞋和带响声的高跟鞋等。

2. 协调

在办公室服饰穿着要协调,学会在适当的时候穿适合的衣服。男教师不蓄发留须,女教师不浓妆艳抹;染发不过于夸张;饰品饰物大方得体,不宜过多,走起路来摇来摇去的耳环会分散他人注意力,叮当作响的手镯也不宜佩戴。

3. 色彩

不同色彩的衣服会给人以不同的感受,如深色或冷色调的服装让人产生视觉上的收缩感,显得庄重严肃;浅色或暖色调的服装会有扩张感,使人显得轻松活泼。因此,可以根据不同需要选择和搭配不同色彩的衣服。

4. 细节

除了主体衣服之外,鞋、袜、手套等的搭配也要多加考究。如袜子以透明近似肤色或与服装颜色协调为好,带有大花纹的袜子不可登大雅之堂。正式、庄重的场合不宜穿凉鞋或靴子。黑色皮鞋适用最广,可以和任何服装相配。

(二) 办公室称谓礼仪

语言是双方信息沟通的桥梁,是双方思想感情交流的渠道。语言在人际交往中占据着最基本、最重要的位置。语言作为一种表达方式,能随着时间、场合、对象的不同,而表达出各种各样的信息和丰富多彩的思想感情。说话礼貌的关键在于尊重对方和自我谦让。

每个人都希望得到他人的尊重,且人们比较看重自己业已取得的地位。对有头衔的人称呼他的头衔,就是对他莫大的尊重。直呼其名仅适用于关系密切的人之间。你若与有头衔的人关系非同一般,直呼其名来得更亲切,但若是在公众和社交场合,还是称呼他的头衔更得体。对于知识界人士,可以直接称呼其职称。但是,关于学位,除了博士外,其他学位就不能作为称谓来用。

要做到说话礼貌,必须做到以下几点。

1. 敬语及其运用

敬语,是表示尊敬的礼貌词语。除了礼仪要求之外,多使用敬语还可体现一个人的文化修养。日常生活中使用敬语的场合有:比较正式的场合;与师长或身份、地位较高的人的交谈;与人初次打交道或会见不太熟悉的人;会议、研讨会等公务场合等。

我们日常使用的“请”字,第二人称中的“您”字,都是敬语。还有一些常见用法,如初次见面称“久仰”,很久不见称“久违”,请人批评称“请教”,请人原谅称“包涵”,麻烦别人称“打扰”,托人办事称“拜托”,赞人见解称“高见”等,都是敬语。

2. 谦语及其运用

谦语,与敬语相对,是向人表示谦恭和自谦的词语。谦语最常见的用法是在别人面前谦称自己和自己的亲属。例如,称自己为“愚”,称亲人为“家严”“家慈”“家兄”或“家嫂”等。自谦和敬人,是一个人不可分割的统一体。尽管日常生活中谦语使用不多,但谦恭和自谦的精神无处不在。只要你在日常用语中表现出你的谦虚和恳切,人们自然会尊重你。

3. 雅语及其运用

雅语是指一些比较文雅的词语。雅语常常在一些正规的场合以及长辈和女性在场的情况下,被用来替代那些比较随便甚至粗俗的话语。多使用雅语,能体现出一个人的文化素养以及尊重他人的文明素质。比如在待人接物中,若是正在招待客人,在端茶时应该说“请用茶”。

雅语的使用不是机械的、固定的。在办公室里,不能由于大家天天见面就省略问候语。“您好”“早安”“再会”之类的问候语要经常使用,不厌其烦。同事之间不能称兄道弟或乱叫外号,而应以姓名相称。对领导和前辈则可以用“老师”或其职务来称呼,最好不要与他们在大庭广众之下开玩笑。同事间一律称呼老师,尤其是在学生面前不要称呼其名字、简称、昵称。每个办公室对于称呼某人名字或者是称呼他的头衔都有固定的习惯,新教师要遵循习惯,注意别人称呼的方式。

(三) 办公室行为礼仪

1. 与人保持适当距离

说话通常是为了与别人沟通思想,要达到这一目的,首先必须注意说话的内容;其次必须注意说话时声音的轻重,使对话者能够听明白。这样,在说话时必须注意保持与对话者的距离。从礼仪上说,说话时与对方离得过远,会使对话者误认为你不愿向他表示友好和亲近,这显然是失礼的。然而,如果在较近的距离和人交谈,稍有不慎就会把唾沫溅在别人脸上,这是最令人讨厌的。有些人因为有凑近和别人交谈的习惯,又明知别人顾忌被自己唾沫溅到,于是先知趣地用手掩住自己的嘴,然而这样做形同“交头接耳”,样子难看也不够大方。因此,从礼仪角度来讲,一般保持一两个人的距离最为适合,这样做,既让对方感受到亲切的交谈气氛,又保持了一定的“社交距离”。

2. 注意交流的内容

交谈一般选择大家共同感兴趣的话题,但是,有些不该触及的问题,比如对方的年龄、收入、个人物品的价值、婚姻状况、宗教信仰、他人隐私等,还是不谈为妙。打听这些是不礼貌和缺乏教养的表现。

3. 行为要多加检点

要尊重在一起工作的女同事,不能同她们拉拉扯扯、打打闹闹。在工作中要讲男女平等。一切按照社交中女士优先的原则去做,势必会让女同事高兴。

尽量不要在办公室里吸烟,女性更不要当众表演自己擅长的化妆术。如很想吸烟或需要化妆,则应去专用的吸烟室或化妆间。若附近没有这类场所,可以借助于洗手间。

4. 遵守办公纪律

除了上课及因公外出,办公时间最好不要离开办公室。另外,工作时间看与工作无关的书报、吃零食、打瞌睡等也是不礼貌的。私人电话接起来没完没了会招致同事们的白眼,而坐在办公桌上办公或将腿整个跷上去的样子都是很难看的举止。

接待来访者要平等待人,不论其是否有求于自己。回答来访者提出的问题要心平气和,面带笑容,绝不能粗声大气,或者以拳头砸桌子来加重语气。

去别的办公室拜访同样要注意礼貌,一般需要事先联系,按时赴约,经过许可方可入内。在别的办公室里,没有主人的提议,不能随便脱下外套,也不要随意解扣子、卷袖子、松腰带。未经同意,不要将衣服、公文包放到桌子和椅子上,公文包很重的话,则放到腿上或身边的地上。不要乱动别人的东西。在别的办公室停留的时间不宜太久,初次造访以20分钟左右为宜。

(四) 电脑礼仪

电脑是现代人工作的重要工具,使用电脑也不只是开机、关机、上网那么简单,它也能体现一个人的素质和教养。

要爱护学校的电脑,平时要擦拭得干干净净;擦拭显示屏时,注意不要为了干净用湿抹布一擦了之,以至于损害屏幕;不用时正常关机,不要丢下就走;外接插件时,要正常退出,以避免数据丢失、电脑崩溃等故障。

在学校使用电脑,不要做与工作无关的事情,如打游戏、网上聊天等,这样既违反学校规章制度,慢慢地还会导致自己业务落伍。

很多学校不允许教师在公用电脑上打游戏、网上聊天,但仍有人私自玩,或用学校的内部网络开网吧,占用学校机房设备为自己谋利,这些都是违反学校规章制度的。

电子邮件在给人们带来方便的同时,也带来了礼仪方面的新问题。有的电子邮件充斥着笑话、垃圾邮件和私人便条,与工作相关的内容反而不多。我们应当讲究有关电子邮件的礼节,别让电子邮件出笑话。

二、办公室礼仪的禁忌

在办公室中,有如下礼仪禁忌需要特别注意。

(一) 过分注重自我形象

办公桌上摆着化妆品、镜子和靓照，还不时补补妆，不仅给人工作不努力的感觉，且众目睽睽之下不加掩饰实在有伤大雅。

(二) 使用公共设施缺乏公共观念

单位里的一切公共设施都是为了方便大家，以提高工作效率，打电话也好，传真、复印也好，都要注意爱惜和保护公共设施。不要在办公室里聊天，以免影响他人工作。

(三) 零食、香烟不离口

女士大都爱吃零食，只是工作时要把"馋虫"藏好，尤其有旁人在场和接听电话时，嘴里万万不可嚼东西。至于那些爱吸烟的男士，在公共场合也应注意尊重他人，不要随意抽烟污染环境。

(四) 形象不得体

坐在办公室里，浓妆艳抹、暴露过多，或衣着不整、品味低俗，都属禁忌之列。工作时，语言举止要尽量保持得体大方，过多的方言土语、粗俗不雅的词语等都应避免。无论对上司、下属还是同级，都应该不卑不亢，以礼相待，友好相处。

(五) 把办公室当自家居室

中午自带的饭盒用微波炉加热一下，再煮点小菜做汤，一顿挺丰盛的午餐有了，饭后再将餐具之类随手一放……可下午上班后，同事们要在这种充满菜味的屋子进进出出，感觉实在不妙。

(六) 高声喧哗，旁若无人

有什么话慢慢讲，旁若无人地高声说话是失礼的行为。

(七) 随便挪用他人东西

未经许可随意挪用他人物品，事后又不打招呼的做法，实在没有教养。至于用后不归还原处，甚至经常忘记归还的，就更为人鄙视了。

(八) 偷听别人讲话

两人私下谈话，你却停下手中工作，伸长两只耳朵；别人在打电话，你两眼紧盯打电话的人，耳朵灵得像兔子。这会使你的形象大打折扣。有可能的话，此时还是暂且回避一下为好。

(九) 对同事的客人表现冷漠

无论是谁的客人，踏进办公室的门，就是大家的客人，而每一个人都是当然的主人。做主人的，三言两语把客人打发掉，或不认识就不加理睬，都有失主人的风度。

第二节　图书馆礼仪

“营造书香校园，丰富人文底蕴。”图书馆是教学科研辅助单位，面向全校甚至更广大范围的师生读者。所以，图书馆属于高雅服务场所，既是传播文化的地方，也应当是崇尚文明的地方。因此，教师在图书馆，从着装到表情，从言语到动作，都应表现出朝气蓬勃、精力充沛的面貌，为图书馆营造愉悦的工作氛围，营造舒适的学习环境。宽敞的房间、明亮的灯光、丰富的图书、安静的环境，可以让人平心静气地专注于书本，学习效率比较高。很多人偏爱到图书馆里学习，图的就是这份幽雅、宁静，既然大家怀揣同样的心愿，那么教师们在图书馆内学习时也要注意自己的言行，共同维护这方宁静的圣土。

一、图书馆礼仪的基本要求

（一）轻、静

一个“静”字，作为一种警示，告诫每个走进图书馆的读者应保持图书馆内的安静，要求读者做事要轻手轻脚，说话要轻声细语，杜绝大声说话。如果穿硬底钉有铁掌的皮鞋进入图书馆时，要尽量放轻脚步以免影响他人。如果在图书馆遇到熟人，不宜交谈，只需点头示意即可，若真的有话要说，请离开阅览室再说。进入图书馆应把手机关掉或者调成静音，手机时不时铃声大作，不仅自己没法好好学习和看书，还影响到别人，这种行为极不礼貌。

（二）洁、净

应注重个人仪表的整洁。图书馆是公共场所，读者应注意自己的仪表礼仪，培养自己的良好习惯，塑造自己的最佳形象。到图书馆、阅览室学习，要衣着整齐干净、大方得体，不能穿背心、吊带和拖鞋入内，不要披衣散扣。绝不允许赤脚进图书馆，应保持双手干净，这样翻书时才不会把书弄脏。

保持馆内环境的干净。在阅览时，不要乱扔纸屑，不随地吐痰，不吃零食，这些都是有悖于文明礼貌的行为。

（三）雅、敬

进入图书馆，应自觉排队，不拥挤，不争先恐后，并注意使用“您好”“请”“谢谢”等礼貌用语。就座时，最好不要为自己的同事预占位置，也不要去抢占暂时离开的读者座位。要看清注意事项和索书条上的要求，然后填写索书单。递交索书单后要耐心等待，不要站在台前催促，以免影响工作人员的工作。

要爱护图书馆里的公共设施。图书是公共财产，不能为了个人或小集体的需要而损坏属于大众的图书。不少人看书时有折角、在书上画重点号或其他标记的习惯，但对图书馆的书不能这样做。至于有意把自己需要的资料、图片撕下来，则更为恶劣。一旦发现这种情况，工作人员都会严肃处理。轻者批评教育，重则加倍赔偿。如果是珍贵书刊，还要依法从严处理。现在，较大的图书馆都在逐步发展复印和照相等业务，如果因工作关系确实需要某种资料，可以在图书馆里进行静电复印或照相，绝不可为了占有资料而不惜损毁图书。

对图书馆和阅览室内的桌椅板凳也应注意爱护。不在桌、台上乱刻乱画，坐着时不要摇摆凳子。即使人很少，也不能利用空座位躺卧休息和睡觉。离馆时，应把图书放回原处，不能随便摊放在桌子上，并自觉把桌椅恢复到原位。

（四）快、速

图书要及时归还。“图书的价值在流动之中。”每一个求知者都应自觉地把图书发挥到最大的效益。当自己借到一本急需的图书时，应抓紧时间看完。特别是一些“热门书”，更应该速看速还，以免影响他人借阅。借到好书就想占为己有、迟迟不还，这是缺乏社会公德的表现。

图书馆是校园神圣的一角，在图书馆的学习礼仪反映了读者的学习态度和道德涵养，只有自觉遵守才能正确汲取知识。

二、在图书馆要注意的事项

在图书馆阅读，需要注意的事项有十个方面。

（1）不大声说话或通电话，不与旁人窃窃私语。

（2）走路时鞋子尽量不发出声音。

（3）不要不停地按手机键发短信。

（4）不和身旁的异性打情骂俏。

（5）不吃东西，不嚼口香糖。

（6）不用任何东西占位，不把自己的包放在旁边暂时没有人的座位上。

（7）爱惜图书，不在书上标记或折页。

（8）看完的书籍按照要求放在图书馆规定的位置上。

（9）离开图书馆时把自己的位子清理干净，将座椅向书桌靠拢。

（10）借书、还书时认真排队。

第三节　会议室礼仪

举行正式会议时，通常应事先排定与会者，尤其是其中重要身份者的具体座次。越是重要的会议，其座次排定往往就越受到社会各界的关注。有关会场排座的礼仪规范，不但要有所了解，而且必须认真遵守。在实际操办会议时，由于会议的具体规模不同，因此其具体的座次排定便存在一定的差异。

一、小型会议

小型会议，一般指参加者较少、规模不大的会议。它的主要特征是全体与会者均应排座，不设立专用的主席台。小型会议的排座，目前主要有以下三种具体形式。

（1）自由择座。基本做法是不排定固定的具体座次，而由全体与会者自由地选择座位就座。

（2）面门设座。一般以面对会议室正门之位为会议主席之座。其他的与会者可在其两侧自左而右地依次就座。

（3）依景设座。这是指会议主席的具体位置，不必面对会议室正门，而是应当背靠会议室内的主要景致之所在，如字画、讲台等。其他与会者的排座，则略同于前者。

二、大型会议

大型会议，一般是指与会者众多、规模较大的会议。它的最大特点是会场上应分设主席台与群众席。前者必须认真排座，后者的座次则可排可不排。

（一）主席台排座

大型会场的主席台，一般应面对会场主入口。在主席台上的就座者，通常应当与在群众席上的就座者呈面对面之势。在主席台每一名成员面前的桌上，均应放置双向的桌签。

主席台排座，具体又可分为主席团排座、主持人坐席、发言者席位三类。

（1）主席团排座。主席团，在此是指在主席台上正式就座的全体人员。目前，国内排定主席团位次有以下三个基本规则：一是前排高于后排；二是中央高于两侧；三是左侧高于右侧。

（2）主持人坐席。会议主持人，又称大会主席。其具体位置有三种方式可供选择：一是居于前排正中央；二是居于前排的两侧；二是按其具体身份排席，但不宜令其就座于后排。

（3）发言者席位。发言者席位，又叫做发言席。在正式会议上发言者发言时不宜就座于原处发言。发言席有以下两个常规位置：一是主席团的正前方；二是主席台的右前方。

（二）群众席排座

在大型会议上，主席台之下的一切坐席均称为群众席。群众席的具体排座方式有以下两种。

（1）自由式择座。即不进行统一安排，而由大家各自择位而坐。

（2）按单位就座。它指的是与会者在群众席上按单位、部门或者地位、行业就座。它的具体依据既可以是与会单位、部门名称汉字笔画的多少或汉语拼音字母的顺序，也可以是平时约定俗成的序列。按单位就座时,若分为前排后排,一般以前排为高,后排为低;若分为不同楼层,则楼层越高,排序越低。

在同一楼层排座时,又有两种普遍通行的方式:一是以面对主席台为基准,自前往后进行横排;二是以面对主席台为基准,自左向右进行竖排。

三、主持人的礼仪

各种会议的主持人,一般由具有一定职位的人来担任,其礼仪表现对会议能否圆满成功有着重要的影响。主持人应衣着整洁,大方庄重,精神饱满,切忌不修边幅、衣冠不整。走上主席台应步伐稳健有力,行走的速度因会议的性质而定。入席后,如果是站立主持,应双腿并拢,腰背挺直。单手持稿时,右手持稿的中部,左手五指并拢自然下垂;双手持稿时,应与胸齐高。坐姿主持时,应身体挺立,双臂前伸。主持过程中,切忌出现搔头、揉眼、抖腿等不雅动作。主持人言谈应口齿清楚,思维敏捷,简明扼要。主持人应根据会议性质调节会议气氛,或庄重沉稳,或活泼轻快。主持人对会场上的熟人不能打招呼,更不能寒暄闲谈,可在会议开始前或会议休息时间点头、微笑致意。

四、会议发言人的礼仪

会议发言有正式发言和自由发言两种,前者一般是领导报告,后者一般是讨论发言。正式发言者,应衣冠整齐,走上主席台应步态自然、刚劲有力,体现一种成竹在胸、自信自强的风度与气质。发言时应口齿清晰,讲究逻辑,简明扼要。如果是书面发言,要时常抬头扫视一下会场,不能低头读稿,旁若无人。发言完毕,应对听众的倾听表示谢意。自由发言则较随意,但要注意,发言应讲究顺序和秩序,不能争抢发言;发言应简短,观点应明确;与他人有分歧,应以理服人,态度平和,听从主持人的指挥,不能只顾自己。自由发言不可主观武断、强词夺理。谈话中,即使自己所言为对方所接受,亦不可滔滔不绝,以免影响他人发言的机会;如与对方意见相左,要机智地转变话题,幽默地弥补争端与气氛。

如果有会议参加者对发言人提问,应礼貌回答,对不能回答的问题,应机智而礼貌地说明理由。对提问人的批评和意见应认真听取,即使提问者的批评是错误的,也不应失态。

五、会议参加者礼仪

会议参加者应衣着整洁、仪态大方、准时入场、进出有序、依会议安排落座;开会时应认真听讲,不要私下小声说话或交头接耳;发言人发言结束时,应鼓掌致意。中途退场应轻手轻脚,不影响他人。

六、会议签到方式

参加会议人员进入会场时一般要签到,会议签到是为了及时、准确地统计到会人数,便于安排会议工作。有些会议只有达到一定人数才能召开,否则会议通过的决议无效。因此,会议签到是一项重要的会前工作。会议签到一般有以下几种方法。

(一) 簿式签到

与会人员在会议工作人员预先备好的签到簿上按要求签上自己的姓名,表示到会。签到簿上的内容一般有姓名、职务、所代表的单位等,与会人员必须逐项填写,不得遗漏。簿式签到的优点是利于保存,便于查找;缺点是这种方法只适用于小型会议。一些大型会议,参加会议的人数很多,采用簿式签到就不大方便。

(二) 证卡签到

会议工作人员将印好的签到证事先发给每位与会人员,签证卡上一般印有会议的名称、日期、座次号、编号等,与会人员在签证卡上写好自己的姓名,进入会场时,将签证卡交给会议工作人员,表示到会。其优点是比较方便,避免临开会时签到造成拥挤;缺点是不便保存查找。证卡签到多用于大中型会议。

(三) 会议工作人员代为签到

会议工作人员事先制定好参加本次会议的花名册,开会时来一人就在该人名单后画个记号,表示到会,缺席和请假人员也要用规定的记号表示。例如,用"√"表示到会,用"×"表示缺席,用"O"表示请假等。这种会议签到方法比较简便易行,但要求会议工作人员必须认识绝大部分与会人员,所以这种方法只适宜于小型会议和一些常规性会议。对于一些大型会议,与会人员很多,会议工作人员不能认识大部分人,逐个询问到会人员的姓名很麻烦,所以大型会议不适宜采用这种方法。

(四) 座次表签到

会议工作人员按照会议模式,事先制定好座次表,座次表上每个座位按要求填上正确的与会人员姓名和座位号码。参加会议的人员到会时,就在座次表上销号,表示出席。印制座次表,与会人员座次安排要求有一定规律,如从×号到×号是某部门代表座位,应将同一部门的与会人员集中在一起,便于与会者查找自己的座次号。采用座次表签到,参加会议的人员在签到时就知道自己座位的排数和座号,起到引导的效果。

七、参加会议时需要注意的事项

参加会议时需要注意的事项主要有以下几点。发言者发言时不可长篇大论、滔滔不绝(原则上以 3 分钟为限);不可取用不正确的资料;不要尽谈些期待性的预测;不可进行人身攻击;不可不懂装懂、胡言乱语。与会者不可从头到尾沉默到底;不可打断他人的发言;不可对发言者吹毛求疵;不要中途离席。

第四节　其他场所礼仪

除了在正式场合需要注意礼仪外，在其他场所，教师也应做到彬彬有礼。

一、洗手间礼仪

洗手间是我们每天必须“光顾”的地方，由于学校的洗手间是共用的，所以在使用时就必须遵守相关礼仪，以免影响下一位使用者的使用。而洗手间的使用礼仪是最能体现出文明程度高低的。

不论男女，在洗手间有人占用的情况下，后来者必须排队等待，一般是在入口的地方等待。按先来后到依序排成一列，一旦其中某一间空出来时，排在第一位的自然拥有优先使用权，这是国际通常的惯例。

洗手间最忌讳肮脏，所以在使用时应尽量小心，如果有污染也应尽可能加以清洁。女性卫生用品千万不要顺手扔入马桶内，以免造成马桶堵塞。其他如踩在马桶上使用、大量浪费卫生纸导致后来者无纸可用等，都是相当失礼的行为。

有些地方的冲水按钮位置和平常所见的有所不同，但一般都是在水箱附近，有的在头顶用拉绳来拉，或在马桶后方用手拉，也有一些设置在地面上用脚踩的。实际上，用脚踩的方式应该是最符合卫生标准的。如果是怕冲水时手被污染，则不妨用卫生纸包住冲水按钮再按冲水。用完洗手间应该故意留下明显缝隙，让后来者无需猜测就知道里面是空的。

儿童一般是可以和父亲或母亲一起使用洗手间的。但不成文的规定是，母亲可以带着小男孩一起上女厕，没有人会介意，而父亲则不可以带女孩上男厕。

各个地方洗手间标志也各不相同。国际上最通用的厕所标志是“WC”。另外，常用的标志还有：Toilet（盥洗室），Lavatory（厕所），Wash Room（洗手间），Rest Room（休息室），Bath Room（浴室），Comfort Room（休息室）。也有是用图案来标示的，男厕多是烟斗、胡子、帽子、拐杖、男士头像，女厕则多以高跟鞋、格子、洋伞、嘴唇、女士长发头像等来表示。

二、楼梯、电梯礼仪

楼梯、电梯间有以下礼仪规范需要注意。

（一）电梯礼仪

随着城市建设的发展，电梯在许多场所使用，教师有必要学会乘电梯的礼仪。等乘电梯，应站在电梯门两侧。门开时，应先出后进。当人数超载时，应主动退出。电梯虽是小空间，但是在里面的学问不浅，可以充分展示出人的道德与修养。

1. 电梯礼仪的基本原则

(1) 谁来按键?操作按键是晚辈或下属的工作。如果电梯里都是不认识的人,年轻人应争取做这个服务工作。

(2) 谁靠里站?愈靠内侧,是愈尊贵的位置。因此,可以让老者或者尊者先进电梯站这个位置;较靠电梯门口处,为第二顺位。

(3) 谁先进出?依序进出,进入电梯后应立即转身面朝门的方向站立,以等待即将快步到达者。如乘坐自动扶梯应靠右侧站立。即使电梯中的人互不认识,站在按键处者,也应主动操作按键。

(4) 尽量避免交谈。

(5) 不要对镜整装、补妆。

(6) 电梯内由于空间狭小,避免过度使用香水。

2. 电梯礼仪的具体要求

(1) 一个人在电梯里不要看四下无人就乱写乱画,抒发感想,以致电梯成了广告牌。

(2) 电梯门口处,如有很多人在等候,请勿挤在一起或挡住电梯门口,以免妨碍电梯内的人出来。应先让电梯内的人出来之后方可进入,不可争先恐后。

(3) 伴随客人或长辈来到电梯厅门前时,先按电梯按钮;电梯到达门打开时,可先行进入电梯,一手按住开门按钮,另一手按住电梯侧门,请客人们进入。客人进入电梯后,按下客人要去的楼层按钮;行进中有其他人员进入,可主动询问要去几楼,帮忙按下。电梯内尽量侧身面对客人,不要高声喧哗。

(4) 电梯内可视情况看是否寒暄,如果没有其他人员时,可略作寒暄;如果有外人或其他同事在时,可斟酌是否有必要寒暄。在电梯内,勿高声谈话。

(5) 上下班时,电梯里面人非常多,在电梯里,尽量站成“凹”字形,挪出空间,以便让后进入者有地方可站。先上来的人,要主动往里走,为后面上来的人腾出地方;后上来的人,要视电梯内人的多少而行,当超载铃声响起,最后上来的人主动下来等后一趟。

(6) 在自己的目的楼层快要到时,应尽早等候在电梯门旁,不要等电梯打开时,才匆匆忙忙出来。一般来说,与不相识者同乘电梯,出来时应由外至内依次而出,不要争先恐后。

(二) 上下楼梯的礼节

上下楼梯时,男女长幼的顺序如下:上楼时,女士在前,男士在后;长者在前,幼者在后。下楼时,男士在前,女士在后;幼者在前,长者在后。此为安全顾虑之故。上下楼梯相遇时,应在距对方上下各 3～4 阶处问好。

三、公共场所礼仪

公园、商店、博物馆、体育场等场所是供各种社会成员进行多种活动的公共场所。人们在公园里漫步,在商店里购物,在博物馆欣赏文物,在体育场锻炼身体或观看比赛等。教师在公共场合的仪表体态、言谈举止,常常反映出一个人内在的素质和修养。因此,教师在公共场所活动时，应自觉遵守社会公德，讲究公共场所礼仪，共同维护公共生活秩序。

（一）购物礼仪

购物并非简单的掏钱买东西。一位懂得购物礼仪、讲究文明礼貌的教师会获得购物的满足和心情的愉悦。作为教师，在购物时应明了以下礼节。

进商店购买物品，要自觉维护商店的环境卫生，不可随地吐痰，吸烟，乱扔糖纸、果皮等，也不可大声呼叫。

在需要排队购物的地方，不插队，对他人要有礼让精神。

对营业员应礼貌客气，不能颐指气使、盛气凌人，选择合理尊敬的称呼。

当营业员正在为别的顾客服务时，应稍等片刻，不要急于与之招呼，以免弄错账目。有时商店里声音嘈杂，营业员可能听不见你的招呼，这时千万不要用手敲击柜台或橱窗，而应耐心等待或继续招呼。

挑选商品要预先考虑，尽量避免售货员的无效劳动；肯定不买的商品，不要让营业员拿给你观赏。选好的商品，要当面交清钱和票证。在挑选易损或易污的商品时，必须小心谨慎。

推手推车时要抓稳，选购时要把推车停在适当的位置，以便他人可轻易通过。

（二）排队礼仪

排队是一个民族文明程度最明显的表现之一。在公共场合，不管有没有明文规定或是他人监督，教师都应该主动排队。

排队时应与前面的人保持适当距离，靠得太近则可能有侵犯人家私人空间之虞，有可能妨碍他人的隐私；站得较远又会令别人无法确定你是不是要排队。

当需要排队又没有其他人时，你应该站在龙头位置而不是四处走动。

遵守公共秩序是每个人的义务，所以批评、制止不守秩序的人也是在帮助维护公共秩序。

（三）住宿礼仪

教师有时需要出远门，或由于工作关系，外出公差；或由于研究学习的需要，去外地查资料等。一些外出者有时可借宿在亲朋好友家，但绝大多数外出教师通常还是住在旅馆、酒店、招待所。

当需要住宿，走进旅馆或酒店、招待所的服务台时，应先有礼貌地和服务台工作人员打个招呼，然后再询问是否还有客房或床位。若该旅馆已客满，应大方地向服务人员道别，再找其他旅馆。

在办理住宿登记手续时，应耐心地回答服务台工作人员的询问，按旅馆的规章制度办理登记手续，住房要服从服务台的安排，有事多协商。

住进客房后应讲究卫生，不要乱扔果皮、纸屑，应将废弃物扔进纸篓。应爱护房内设备，不要随便移动电视的位置等，也不要在墙壁上乱涂乱画。

旅馆是公众休息的场所，教师在酒店、宾馆、旅馆中住宿应保持安静，不要大声喧哗，不要将电视机的音量调得太大，或长时间打电话，以免影响他人休息。应自觉遵守酒店、宾馆、旅馆的各项规章制度。

离开酒店、宾馆、旅馆前，应及时到服务台结账，并同工作人员话别。

(四) 影剧院礼仪

电影院、剧院是比较高雅的场所，人们把进剧院看戏、听音乐视为一种高雅的艺术享受。因此，要求教师的仪态举止应当与其氛围相协调。

教师到电影院看电影，应衣着整洁。上剧院观看演出，着装应庄重得体，夏天不能穿背心、拖鞋入场。不要在场内吸烟。

去影剧院看电影或观看演出时，应尽量提前或准时入场。在入口处，主动出示票证，请工作人员检验，进场后对号入座。若到达较迟，其他观众已坐好，自己的座位又在里面，这时应有礼貌地请别人给自己让道。从别人面前经过时，应面向让道者一边道谢，一边侧着身体朝前走，而不要背着人家过去。

从礼仪的角度出发，去剧场观看演出，迟到者应自觉站在剧场后面，只能在幕间入场，或等到台上表演告一段落时赶紧悄然入座。

到剧场观看演出，入座后，戴帽者应摘下帽子。坐下时不要将椅子两边的扶手都占据了，要照顾到左右两边的观众。观看演出时，不要摇头晃脑、手舞足蹈或交头接耳，以免妨碍后面观众的视线。也不要高谈阔论，以免影响周围观众。观看演出时，切忌起哄、吹口哨、怪声尖叫。

在剧院看演出时，场内应保持安静，要有礼貌地适时鼓掌，以表达对演员、指挥的尊敬、钦佩和谢意。鼓掌要掌握好时机，例如，当受欢迎的演员首次出台亮相时应鼓掌；观看芭蕾舞，乐队指挥进场时鼓掌；一个个高难的杂技动作完成时应鼓掌；一首动听的歌曲演唱完毕时应鼓掌；演出告一段落时应鼓掌；演出全部结束时应起立热烈鼓掌。

在观看演出时，鼓掌若不得当，就会产生副作用。比如演员的台词还没说完、交响乐的一个乐章尚未结束时就贸然鼓掌，不仅影响演出，而且有损自身形象。

在剧院看演出时，不宜中途退场。如果临时有急事或确实不喜欢看，应在幕间休息或一个节目结束时离场。

观看演出应善始善终。演出结束时，不要匆忙离场，应等演员谢幕或主宾在主人陪同下登台向演员致谢后，再秩序井然地离场。

(五) 体育场礼仪

体育场是进行体育锻炼和体育比赛的场所。教师在体育场观看体育比赛，应讲究相关礼仪。

去体育场观看比赛，衣着不用太讲究，但要整洁、大方。人多时，应自觉排队购票，按时入场。倘若姗姗来迟，入座时会影响别人观看比赛。入场后尽快找到看台座位坐下来。

观看体育比赛时，希望自己喜欢的运动队获胜是人之常情，也是可以理解的。但是，作为一名文明观众，教师应尽量克制在感情上一边倒的倾向，要为双方队员鼓掌加油，为每位运动员的出色表现喝彩。不要只当一方的拉拉队员，而对另一方喝倒彩或故意起哄。

“人有失手，马有失蹄。”作为一名观众，对运动员在比赛中的失常、失误表现要给予谅解，而不发出嘘声、怪声或讥笑声。要尊重运动员、裁判员、服务人员的劳动，不嘲讽、辱骂裁判员和运动员。

作为一名文明观众，教师要自觉维护体育场内的卫生，不随地吐痰，不乱扔果皮、瓜子壳等废弃物，不要乱踩座位，不可翻越栏杆，不能在室内体育馆吸烟。

比赛结束后，散场时应按秩序退场，不要拥挤，遇到老弱病残者应主动礼让。

（六）公园里的礼仪

公园是人们休息、娱乐的公共场所，无论春夏秋冬，许多离退休老人清晨来到公园，进行活动和晨练；白天，游园者来到公园观光赏景；每逢周末或节假日，一些家庭全家出去，去公园享受和体会大自然的美；不少学生周末或节假日也来到公园僻静处看书学习；公园更是少年儿童的乐园。

人人都爱美，热爱美丽的大自然，都喜欢在空气清新、景色迷人的公园里休息、娱乐或举办活动等。因此，也都有责任和义务爱护公园，并讲究游园礼仪。

在公园里活动和游玩的教师，应当自觉保持公园的卫生和宁静。在公园内不要随手乱扔果皮、纸屑、饮料瓶罐，也不要大声喧哗、嬉笑打闹。公园游玩、野餐时，不要忘了将废弃物收拾干净。

同时，还应自觉遵守公园的规章制度，爱护公园的花草树木和娱乐设施，不能攀树折枝、掐花摘果、践踏草坪，也不要在文物古迹上刻画、书写自己的名字。

教师在公园里游玩和活动，要讲风格、讲礼让、讲互助。不要躺在公园的长椅上睡觉；在景点拍照时，若要请别人帮忙，应礼貌地说出来，请别人帮忙后，别忘了道谢。

四、几种特殊场合下教师需要注意的礼仪

（一）银行

在银行办理相关业务时，应按照银行划定的区域顺序排队。在前面的人临近窗口办理个人业务时，后者应主动远离，在一米线后等待。窥视、越步上前询问或未等前面的人办完就争抢办理业务，都是非常不礼貌的行为。在排队时，个人物品应拿好，以免别人碰到造成不必要的误会。不要窥视和记录他人的账号和密码，也不要偷听他人与银行业务员的谈话内容。

（二）邮政

不要妨碍或干涉他人办理邮政业务，不要偷窥他人填写的汇款单或汇物单据。

（三）机场

不要拥挤和插队，不要偷窥他人的证件，安检前提前拿出钥匙等随身携带的物品，登机前不要忘记关闭手机。

(四) 海关

不要携带违禁或非法物品，不要使用伪造的身份证，当海关人员询问时不得有所隐瞒。

(五) 餐厅

排队等候需要有一定的耐心，不要插队，也不要敲击碗筷，制造不安的气氛。排队时彼此的距离可稍近，但不要紧挨着排在前面的人。

(六) 医院

排队时不要大声喧哗，不要偷窥他人的处方或化验单，更不要随意询问陌生人的病情，或者站在诊室门口倾听，观看别人的检查诊断。

(七) 探访病人

当亲友、同事、同学患病时，前往探望、慰问是人之常情，也是一种礼节。对病人而言，也能心神快慰，利于早日康复。

但如果探望者言行举止失当，就会给病人造成不利影响。到医院探视前，先向其家属亲友了解一下病人的病情、心情以及饮食起居，以便到病房后作些针对性的安慰。

送给病人的礼品要精心挑选，鲜花、水果、书刊是普遍受欢迎的。如送食品或营养品，要先考虑病人的病情。

探望病人时应选择适当时机，尽量避开病人休息和医疗时间。由于病人的饮食和睡眠比常人更为重要，所以不宜在早晨、中午、深夜以及病人吃饭或休息时间前往探视。如果是探望住院的病人，还应在医院规定的时间内前往。若病人正在休息，不应打扰，可稍候或留言相告。若病人在家静养，一般以下午探望为宜。午间和晚上是病人休息的时间，最好不要去打扰。

进病房要先轻轻敲门，然后进去。到病床前，先把礼物放下，看到病人同往常一样自然、平静、面带笑容，主动上前握手，不能握手时，可点头致意以示招呼，在病人身旁拿一把椅子坐下。

同病人交谈，要冷静、自然，让病人介绍些情况，多说安慰、开导的话，也可以说一些逸闻趣事、社会新闻中战胜疾病的事例，让病人开心而暂时忘却病痛，恢复自信。与病人谈话时，一般应先询问病人身体状况及治疗效果。在病人讲述病情时，要认真地听，不要心不在焉、左顾右盼。但最忌探望者详细地向病人询问其病情，或当着病人的面向主治医生询问医疗方法。

不要向病人介绍道听途说的偏方、秘方，不推荐未经临床实验的药物。如病人的病情需要保密时，不要和病人一起去乱猜，已知道应保密的病情，更不能对病人进行暗示。

为照顾病人休息，谈话和逗留的时间应较短，十分钟左右即可起身告辞。注意避免谈论可能刺激对方或有关忌讳的话题。询问一下病人有什么事情需要帮助，再嘱咐病人安心治疗，表示过两天再来探望。告别时，一般应谢绝病人送行，祝他早日恢复健康。

（八）健身房

健身房是供人们锻炼身体的场所。教师在公共健身房活动，要讲究以下礼仪。

（1）互相关照。公共健身房内配备多种器材，分别用于锻炼身体不同部位的肌肉。有鉴于此，一个人不要长时间霸占某一项器材，以免妨碍他人进行全身运动。此外，运动完毕，应将器材归回初始状态，计时计数归零。

（2）保持器材干净。在锻炼时汗水弄湿了器材，应用毛巾等擦干器材。

（3）保持安静。健身房是运动场所，应避免高声谈笑或大声喧哗。

（4）致意。离开健身房前，应向指导教练致意，感谢他的指导与陪伴。

（九）游泳池

游泳池是人们健身和消暑的好地方。教师在游泳池游泳，要讲究以下礼仪。

（1）保持池水清洁。入池前，先冲个澡，把身上的汗水、灰尘等洗干净，以免污染了清洁的池水。

（2）为他人着想。在公共游泳池游泳时，最好按照一定的路线前进，不要突然急转弯，以免碰到他人。

（3）注意安全。在游泳池嬉戏，要注意安全，尽可能避免出现呛水或身体碰撞等情况。

礼仪实训

一、实训练习

（一）案例分析

1. 有一位家长来办公室拜访陈老师，刚好陈老师去了卫生间。同办公室的王老师正在打电话，他听到敲门声扭头看了一眼继续转过身来打电话。学生家长站在门口等了一会儿，见没人招待，就问了一句："请问陈老师是在这个办公室吗？"王老师点了点头，但是仍然没有放下电话，学生家长很不好意思，不知道是去还是留，站在那里很是尴尬。

请分析，这位王老师的做法有什么不妥之处？正确的做法是什么？

2. 李老师和孙老师在同一间办公室工作，孙老师十分喜欢抽烟，非工作时间手里一离开烟就六神无主，所以经常在办公室抽烟，搞得办公室每天都云遮雾罩的。李老师一开始还尽量忍受，时间长了实在受不了，开始提醒孙老师能不能抽烟时去室外，完了之后再回到办公室。孙老师听到提醒会善意地笑一笑，然后去室外抽烟，但是只要办公室没有其他人，他仍然把室内弄得烟雾缭绕。

请分析，孙老师之前和之后的做法正确吗？李老师接下来该怎么做呢？

（二）简答题

1. 在办公室场合，教师应注意哪些着装礼仪？

2. 图书馆礼仪有哪些基本要求？

3. 参加会议时需要注意哪些事项？

（三）判断以下说法的正误

1. 进入图书馆时，不可以穿背心、拖鞋，但可以穿超短裙和高跟凉鞋。 （ ）

2. 在开会时不能大声喧哗，影响会场秩序，但可以私下里窃窃私语。 （ ）

3. 下班之后较为放松，在楼梯间走路时可以边走边大声聊天。 （ ）

4. 在电梯间可以随意跟同事开玩笑，因为这是非工作时间。 （ ）

5. 如果是最后一个进入电梯，刚好超重了，就请一个看起来最胖的人出去，以保证电梯正常运行。 （ ）

6. 为了节约时间，进入电梯后要马上占住靠近门口的位置，以便电梯一停迅速出去。 （ ）

7. 为了节约资金，可以借图书馆里的教材并占用一个学期。 （ ）

8. 去餐厅吃饭时可以边吃饭边大声交谈工作经验。 （ ）

二、实训项目

（一）办公室接待礼仪训练

训练方法：先找学生扮演外来拜访人员，教师示范在办公场合接待外来人员的礼仪。然后将学生分组，模拟正在办公的教师和来访人员，教师和其他组员进行点评。

（二）电梯间礼仪训练

训练方法：请不同学生分别扮演领导、有身份的长者、多名尊贵的客人、女士、普通同事等，由被训练的同学展示电梯间的礼仪。教师进行点评。

第九章　教师沟通礼仪

学习目标

1. 掌握师生交往的相关礼仪。
2. 了解教师与家长交往的原则。
3. 了解教师与同事交往时应注意的原则。

【案例导入】

开学不久,陈老师发现杨亮同学有许多毛病。陈老师心想,像他这样的同学缺少的不是批评而是肯定和鼓励。因此,陈老师找杨亮谈话说:“你有缺点,但也有不少优点,可能你自己还没有发现。这样吧,我限你在两天内找到自己的一些长处,不然我可要批评你了。”

第三天,杨亮很不好意思地找到陈老师,满脸通红地说:“我心肠好,力气大,毕业后想当兵。”陈老师听了说:“这就是了不起的长处。心肠好,乐于助人,到哪里都需要这种人。你力气大,想当兵,保家卫国,是很光荣的事,你的理想很实在。不过当兵同样需要科学文化知识,需要有真才实学。”听了老师的话,杨亮高兴极了,脸上露出了微笑。从此学习成绩也慢慢提高了。

沟通,是指人与人之间、人与群体之间思想与感情的传递和反馈的过程,以求思想达成一致和感情通畅。在人际交往中,人们通常有接触才会了解,有了解才会沟通,有沟通才会互动。因此,可将沟通视为人际交往中人与人之间的互动桥梁。在现代礼仪中,沟通的原则要求人们在人际交往中,既要了解交往对象,更要被交往对象所了解。礼仪的主旨在于“尊重”,而欲尊重他人,就必须首先了解他人,并令自己被对方所了解。这样,才能实现有效的沟通。

第一节　教师与学生沟通礼仪

学校是培养和造就高素质人才的摇篮。教师和学生的关系是学校里最基本的人际关系,教师与学生在人格上是平等的,在教育过程中通过心灵的交流,体现师生间互相尊重的关系。教师工作是太阳底下最光辉的一种职业,教师处理好师生关系,能体现教师高尚的个人品格、优雅的礼仪修养。

一、师生交往的原则

师生交往是校园中最基本的人际交往，正是在这一交往过程中，师生之间进行着思想的沟通和文化的交流。和谐的师生交往离不开教师良好的个人品德和礼仪修养。

（一）热爱学生

热爱学生是教师职业的基本要求，也是教师与学生交往的礼仪之本，教师必须全身心地去热爱所有的学生并且尊重学生。教师爱学生，能激起学生的上进心、自信心。教师真诚地爱学生，天长日久就会使他们内心感受到温暖，产生一种精神力量。这是促使学生前进的内部动力，是学生接受教育的前提。

1. 平等相待，尊重学生

在人际交往过程中，每个人都希望得到他人的尊重。只有尊重的需要得到了满足，人际关系才可能和谐。因此，教师在与学生交往时，要尊重学生，尊重学生的自尊心，尊重学生的人格，尊重学生的个性，要把学生看做是与自己地位完全平等的人。

教师要平等地对待每一个学生。对不同相貌、不同性别、不同种族、不同籍贯、不同出身、不同智力、不同个性、不同关系的学生，要一视同仁，不偏心、不偏爱、不偏袒、不歧视，正如苏霍姆林斯基所说："让每一个学生在学校里抬起头走路。"要尊重学生的人格，无论在何种情况下都不能用尖酸刻薄的语言讽刺、挖苦、嘲笑、打击学生，尤其不能体罚和变相体罚学生。教师要与学生建立平等合作的关系，要经常与学生和学生集体平等交换意见，采纳他们合理的意见、建议和要求。

2. 倾注爱心，关注学生

热爱学生是建立良好师生关系的关键，教师只有对学生倾注自己的爱，才能赢得学生的依赖。进入学校以后，学生自然地就把爱的希望寄托在教师身上，他们希望教师能够像父母一样关心、爱护自己。如果学生这种爱的需要得到了满足，他们就会对教师产生一种依恋感，就会在内心深处产生与教师交往的需要。这样，学生就会把学习看成一种快乐，这时爱就成为学生健康成长的动力。

教师在和学生交往的过程中要多展示笑脸，因为笑是构筑师生间心灵桥梁的基础。要让学生在轻松、愉快中与教师交流。

教师热爱学生，还必须关注学生，要对学生的发展充满期待。具体来说，教师要从以下几个方面对学生予以关注：关注学生的潜能——通过仔细观察，发现每个孩子的优势潜能，对每一个学生都充满信心；关注弱势群体——弱势群体包括学习上的落伍者、智能上的滞后者、家庭条件上的困难者，一般表现为自信心较弱甚至缺乏自信心；关注对学生的"无意伤害"——教师的"无意伤害"常常会在学生心灵中留下阴影，甚至抵消学生所受教育的总和；关注教师自身的行为效应——多用"大拇指"赞许，不用"食指"指责，多用肯定的目光，多与学生打成一片；等等。

（二）主动交往

教师要主动与学生交往，选择好交往方式。

在师生交往中，学生常常喜欢主动亲近教师，与教师沟通。但有些教师却常常因为工作上的种种问题，有意或无意中忽略了与学生的沟通和交流，因而在一定程度上造成了"课上忙学习，课下忙补课"的师生关系。长此下去，师生交往是很难发展的。所以说，教师必须重视与学生的主动交往，教师在与学生交往时所采取的态度又是决定师生关系发展的关键。教师对学生的指导、帮助和尊重会引发学生的尊敬、服从、信任等相应行为；对学生的攻击、拒绝、惩罚会引起学生的拒绝、反抗和仇恨等相应行为；迎合、讨好和无原则退让，必然导致学生的不尊重、放任和不服从等相应行为。因此，教师从第一次与学生交往时就必须明确自己应该和学生建立什么样的相互交往模式，要求学生对自己抱有什么样的态度和采取什么样的行为。当学生的态度和行为不符合教师的期望时，唯一的办法是教师主动改变自己对学生的态度和行为，这样，学生的态度和行为才会发生相应的改变。总之，学生对教师的态度和行为总是与教师对学生的态度和行为相一致的。

（三）变换角色

教师角色与其他行业的人相比有其特殊性，这主要表现在两个方面：一是教师每天频繁接触、打交道的对象是一群心理尚不成熟且具有思想认识和主观能动性的孩子；二是教师担负着培养和教育学生的社会责任。因此，教师的职业特点对教师的角色意识提出了更高的要求。教师要充分认识这一特殊性，更好地完成教书育人的任务。具体地说，教师绝不能在学生出现不良行为时与不成熟的学生一般见识，也不能像对待成人那样，而是要理智地控制情绪，客观地处理学生问题，帮助学生进步。要时时处处做学生的朋友，站在学生的角度分析问题，寻找解决问题的办法。教师要时刻注意自己的言行举止，不断强化角色意识，优化教育行为。

（四）严爱结合

在与学生交往的过程中，教师对学生要做到"严爱结合"。一位班主任讲过这样一件事：在一次观摩小队会上，中队长由于紧张把唱队歌这一重要议程丢掉了。当他意识到自己的失误后，高涨的情绪一下子低落了许多。会后同学议论纷纷，他的压力很大，他在日记中写道："老师，我没有完成好您交给我的任务，您还会信任我吗？"知道了学生的想法，班主任一边找中队长谈心，鼓励他主持的队会很精彩，没有因这一点失误影响全过程，希望他要充满信心，勇于锻炼自己，一边教育全体学生，启发他们站在中队长的角度分析失误的原因和体会失误后的心情，引导学生学会理解与宽容。中队长再一次站起来向大家道歉，表示今后要认真细致地工作，弥补这次失误。此时，全班响起了一阵热烈的掌声。教师的工作不仅体现了对班干部的信任、培养和严格要求，同时也引导学生学会理解他人、尊重他人。

二、谈心的礼仪

由于课堂教学是教师同时面对几十名学生进行教学，每一个学生的心理过程都不相同，而且有的学生极易受外界信息的干扰，因此教师无论采取何种预防控制措施，在课堂上，总会有学生开小差、做小动作、走神。对于这些学生，除了课堂上教师采取相应的策略帮助他们外，课后要找他们谈话，了解他们的思想状况、违纪原因，并及时加以劝诫、指导、鼓励，帮助他们形成良好的听课习惯、学习习惯。还有那些成绩不理想、有网瘾、对教师有抵触情绪，甚至有逆反心理的学生，教师同样要找他们谈心，为他们讲解人生的道理，给他们以信心、鼓励。教师在准备找学生谈心前，要注意相关礼仪，不要让学生觉得很突然，接受不了，甚至产生抵触情绪，使谈心起了反作用。

(一) 找学生谈心前，教师应做适当的准备

要想与学生进行一次成功的谈话，教师需做适当的准备。遇到谁就找谁谈，谈话时只知道训斥警告，或者是信口开河、张冠李戴，不仅表明这位教师工作没有目的性、计划性，还会在学生中产生不好的影响。因此教师在找学生谈话前，应考虑一下找学生来谈话的目的、学生的情绪、怎样与学生谈、在哪里谈比较合适（谈话地点的选择）等等。同时提前告诉学生，让学生有个心理准备。

(二) 尊重学生的人格，不挖苦讽刺

苏联著名教育家苏霍姆林斯基曾说过：“教育成功的秘密在于尊重学生。”与学生谈心时要尊重学生的人格，不可咄咄逼人、讽刺挖苦、一声比一声高，使学生觉得你愤怒无礼。敬人敬己谓之礼，尊重学生也就等于尊重自己，只有充分尊重学生，才能维护自己在学生心目中的形象，维持教师的权威，使学生理解并愿意听从教师的话，从而使谈心变得更加有效。反之，若反复对学生讽刺挖苦，使谈话陷入僵局，不但无法达到谈心的目的，还可能使师生关系更加紧张，摧毁学生的学习热情。

【专栏 9-1】

态度与形象

上初三时有一次考试，我的政治考了班上的倒数第一，政治老师找我去谈话，在办公室里他要我站在他的前面，嘲弄我一个女生连政治都学不好，当时就说得我满脸通红，后来又非得让我在办公室里背书。自此以后我特别讨厌他，弄得政治总考得不好。

上高三前，我的基础很差，但我的数学老师从不嫌弃我，像对待其他学生一样对待我，虽然我考试一次次不及格，但他总帮我找原因，给我鼓励，给我希望，在他面前我总能抬起头做人。最终我考上了大学，到现在都还感激他。

(三) 态度和蔼,语气亲切,真诚坦荡

学生是活生生的有血有肉有情感的人,教师在与学生谈心时,语气要平和,态度要温和,要做到真诚实在,动真情、讲真话,让学生感受到教师的关爱、信任、欣赏与鼓励,教师要用真情感染学生、打动学生。不要居高临下地只用大话说教,不要翻来覆去总是说那几句套话,不以讹传讹,不言过其实,要真情流露,给学生以触动人心的感觉,让学生体会到教师的良苦用心,感受到教师高尚的道德情操与修养。

(四) 善于运用幽默、双关等激励、鼓励学生

每一位学生,其实都有他自己的长处,教师要善于发现并及时鼓励,我们有的教师说学生"你算完了,屡教不改""将来是社会上的渣子""你早晚得进监狱"等,这对学生起不到任何积极的作用,相反,容易使学生破罐子破摔,越变越坏。尽管有些学生有时表现出不听劝诫的外在现象,但这只是个假象,每个学生的内心深处,都有一种强烈的积极向上的愿望,就是都希望自己成为好学生。

【专栏 9-2】

信任与结局

一天中午,六年级的一批孩子正在操场上打篮球,战况"激烈"。突然,学生甲和学生乙从人群中冲了出来,两人拳脚相加,气势凶猛,我见这阵势,就停在一旁瞅着他俩。

大概甲同学看到了我的神态,就慢慢地停止了他愤怒的"咆哮"。我走过去,默默地看着他俩,直到他们都低下了头,于是我开始说:"瞧你俩刚才的样子,好像恨不得把对方给吃了!要不要我在全校同学面前安排一次表演赛呀?"两位同学把头埋得更低了,红着脸说"不要"。

我看火候已到,就问他们:"打球时发生碰撞、摩擦的事是很正常的,再说了,同学之间的友谊是最珍贵的,不至于大打出手,有失风度不说,还在同学们面前丢面子!我现在不追究谁对谁错,只想问一句,这件事是你们自己处理呢,还是我来处理?"他们互相看了看,说:"自己处理。"于是我让他们商量处理的办法,商量好了再向我汇报。五分钟后,他俩握手言归于好。整个事情的处理用了不到20分钟的时间。

教师与学生谈话,出发点必须建立在激励上进心、增强自信上,教师没有任何理由放弃对任何后进生的期望、帮助与教育。多鼓励,多表扬,使谈话如给学生的一剂良药,增添其信心,使其拼搏进取。

(五) 耐心倾听,问清缘由,伺机疏导

人非圣贤,孰能无过?学生犯小错误,也很正常,教师要耐心倾听,问清事情的来龙去脉，公平公正、科学地教育和引导学生，切忌不分青红皂白地训斥和惩罚学生，甚至动不动就喊：“把你家长叫来！”在与学生交谈的过程中，神态要专注，不要左顾右盼，随意接打手机，也不要频频看表，要以敏锐的洞察力观察学生的心理变化，及时变换方式，因势利导，耐心地启发学生。当学生对教师说出内心的秘密时，教师绝对要保密。学生能够向教师诉说心里话，证明学生非常信任教师，教师不应该轻易将与学生之间的对话拿到课堂上说或讲给其他人听。不要让学生觉得难堪尴尬，背上思想包袱。

【专栏9-3】

高中时班上有一个“假小子”，她刚转到我们班不久，班里就连续有人丢东西，有人告发说是新来的同学干的。班主任老师在处理这件事情上很有艺术性，他没有急于下定论，而是先去“假小子”家家访，了解到“假小子”的父母常年在外工作，家里姐妹很多，父母很想要个儿子，从小就把她当男孩来养。由于特殊的成长环境，她养成了孤僻以及像男孩子一样的性格。对于班上被盗的事件，老师只是提醒大家注意，并没有指出是谁干的。此后，老师就经常找这个女孩子谈心，甚至在她缺钱的时候借钱给她。这位女生的性格逐渐开朗起来，班上再也没有发生失窃事件。

【专栏9-4】

大伟是班上非常调皮的学生，他经常在上课期间扮鬼脸或者做些小动作，他就像班上的大王一样，平时同学们都得让着他。一天中午，班上的一名同学和外班的一个学生因为踢足球引发冲突动起了手。正巧大伟从家来到了学校，他看到同班同学被其他班同学欺负，就冲到前面和外班那名学生打了起来。吃了亏的同学找到大伟的班主任，狠狠告了他一状。

同学们都认为这次老师一定会重重地惩罚他。

班主任了解到事情的原委后，并没有立刻批评大伟，而是语重心长地对大伟以及其他同学说：“首先我要批评大伟，批评他看到同学打架后非但不上前制止反而帮助同学打架的冲动行为。但同时我也要表扬大伟，表扬他帮助同学的高尚品德，只是这种帮助的方式不对。如果大伟能够改正，他将是一位非常好的学生。”老师的话让同学们非常吃惊，虽然受到了老师的批评，但是大伟的心里美滋滋的，以后他常在班级中帮助需要帮助的同学，上课时也不做小动作了。

【专栏 9-5】

一位学生考试作弊，教师没有马上做出简单处理，而是先让学生谈原因。

学生说："从开学到现在，英语默写和小测验，成绩都不差。昨天晚上，家里来了不少客人，我没复习好。我怕考不好被别人讥笑，怕以前的努力白费了。"

这位教师从学生的表白中注意到了他的上进心，首先就说了一句鼓励的话："我理解你的想法，你想保住成果，这是一件很好的事啊！"教师的这句话引起这位学生意想不到的惊讶。然后，这位教师转入对问题的分析，诚恳地说："但作弊这种行为不可取，要批评，但老师相信你仍然会跟以前一样努力，大家也不会以这次行为来否定你。"

这位教师对学生的作弊行为做出了实事求是的符合学生心理的批评处理，该学生如老师希望的那样，进步很快，没有一蹶不振。

教师的信任、帮助、鼓励对学生而言，是什么也代替不了的良药，它能发挥巨大的作用，促进学生内心发生积极的变化，从而走向预期的教育方向。

（六）区别对待，动之以情，晓之以理

每个学生都有自己的长处和弱点，教师要了解学生的个性特点，分别采取不同的方式找他们谈话。

对自尊心较强的学生（尤其是女学生）：教师要注意语气和声调，用温柔、委婉的方式更有效。

对自尊心较差、逆反心理较强的学生：教师要注意逻辑性，特别是引导性，要做好打持久战的准备，用耐心、恒心、爱心去感化他们。

对自觉性好、成绩较好的学生：教师要注意暗示，用"借题发挥""旁敲侧击"让学生自己了解自己的缺点。

对性格外向的学生：教师可开门见山、直截了当地进行谈话。

对成绩不理想、没有自信心的学生：教师要注意对他们自信心的培养，多用鼓励的言辞，对他们身上的优点多加表扬。

每一个学生都是独一无二的个体，我们常说"没有教不好的学生，只有不会教的老师"，只要老师愿意尝试帮助学生，肯尝试多种方法帮助学生，我们相信就是石头也会被感化，更何况是内心善良、纯洁有爱的学生呢？

三、班会礼仪

班会是以班级为单位的全体学生的会议或活动。它既是班主任对学生进行管理、引导和教育的重要途径，又是培养和展现学生自我管理能力，培养和增强学生主人翁意识的主要形式，同时也是处理、解决班级问题，开展各项活动的有效途径。在组织班会时，应注

意以下事项。

(一) 班会的准备工作

确定班会时要有针对性和预见性;班会的筹备与组织要有实效性、主动性和整体性;教师对班会要有指导;班会既要充分发挥学生的主体作用,又不能忽视教师的主导作用,班主任要对学生的观点和看法及时引导、提炼和总结;教师在召开班会时,最好不要拖泥带水,这样不仅收不到好的效果,反而会引起学生强烈的反感;教师在班会总结时,要实事求是、一视同仁、不偏不倚。

(二) 班会程序及分工

班会程序如下:班会开始;主席就位、嘉宾就位;全体肃立;唱国歌;主题活动;教师讲评;散会。

班会分工如下:主持人——班长;出席——班级全体同学;列席——嘉宾、班主任;记录——宣传委员;班长宣布本次班会议题。

(三) 班会礼仪

1. 班会主持人礼仪

主持人应衣着整洁、大方庄重、精神饱满;走上主席台应步伐稳健有力,行走的速度要因会议的性质而定,热烈的议题步频应快,庄重严肃的议题步频较慢;入席后,如果是站立主持,应双腿并拢,腰背挺直;主持人言谈应口齿清楚、思维敏捷、简明扼要;根据会议性质调节会议气氛,或庄重,或幽默,或沉稳,或活泼;要控制会议进程,避免跑题或议而不决,控制好会议时间。

2. 班会座次安排

班会的座次安排决定班会的成功与否。因此,要特别注意座次的安排。如果有嘉宾观摩,他们一般坐在教室的后边,或者是比较靠里的位置。以教室的门为基准点,里侧是嘉宾的位置。

3. 参加班会者礼仪

开会时要尊重会议主持人和发言人。当别人讲话时,应认真倾听,可以准备纸、笔做记录。不要在别人发言时说话、打哈欠等。会议发言者发言时应口齿清晰、讲究逻辑、简明扼要。发言完毕,应对听众的倾听表示谢意。发言应讲究顺序和秩序,不能争抢发言。与他人有分歧时,应以理服人,态度平和,听从主持人的指挥,不能只顾自己。

在开会过程中,如果有讨论,最好不要保持沉默,这会让人感到你对会议漠不关心。想要发言时应先在心里有个准备,用手或目光向主持人示意或直接提出要求。发言应简明、清楚、有条理、实事求是。反驳别人时不要打断对方,应等待对方讲完再阐述自己的见解,别人反驳自己时要虚心听取,不要急于争辩。

四、课外活动礼仪

课外活动是对学生进行德、智、体、美、劳五方面综合教育的重要途径,能够充分发挥学生个人的主动性、积极性和创造性，有利于学生特殊才能的发展。对于指导教师来说，课外活动的地点应精心选择、精心设计、精心布置，使之具有典型性、艺术性，从而增强活动的感染力和效果。这就要求指导者应根据活动的内容来选择、设计、布置活动举行的环境，以环境突出主题、深化主题、烘托主题，力争以景育人。活动环境的选择、设计和布置要从本地、本校、本班的实际出发，切忌舍近求远、铺张浪费。无论组织哪种类型的课外活动，都必须遵照活动礼仪规范开展活动。

（一）课外活动礼仪规则

课外活动应有教师负责指导、监督，如有需要，可邀请校外教师协助推行活动。课外活动安排应与全校其他活动配合；借用视听器材或场地应按照规定填写有关表格；学生参与活动前，应填写手册或家长信，通知家长有关内容，并取得家长同意；学生离校外出活动，教师应先向学校递交申请书，获得批准后方可举办。通知任课教师，安排加课，并将活动安排通报在学校通知栏中。学生必须准时出席活动，如有事未能出席，须事先通知教师。如学生未通知教师，教师须联络学生，以了解情况。教师与学生不得无故早退或自行离去；必须遵守纪律及秩序，服从负责教师的指示；学生须穿着指定的服装并佩带必备物品出席活动；课外活动与补课或测验冲突，教师应在活动后组织学生参加补课或测验。教师带领学生参加校外活动，应注意安全。发生任何意外，须速向学校报告，若有学生受伤，应立刻通知学校，采取救治措施。既定活动如需取消或有其他调动，应通知活动成员。活动结束后，应将活动资料（可附上活动照片）交学校存档。

（二）课外活动中的礼仪禁忌

忌奇装异服和不分场合乱穿衣，忌拖鞋歪帽、半披半挂、不修边幅、蓬头垢面，也忌过分打扮、浓妆艳抹等。课外活动中摄影留念，忌抢占前排中心位置，显露自己；应按照先女后男、先老后少、先矮后高礼貌原则排序，并按照衣服色彩进行审美调节。领导与全体合影留念，应把慰问者与接见者安排在中心位置，体现活动主题，忌喧宾夺主，主从不分。课外活动中，如果因为自己迟到而导致活动推迟，到场以后，要进行真诚的道歉，忌悄声离去。如需临时离开，须向有关人员说明，否则会影响学生的情绪。参加课外活动的言语、行动，忌离开主题、节外生枝，应使用礼貌用语。课外活动中，忌制造分裂，这些做法会导致活动不欢而散。

五、师生交往的禁忌

教师常常被称为是人类最崇高的职业，因为他们担负着把人类创造的文明传授给新一代的神圣使命。在师生交往中，如果不注意方式方法，势必影响教育的效果。教师与学生交往有以下礼仪禁忌。

（一）忌冷漠无情

学生在渴求知识的年龄，对教师的期望和信任，某种意义上不亚于对亲生父母的感情，这就决定了师生之间的交往离不开情感。一个态度冷漠的教师无法让学生体会到情感的召唤，无法激起学生的爱戴、信任和期望。

（二）忌傲慢与粗暴

教师更不能对学生傲慢和粗暴，这是缺乏修养的表现。傲慢的教师原本想显示自己的能耐，然而真正的能耐是由学生感受到的，而不是自己标榜和炫耀的。教师的粗暴也许能暂时镇服学生，但是这种方法永远不可能征服学生的心。退一步说，即便教师的粗暴里包含着让学生追求上进的良好愿望，也很可能被粗暴的教育管理方法给弄得面目全非。

（三）忌过分偏爱

教师不应该对学生过分偏爱。十个指头不一般长，学生之间同样也存在着差异。让教师对学生完全一视同仁，是很难做到的，而且也是不现实和没必要的。但是，后进生也期待着教师的培养教育，有很多后进生就是在逆境中奋起，取得了可喜的进步。教师如果过分偏爱优秀生，冷落后进生，就会大大伤害学生的自尊心，造成师生之间的隔阂与对立，有的学生则由此而更加自卑，进而影响学业甚至人生的道路。

第二节　教师与家长沟通礼仪

要让学生健康、快乐地成长，学校、家庭和社会三方都有责任，但直接具体落实到孩子身上的主要是学校和家庭，而在学校和家庭中对孩子的教育有直接影响的是教师和家长。学生的教育，仅靠教师的努力肯定是不够的，因为教师不了解孩子在家的真实情况，这就需要家长的配合。同样家长也不清楚孩子在校的表现，想从教师那里知道孩子在校的相关情况，这就需要教师与家长及时沟通，形成家校两者间的合力，这样对孩子的教育才会有针对性和连贯性。教师与家长交往，是教师和家长为了及时、准确地了解学生成长的各种信息、解决学生成长中的问题，相互交流思想、信息，尽量避免教师与家长对学生要求不一致、家校要求不协调的情况，减少家校双方在共同教育中的某些偏差、失误，及时有效地运用家校联系系统以使学校教育与家庭教育协调、统一，促进学生向预期的目标转变。

家庭是社会的细胞，是孩子健康成长的重要场所，家长则是孩子的第一任老师。孩子入学以后，他们的全部生活仍然与家庭保持着密切关系，家长的教育仍然具有十分重要的意义。教师要经常通过各种方式与学生家长相互联系、互通情况，与家长共同商讨教育学生的方法。教师只有与家长密切联系，促进家庭与学校之间的积极配合，形成教育学生的合力，才能有利于学生的发展。

一、教师与学生家长交往的礼仪原则

教师与学生家长交往的过程中，遇到的家长是各式各样的，他们文化程度不同，工作性质不同，职位职务不同。教师在接待家长时一定要注意，良好的礼仪和态度是对家长的

欢迎和尊重，切不可厚此薄彼，使自己失礼于人。因此，在对待家长时要注意以下几条原则。

（一）尊重家长，平等相待

教师在与家长交往时，要尊重家长，不要摆出教训人的架势，以免损害家长的自尊心。教师与学生家长虽然社会角色不同，但任何一方都不能采取凌驾于对方之上的态度。教师和家长的地位是平等的，教师要把家长看做是“教育者”和“合作者”，而不要看成“对立者”。教师要谦虚谨慎、讲究礼貌、营造和谐气氛，这样才能缩短双方可能产生的距离，家长才会敞开心扉。

教师在与家长谈话时，不要采用命令、警告、责备、提意见和教训人的语气。教师应以热情、关心、委婉、含蓄的语气与家长谈话，这样才能奠定良好的合作基础。当然，在教师与家长交往中，并非都要迁就家长意见，如果发现家长有不正确的观点和行为，可以委婉地指出家长的不足。

（二）态度真诚，举止大方

教师和家长交往时态度要真诚，要常常微笑着同家长交谈。当家长自我介绍时，教师应集中精力记住家长的名字。在以后的交往中，如果一见面就能叫出家长的名字，家长就会觉得这个教师很热情、很有心。教师要真诚地对待家长的来访，在接待时要做到热情有礼，先让座，再上茶。在交谈时，双方要互相正视、互相倾听，不能东张西望、看书看报、面带倦容、哈欠连天，否则会给人心不在焉、傲慢无理等不礼貌的印象。站立时，身体不要东歪西靠，不要斜靠在桌面或椅背；坐时，姿势要端正，不要跷脚、摇腿，也不要显出散漫的样子，女教师不要支开双腿；走路时，脚步要轻，如遇急事可加快脚步，但不要慌张奔跑等。

（三）正确评价学生

教师与学生家长接触，往往离不开评价学生。在家长面前评价学生，首先，要了解学生家长所从事的职业、文化程度、性格特点、教育修养水平等，请家长谈学生在校外的表现，然后教师谈学生在校内的表现。这样彼此之间达到心理平衡，避免在与家长的交谈过程中，由于学生所出现的问题而造成教师和家长相互责备对方“没有教育好学生”，从而产生心理阻碍而搞僵关系。其次，要树立正确的“学生观”，客观地、全面地评价学生，使学生家长感到学校教育的目的和任务是与自己的愿望一致的，从而做到心理相容，共同教育学生。再次，要讲方式，切忌挫伤家长的自尊心。因为家长都有望子成龙的思想，“庄稼别人的好，孩子自己的好”，如果教师在家长面前尽说学生这也不好那也不好，无药可救，把学生看扁了，将会严重地挫伤家长的自尊心。毕竟，最差的学生也会有他的闪光之处。因此，教师在与家长交往的过程中，出于对学生的关心爱护，出于对学生的高度负责，一定要正确地评价学生，以达到与家长感情上的沟通，从而共同教育好学生，取得最佳的教育效果。

二、与单个家长交往的礼仪

由于学生家长的职业不同、层次不同，教育孩子的观念也不相同，要让他们都能与学校、教师“步调一致”，真的很不容易，因此教师，尤其是班主任老师，一定要学会与家长交往，用自身的素质、魅力、学识、人格等，打动家长，争取家长的理解、支持，取得家校协同教育的良好效果，为培养人才提供一个良好的大教育环境。

(一) 仪容整洁，仪表端庄，举止得体，语言文明

社会大众认为教师不仅是传授知识、传承文明、学识渊博的人，还首先应是高尚、积极向上、理智、稳重的典范。教师职业的特点，要求教师必须注意并维护自己的积极形象。在与家长沟通前，教师应事先有计划，把双方时间安排好，并事先列出具体谈话内容。

在与家长交往时，应注意使自己仪容整洁、仪表端庄、举止得体。家长来访，教师要面带微笑、热情相迎、表情诚恳、态度和蔼，家长走时要起身相送。在交谈中使用文明用语，如“请坐”“请喝茶”等。当其他教师与家长交谈时，不随意插嘴干扰。这样会给家长留下很有道德修养的印象，为彼此间的交流奠定良好的基础。

【专栏 9-6】

高中的班主任是位女老师，有一天，一个学生的家长来找她谈话，她便靠在栏杆上用手托着腮帮子看着那位男家长，我们正好在下面做早操，看到老师这样十分反感，从此以后议论纷纷，经常讨论老师的私生活。

【专栏 9-7】

我高中的班主任是位女老师，一次她找我们班上一位同学的家长谈话，由于办公室其他老师都在，她就让我们同学的父母到办公室外面谈话。但整个过程她都把身体靠在墙上，倾斜地站着，衣服还是紧身的，不注意的话还会走光。后来我同学的父母很疑惑地问我们同学：“她真的是你们班的班主任吗?”

人们常说：“教师无小节，处处是楷模。”以身作则是教师职业品德的重要内容，也是教师教育的魅力所在。教师的一言一行、政治态度、思想作风、道德品质、治学精神、行为习惯，都会对学生和家长造成很深的影响。只有严于律己，才能以身作则，“凡是要求学生做到的事，教师必须首先做到；凡是不让学生做的事，教师必须带头遵守”，这是所有优秀教师的共同经验。因此教师在与家长交往的过程中，要注意自己的形象，给学生和家长留一个好印象，用自己良好的个人素质奠定交往的良好基础，为自己的教育增添一抹亮丽的色彩。

（二）了解学生，肯定学生的闪光点

了解学生，这是教师与家长交往的首要前提。只有这样，教师在与家长谈论学生的时候，才能有针对性，才能够得到家长的认同。同时，在了解学生的基础上，要尽可能地挖掘学生的闪光点，并加以肯定。金无足赤，人无完人，再优秀的学生也会有缺点，同样，也不可能存在一无是处的学生，再调皮捣蛋的孩子，他的身上也会有闪光点，关键在于教师要善于发现其闪光点并加以肯定，以帮助家长树立起教育孩子的信心。有的学生家长，由于经常听到对自己孩子在学校表现的负面评价，对教育好自己的孩子已经失去了信心，觉得孩子一无是处，甚至无可救药，从而放弃对孩子的教育，那么教师在学校所进行的教育，即使不算是完全失败的，也必然大打折扣。所以，教师必须避免告状式的家校联系，不能在家长面前一味地数落学生的不是。如果确实因为学生犯了差错需要与家长联系，也应该与家长坐下来，共同分析学生之所以会犯错误的根源，积极与家长达成共识，互相配合，研究出好的解决办法。尤其是对后进生的家长，更要体谅他们的难处。

【专栏 9-8】

我们班的小阳曾是个以调皮捣蛋而出名的孩子，而这个学期，每一个教我们班课程的老师都对我说："小阳的进步实在太大了！"从一个作业拖拉、爱欺负女生的调皮鬼，变成现在规规矩矩的好孩子，他的变化颇费了我的一番心思。每次小阳的家长发消息问孩子在学校的表现，我没有一句批评的话语，我总是列举他在学校每个好的细节，如上课爱动脑筋了、课后能认真做好值日工作等，并且希望孩子的父母能对他多一些鼓励，相信他能行。孩子的父母也非常配合，每次他们都会让孩子看我发的短信，让他实实在在感受到老师对他的信任和期望。

（三）对学生的评价客观、公正，与家长共同探讨教育孩子的方法

教师在向家长介绍其子女在校的情况时，一般会谈到学习成绩、作业情况以及上课听讲等方面。对于差生，教师总是喜欢在家长面前数落孩子的不是，"这孩子经常不爱交作业""上课总爱开小差""考试一般是倒数"等。家长一听说孩子经常不交作业，回家就会强迫孩子做作业甚至因孩子反抗而打骂孩子，不准孩子出去玩。这样一来，学生就会对教师产生抵触情绪，从内心痛恨教师与家长联系。"学生经常不爱交作业"，是不是这个学生从来没完成过作业？有没有那么一次作业交过且做得好的情况？因此，教师在向家长介绍学生的情况时，应实事求是，优点、缺点都要做出分析，力求全面、客观、公正，让家长对自己的孩子有客观全面的了解，并和家长共同探讨教育孩子的方法。

有些家长，认为自己受教育程度不高，文化素质较低，或者由于工作繁忙，从而向教师表示对教育孩子感到无能为力；有的家长则溺爱孩子，放任不管；有的家长甚至认为只有打骂才是让孩子屈服的唯一办法。此时，教师要帮助家长改进不良的教育方法，真诚地帮助家长改变错误的教育观念、教育态度和教育方法，使家长认识到自己教育方式的错误，

体会到教师对他们的孩子发自内心真诚的关爱,自然会想方设法对孩子多加督促与关心,把孩子教育好。例如,当孩子没有完成教师布置的任务时,教师会教育孩子:“自己要对自己的事情负责。”而有的家长怕孩子受批评,竟主动替孩子开脱责任:“是我不好,我没有提醒他。”从而使孩子心安理得地认为“完成老师的任务是爸爸妈妈的事,和我没有多大关系”。而有的家长则是恨铁不成钢,当众指责孩子:“你看别人怎么都完成了?就你忘了?”从而使孩子羞愧难当,自信心大受伤害。教师在与家长交往时,首先要理解、肯定家长良好的出发点,不要使家长有挫败感,同时建设性地给家长一些建议,使他们能够正确运用他们的爱去教育孩子,使孩子健康成长。

(四) 尊重家长,理解家长,指导家长

尽管在教师与家长关系中,教师起主导作用,但双方在人格上是完全平等的,不存在尊卑、高低之别。因此,教师必须尊重学生家长的人格,特别是要尊重所谓“差生”和“不听话”孩子家长的人格。教师作为教育工作者,一般比家长,特别是农村的家长,要熟悉教育理论和方法,更懂得教育规律,在与家长交往时,教师要采取尊重与指导相结合的态度。教师不应使用深奥难懂的专门术语,更不能因此以教训、指责的口吻与家长谈话。如果当着学生的面这样说,不仅损伤了家长在孩子心目中的威信,还会使家长难堪。一旦家长将这种羞愤之情迁怒于孩子,极易造成学生与教师的对立情绪,甚至是怨恨。学生的学习态度也会一落千丈,家校联系的初衷和结果就南辕北辙。

尊重别人是自尊的表现,也是得到别人尊重的前提,正如常言所说:“敬人者,人恒敬之。”所以教师要以真诚与平等的态度对待学生家长,取得他们的信任,争取他们最大程度的配合,共同探讨对孩子的最佳教育方法,以达到共同教育的目的。教师绝对不能因为自己是专业的教育工作者,就以为只有自己才懂教育,只有自己才对如何教育学生具有发言权,从而觉得高人一等,与家长谈话的时候居高临下、盛气凌人。这样,就会造成教师与学生家长之间不应该有的隔阂甚至对立,于学生的教育工作有百害而无一利。

(五) 公平对待每一位学生家长

教师不能戴着有色眼镜看家长,以貌取人,以职业、地位等区别对待家长。家长之间的差异是客观存在的,学历、文化水平、职位、性格均有所不同。无论家长间存在什么样的差异,从他将自己的孩子送到学校的那一天起,家长与教师就开始了共同的历程——教育好孩子。因此,教师应该深入地了解家长,学会与每一位家长交流,有针对性地与家长沟通,让每位家长都能感受教师的关注或重视。

【专栏 9-9】

有位初中老师,当有家长到教室找学生时,这位老师总是凭家长的衣着来决定是否叫学生出去,以及是否打招呼。在学生和家长心中产生了严重的不良影响。

(六) 耐心倾听，尊重家长的意见

教师与家长由于自身角色的不同，与学生的关系不同，在教育上的出发点不同，各自施教的时间、环境不同，在教育学生的问题上，可能会有一些意见和分歧。遇到这类情况，教师要设身处地地从家长的角度思考、分析问题，在交往过程中，学会换位思考，心平气和地跟家长交流。要用一颗平静的心去聆听，听到家长或学生对自己的意见时，要冷静，不能与家长争吵。当家长讲述完后，教师可再用事实或道理向家长证明或解释自己的做法，耐心说服家长，使他们认识到自身的言行对子女的影响，帮助家长了解怎样与教师配合共同教育孩子。只有在积极工作的同时保持着自己的耐心，做到不烦不躁、温和谦恭，才会赢得家长的支持。

【专栏 9-10】

我班的马宇翔个性强，脾气有些古怪，喜欢独自行事，不爱融入集体。平日里，马宇翔一直是他爷爷带着的，有事我都会和他爷爷交代清楚，并经常进行电话联系。在一个双休日的下午，我无意中和马宇翔的妈妈在超市碰到，她一副要和我聊聊的样子，我不得不停下来，马宇翔的妈妈很快就把话题转到孩子身上。关于马宇翔在学校的情况，她问了一连串问题："他在学校听话吗?""上课表现怎样?""学习成绩怎么样?""喜欢和同学交往吗?"……我像汇报一样一一进行了解答。看到平时较少接触、言语也不太多的马宇翔妈妈，今天却很健谈，我感到了一位家长的需要，也意识到了今天一定是一个交流的好机会，于是我就定下心来耐心地听着关于马宇翔在家的情况。原来，最近妈妈发现马宇翔回家就知道写作业了，在家乖多了，喜欢画画、看课外书了，乱发脾气的现象也少多了，还知道关心父母了，还能帮父母做家务了。马宇翔妈妈说是老师教育得好，才使他转变了。我边听边笑着肯定，并将马宇翔其他进步的地方也告诉她，他妈妈听了很开心，趁此我将马宇翔在校时还存在的某些缺点和不足告诉他妈妈，她忙向我保证，回家帮助他。看着马宇翔妈妈高兴地与我道别，我的心情不禁也舒畅起来。

一次偶然的相遇，一次很好的沟通，使家长和教师对学生的了解都更进了一步。为此，教师更应积极、主动地关注学生，了解学生在家的具体情况，经常与学生家长保持联系，并注意沟通的方法和交流的地点，以尊重为先，耐心倾听，让他们感受到教师对他们孩子的关爱，以教师的真诚获取家长的合作。

(七) 适时家访，以表扬学生为主

家访也是教师与家长交往的重要途径。教师家访前应事先约定，不做"不速之客"，以免使家长因教师的突然来访而感到不自在。另外，家访前也要明确此次家访的目的，家访谈话时要有方向、有目的，讲究艺术，切不可漫无边际地闲聊。否则，既浪费了自己的时间，也耗费了家长的热情，使家长对教师的谈话失去兴趣。在反映学生在学校的学习、行为表现情况时，要以表扬为主，从赞扬的角度切入话题，对学生或家长的缺点委婉地指出

或给出建议，让家长明白自己的孩子在某方面的不足或自己某些方面做得不好，知道今后该朝哪个方向努力。这样，不仅在家长面前给学生留了脸面，拉近了师生距离，也使谈话气氛活跃，场面融洽和谐。

教师在家访中要有诚心和爱心，讲话要注意方式，要多表扬孩子的长处和进步。如果教师对家长抱有诚心，对学生拥有一颗爱心，那么，家长必然会成为教师的朋友。

（八）与家长合作要正常化、常规化

家长若带礼物给教师，教师应婉言谢绝，或以适当的方式处理。更不能以学生为理由，向家长提出不合理要求。

与家长交谈完或家访完后，为巩固沟通效果，教师应与家长保持电话联系，与家长配合默契，互通信息，使家校联系常规化。

三、家访和家长会礼仪

家访和家长会是教师与家长沟通的最主要、最直接的方式，也是家长了解孩子在学校各方面表现的重要依据。

（一）家访和家长会的基本要求

1. 做好充分准备

家访和家长会要达到什么目的？会出现什么问题？要先与配班教师商量，然后准备发言稿，打好腹稿甚至文字稿，千万不可在家长面前信马由缰地东拉西扯，也不能任由家长问到哪说到哪。家访和家长会上，教师一定是主角和主持人，要控制整个局面，达到预定的目的。个别家长的麻烦问题可以留待会后解答，整个家长会时间不能拉得太长。另外，要做好环境、资料等物质方面的准备。

2. 提前通知家长

无论是家访还是家长会，要提前通知家长并告知主要目的。家长会的时间要选择多数家长有空的时候；家访则要与家长预约，不可勉强家长，“告诉你爸，今晚我要上你家”甚至“叫你妈明天来学校”等师霸作风是教师礼仪中的大忌。

3. 平等交流，友好协商

大多数做教师的，好为人师是习惯；大多数做家长的，无论本人地位、文化高低，由于疼孩子的缘故，对教师都会恭敬三分。这使得有的教师常常失去了自知之明，在家访和家长会上常以居高临下的态度对家长讲话甚至训话。结果大多是家长迁怒于孩子，因为孩子让自己丢了脸，开完会后回家把孩子怒斥一顿甚至给两个耳刮子。有的认为孩子无过错的就迁怒于学校和教师，“我的孩子交给你了，是你们不会教”。这客观上造成了一些孩子怕教师家访和开家长会。

因此，教师首先要明确家长会的目的，明确家长与教师的关系是平等的教育伙伴关系。无论家访还是家长会，教师在家长面前要亲切自然、温文尔雅，一切都要协商和讨论。教师的出发点是为了孩子好，和家长的出发点完全一致，只要教师和家长平等交流、友好

协商，任何一位家长都是愿意和教师配合的。

（二）家访中的做客礼仪

家访中的做客礼仪是多方面的。

衣帽应整齐。夏天再热也不能在学生家脱衣服；冬天进屋要脱帽和大衣，不要在学生家里说冷。尽可能不在学生家使用卫生间。

不要在学生家里东转西瞧，除非家长主动请你参观。但可以要求看看学生的房间以示关心，并对学生作些了解。

进门可简要说些寒暄性的话语，夸夸主人的房间布置、养的花草等。无论学生家境贫富，教师都要表现得不卑不亢、平和自然。教师要让学生及家长知道，学生无论成绩好还是成绩一般，在教师眼中都是可爱的孩子；父母无论显赫还是平庸，在教师面前都是普通的家长。

对学生多表扬少批评，哪怕此行确因学生犯了大错要与其父母协商，也要先谈一些优点做铺垫。交谈时学生最好在场。如果需要单独与父母交流，可以预先告诉父母，不能硬行让学生回到自己房中去回避，那是对学生的不尊重。

家访时间不宜过长，达到预期目的即告辞。如果与家长意见不一致，甚至家长态度不好，更不宜在学生家中僵持，要另找转弯机会。如："今天我们谈到这里，大家都再想一想，下次再交流好吗？""这个问题我们有不同见解，我们可以放一段时间再解决。""无论怎样，我会对孩子负责，请你们再冷静思考一段时间。"教师如果与家长有了分歧，是最考验教师气度和修养的时候，千万不可与家长斗气，更不可对学生要脾气。

不可借家访解决私事，例如请家长为自己帮忙。常理上来说，家长帮教师解决私人问题好像出于情谊，但实际上是教师以权谋私，因为教师与家长之间本质上是一种业务关系，除非该生已经毕业，家长此时还愿意与教师交往则已转化为朋友之情。许多教师不明白其中的道理，做了有损师德的事情还认为是天经地义。

【专栏 9-11】

一个星期天的傍晚，我到学生曹羽麟家家访时，正巧这个学生在外玩耍，家中有一牌局，父母在看牌，可以说一点学习环境都没有。我委婉地提醒他父母应该给自己孩子一个安静的学习环境。另外我检查发现，这个学生星期天的作业只完成了一小部分，而他的父母说，他们已经询问过孩子的作业情况了，孩子说已经完成。很明显他们对孩子作业的督促仅仅停留在口头上。我给他父母提出建议：建立家校联系本，让孩子把每天的家庭作业的要求写在上面，写完后由教师督促并签名，作业完成后由家长逐项检查，核实完成情况并签名，至于作业完成的质量，则由教师批改后在下次作业签名时反馈在这个本上。经过一段时间后，这个学生的家庭作业完成情况有很大的提高。在我的引导下，他父母对他的训斥和打骂也逐渐减少了。

(三)家访中的交谈礼仪

1. 因家庭类型而异,采取不同的交谈方式

家访过程中,还要注意根据不同的家庭类型采取不同的交谈方式。

(1) 对于有教养的家庭,尽可能将学生的表现如实向家长反映,主动请他们提出教育的措施,认真倾听他们的意见,充分肯定和采纳他们的合理化建议,并适时提出自己的看法,和学生家长一起,同心协力,共同做好对学生的教育工作。

(2) 对于溺爱型的家庭,交谈时应先肯定学生的长处,对学生的良好表现予以真诚的赞赏和表扬,然后再适时指出学生的不足。要充分尊重学生家长的感情,肯定家长热爱子女的正确性,使对方在心理上能接纳意见。同时,也要用恳切的语言指出溺爱对孩子成长的危害,耐心、热情地帮助和说服家长采取正确的方式来教育子女,启发家长实事求是地反映学生的情况,千万不要袒护自己的子女,因溺爱而隐瞒子女的过失。

(3) 对于放任不管型的家庭,家访时要多报喜少报忧,使学生家长认识到孩子的发展前途,激发家长对孩子的爱心与期望,改变对子女放任不管的态度,吸引他们主动参与对孩子的教育活动。同时,还要委婉地向家长指出放任不管对孩子的影响,使家长明白,孩子生长在一个缺乏爱心的家庭中是很痛苦的,从而增强家长对子女的关心程度,加强家长与子女间的感情,为学生的良好发展创造一个合适的环境。

2. 家访中的问话礼仪

教师在与家长交谈中要善于发问,可以从家长熟悉而愿意回答的问题入手,边问边分析对方反应,再巧妙地引出正题。对性格直爽者,不妨开门见山;对脾气倔强者,要迂回曲折;对文化较低者,要问得通俗;对心有烦恼者,要体贴谅解,问得亲切。较重要的交谈,要想好顺序,先问什么,后问什么,最后问什么,总体上要问清哪些事,心中要有通盘考虑,力求取得发问的最佳效果。问答是双边活动,必须使对方乐于回答。问话后要察言观色,从对方表情中获得信息反馈。对方低头不语或答非所问,可能表示他不感兴趣或不能回答,就要换个提法再问;对方面露难色或有疲劳厌倦感,就不能穷追不舍,应适时停止。不要冒昧地问家长的工资收入、家庭财产、个人履历等问题。要恰当地使用表示尊重的敬语,如“请教”“请问”“请指点”等;要恰当使用表示谦恭的谦语,如“多谢您提醒”“您的话使我茅塞顿开”“给您添麻烦了”等。在对方答话离题太远时,还要委婉地控制话题:“请允许我打断一下……”“这些事你说得很有意思,今后我还想请教,不过我仍希望再谈谈开头提的问题……”自然地把话题引过来。问话时不要板起面孔,微笑着问话会使家长乐于回答。

(四)家长会礼仪

家长会作为教师和家长沟通的重要方式,是学校工作的重要组成部分。成功的家长会有助于在家庭和学校之间建立“理解、信任、目标一致”的合作关系。教师在开家长会时要做到以下几点。

1. 做好准备工作

(1) 确定主题。家长会要有明确的目的,要确定一个中心议题,不要大事小事不分主

次。主题集中容易解决问题;面面俱到,则什么问题也解决不了。

(2) 设计程序。在开家长会之前,教师要做到心中有数,想清楚家长“最想听什么”“最想知道什么”以及家长发言的先后顺序等。

(3) 做好欢迎家长的准备工作。教师可以在学年初就与家庭建立联系,比如可以先送一份备忘录或计划书,让家长大致了解孩子们将要学习的内容,并让家长知道教师很高兴能在该学期中见到他们,同时附上具体的联系方法。

在家长会之前要给家长发出正式的邀请,郑重地邀请他们参与孩子的教育。邀请函应该包括会议的日期、时间、地点和回执,回执上写上家长的姓名、学生的姓名以及他们能否参加的答复。

(4) 布置好教室,营造一个宽松友好的环境。保证黑板报或公告栏的内容是最新的,在黑板上写上欢迎的话语;可以让学生在课桌上留下欢迎的字条给自己的家长,请家长坐在自己孩子的课桌旁;要留一块地方展示学生的作品或作业。

(5) 做好发言准备。开篇先致欢迎辞。然后介绍学校日常生活的概貌,包括班级管理方案、课外作业情况、一年的学习计划等。要感谢家长的参与,并让他们知道,他们可以就任何一个与孩子教育有关的问题与教师取得联系,提醒他们一有问题就及早联系。最后以积极、关切的语气再次强调双方合作的重要性。教师还可以征询家长的意见,并乐于回答他们的问题,充分激发家长在教育合作中的主动性。

2. 准时开会,不拖拉

会议的召开要准时、不拖拉。班主任一定要发言。班主任的发言,要充分体现对家长的尊重和对学生的热爱,以引发家长的共鸣。这样才能取得预期的效果。

3. 注意体态仪表与谈话技巧

第一印象是建立于外形之上的。庄重、大方的着装会让家长对教师产生信任感。

语言要亲切、幽默、有趣、充满活力且富于变化。语言亲切,可以缩短和家长的心理距离;语言充满活力,表现出教师的信心和热情以及对自己职业的自豪,可以让家长知道他们的孩子是在一个负责任的好教师的班级里;语言幽默,可以让教师和家长双方都轻松一点,活跃气氛,但尽量不要开无谓的玩笑。讲话时要注意不时变化语调、语速、音高、停顿和频率,还要记住千万不要照本宣科读稿子,这样做会使家长感到教师的真诚不够、信心不足,家长会效果就会大打折扣。教师还可以在说话中穿插着称呼家长的名字,使家长感到教师对他们很熟悉。

4. 保护家长自尊心

开家长会前教师要针对自己的目的寻找好切入点,不要既批评学生又批评家长,造成两者对立的情绪。尤其是新接手一批学生后第一学期的第一个月,应该依据学生开学以来暴露出来的问题,从第二个星期开始每周举行一次小型家长会,主要谈家庭教育。家长作为孩子的第一监护人在培养孩子习惯方面起着不容忽视的作用,教师要指导家长根据教学需要对孩子进行引导与监护、鼓励与奖惩,帮助家长认识到没有原则的溺爱是危险和可怕的,训斥和责打也不利于亲子感情的培养,教师应努力为家长提供在教育孩子过程中遇到的棘手问题的解决方法。最后,教师要把自己的联系电话告知家长,以便有问题及时沟通。

5. 向家长讨教成功的教育经验

教师在家长会上要多给家长发言的机会,千万不要忽视学生身上的闪光点,向学生家长讨教成功的教育经验,让家长感到教师是真正关爱自己孩子的,以形成家长与教师之间的默契配合和友好互动,促成家长与家长之间互相交流、互相学习、互相肯定,从而促使家长发现自身家庭教育的不足之处,及时改进。

6. 尽可能让学生参与家长会

在条件许可的情况下,家长会最好让学生和家长共同参与,以强化学生的学习责任感,让学生明确自己是学习的主人,教师和父母只是学习的引路者、督导者、协助者,从而尊重父母与教师的劳动,相互理解,自主学习。

7. 重视会后的反馈

对家长会反馈的信息要及时分析、认真处理,有关意见的处理结果要尽可能反馈给家长,以增强家长对学校、教师的信任。

四、网络交流礼仪

随着时代的进步,人们之间交往、交流的方式日益拓展,教育方式也与时俱进,有许多学校建立了教育博客,许多班级都建立了班级博客和班级 QQ 群。

在教育博客中,教师可利用文字、图片、视频等多媒体方式,与其他教师博友交流教学方法,介绍教学经验,分享日常教学心得、教案设计、课堂实录、课件等,上传各种原创的教学理论文章、教学心得体会、教案、教学课件等;也可以畅谈教师日常工作、学习、生活。在班级博客和班级 QQ 群中,教师可利用文字、图片、视频等方式,向家长全方位地展示班级学生的风貌,交流教育孩子的经验,传达班级工作的一些计划、安排等。

这些网络交流方式搭起了教师间相互学习交流的平台,搭起了家校相互了解的桥梁,搭起了展示学生特长的舞台,有利于促进教师进行教学反思、改进教学方式方法、增进教学实效,也有利于家长更好地了解孩子所在班级的情况,更全面地了解自己的孩子,从而使家校教育有机结合,形成合力,促进孩子健康快乐成长。网络交流虽然是看不见的交流,但教师也应时刻牢记自己的教师身份,遵行必要礼仪。

(一) 合法、文明使用教育博客、班级博客和班级 QQ 群

教师在上网时,应遵守国家有关计算机及互联网规定的法律和法规、实施办法,合法、文明地使用教育博客、班级博客和班级 QQ 群。严格执行安全保密制度,严禁利用网络媒体和工作之便披露个人隐私信息,发布有碍师生身心健康和学校和谐稳定的言论。不利用博客对教师、学生或家长进行人身侮辱或恶意攻击,传播有损学校、班级、教师、家长形象和团结的资料。网上网下行为一致,教师当着学生面不会说的话在网上也不要说。

（二）精心设计班级博客

班级博客是家长了解班级及班级学生在校情况的一个窗口，教师应精心设计班级博客。班级博客栏目应安排合理、丰富，表现形式多样，突出特色，有相对固定的几个栏目版块；博客界面安排恰当，能使用自定义模板来使博客个性化，体现一定的信息技术处理能力及博客功能开发的创新意识。博客内容要健康、丰富，语言要文明，思想积极健康。教育针对性强，归类要准确，便于查找或阅读。教师与家长们交流教育孩子的经验，最好是原创的。也可在网上搜集最新的教学资源、“教改”经验、教育政策等，如果是网上下载的内容，要注明资料来源。

（三）及时更新，积极与家长互动

教师应及时在班级博客和QQ群上公布学校和班级近期相关工作的安排，要求家长注意、配合的地方应详述。可利文字、图片、视频等多种方式，向家长展示班级学生的方方面面，以鼓励、表扬为主。如博客和QQ群中有学生、家长留言、回复或评论时，教师要及时回复，积极互动。

第三节　教师与同事沟通礼仪

在学校，除了学生，同事应该是教师每天上班都会与之接触、交往的人了，如何与同事交往，创造和谐的工作环境，使学校成为教师乐于工作、勤于工作、开心工作的乐园，需要教师从自身做起，注意相关礼仪。

一、同事相遇礼仪

在校园中，教师早晨相遇时，可以互相道声“早”；课间相遇时，互相点头微笑；下班相遇时，互相道声“再见”；得到别人帮忙，赶紧说声“谢谢”“辛苦了”。在校园内其他场合或校外公众场合相遇时，应微笑示意，或主动打招呼。如对方先打招呼，应礼貌回应，不能面无表情、似理非理，甚至连头也不抬。

二、同事交往礼仪原则

人是一切社会关系的总和。一个人生活在社会中，就必然会与其他人打交道，竞争与合作是社会的主题。人与人之间的竞争与合作是社会生存和发展的动力，也是个人挖掘自身潜能、实现自我价值和奋斗目标的前提。那些善于处理同事关系、巧妙赢得同事支持的人总能使自己的工作风生水起，而那些自命清高，不屑或者根本不会与同事交往的人，则免不了觉得举步维艰。教师如何与同事交往，获得工作中的幸福感，使自己在事业上获得成功，在工作中得心应手，就需要懂得一些同事间相处的学问。

1. 面带微笑，真诚相待

每天到学校，对每一个遇见的同事微笑示意，或面带微笑说声“你好”。无论是门卫、领导还是普通教师，要一视同仁，不要在领导面前就充分表现自己、溜须拍马，在同事面前就爱理不理、脸色难看。一定要记住，尊重别人就是尊重自己。

2. 平等友好，不结小圈子

尽量跟每一位同事都保持友好的关系，不要和某几个同事结成小圈子，一方面可能会引起某些圈外人的对立情绪，无形中缩小自己的人际圈子，另一方面同事是一起共事的人，有时难免会碰到某些利益的竞争，如果产生矛盾，平常亲密的私交可能会为自己带来麻烦。尽可能跟每一个同事友好交往，把握好感情和距离的分寸，不搬弄是非，不散布小道消息，自然能获得他人的信任和好感。

3. 宽容大度，心胸开阔

生活中，人们都习惯于接近那些心理健康、乐观上进、心胸宽广的人，对那些一遇到挫折、受到委屈，就牢骚满腹、怨气冲天、逢人就诉苦的人，都是唯恐避之不及。教师一定要知道工作中难免会遇到挫折、受点委屈，生活没有一帆风顺的道理，要学会自我调节，把注意力放到充满希望的未来，做一个生活的强者，才会赢得人们的尊重。在生活中，当自己的利益和别人的利益发生冲突时，宁可自己吃一点亏。这绝不是阿Q式的精神安慰，而是对做人的礼仪的高度概括和总结。宽容不仅是做人的美德，也是一种明智的处世原则，是人与人交往的“润滑剂”。常有一些所谓的厄运，只是因为对他人一时的狭隘和刻薄而在自己前进的路上自设的绊脚石罢了；而一些所谓的幸运，也是因为无意中对他人一时的恩惠和帮助而拓宽了自己的道路。

4. 修饰自己，赞美别人

教师良好的个人形象不仅能体现教师自身的素养，还能让教师有个好心情。但教师在合理装饰自己的同时，也不要忘记赞美身边的同事，但应注意态度真实、诚恳。

【专栏 9-12】

尚老师买了一套样式挺不错的西服，李老师知道这套衣服两三百元完全能够买得下来。但李老师在猜测价格时说：“这套西服真不错，至少得花四五百元吧?”尚老师听后就非常高兴，笑着说：“你没想到，我只花200元就买下来了！”

5. 热情大方，乐于助人

要获得真正成功的人际关系，就只能用真诚去打动别人的心。真诚地帮助他人，一是帮助他人时，不要怀着某种个人目的；二是对别人的帮助，要落到具体的行为上，不要只停留在口头上；三是要注意方法，不要挫伤他人的自尊心。

路遥知马力，日久见人心，时间是最好的检验剂。我们相信，只要教师真诚相助他人，自然能赢得他人的信任与尊重，为自己积累好人脉奠定良好的基础。

6. 衣着得体，言行适宜

教师穿着不是为了与同事攀比，不是为了在同事面前炫耀，而是应符合自身的特点，体现自身良好的精神风貌。与同事交往的过程中，应三思而后言、三思而后行。只有“三思”，才可以将自己的观点梳理清晰，并言简意赅地表达出来；只有“三思”，对方才会感觉到自己的诚意，并对自己的话给予重视；只有“三思”，才不会因失言而冒犯对方；只有“三思”，自己的行动才较为合理。譬如，看到同事聚在一块，非得凑过去生怕漏掉什么重要消息，明明没你的事却老想插手，喜欢发表长篇大论，喜欢证明、辩论自己是对的……诸如此类，分内的事积极绝对值得赞赏，但若是积极过头了，就可能招致人际关系恶化。在请求同事帮助或打断他人工作时，应该说“打扰了”“不好意思”之类的话。

7. 尊重他人的私人空间

在找其他同事时，应先敲门再进入他们的办公室；未经许可不随便翻阅别人的东西；不私自阅读别人办公桌上的信件或文件。

8. 保持公共卫生

教师应注意保持校园公共卫生的清洁，不随地吐痰、乱丢东西，废物应准确地放入垃圾桶，如厕后谨记冲厕等。

三、教师办公室礼仪

教师在办公室要注意如下礼仪。

不迟到、早退。仪容整洁、服装得体、举止庄重。

保持办公室的清洁卫生，办公桌干净整洁。及时清理办公桌上的物品。负责卫生值日工作的教师，要提前到办公室，按要求自觉做好相关工作。早晨上班第一个进入办公室的教师，应主动开好门窗。

【专栏 9-13】

范某是高一的一位物理教师，我每次进办公室拿作业本时，都发现他的桌子乱七八糟，桌子上还有烟头，这让我很不是滋味，而且发现他的茶杯里泡的茶叶都很多天没换了，茶杯里还有黄色的水印。办公室里的整洁很重要，教师应该自己整理好东西，这也是对他人的一种尊重。

不在办公室吸烟、扎堆聊天、大声喧哗。不在办公室打听他人私事、议论他人，不诉说家事、炫耀自己。当别的教师找学生谈话时，不随便插嘴干扰。

尊重他人，理解他人，求同存异。每个人的出生背景不一样，成长环境不一样，所受的教育不一样，人生的经历也不一样，这就决定了每个人的情感不一样、性格不一样、思想不一样。教师没有理由轻视任何一位同事，也没有理由一味迁就某个同事，最重要的就是尊重理解、求同存异。

同事之间最好不发生物质上的纠纷。同事之间可能有相互借钱、借物或馈赠礼品等物质上的往来，但切忌马虎，每一项都应记得清楚明白，即使是小的款项，也应记在备忘录上，以免遗忘，以提醒自己及时归还，避免引起误会。

节约水电，注意安全。下班最后一个离开办公室的，应关闭办公室所用电器的电源，关好门窗。

有关教师办公室礼仪，详细内容参见本书第八章第一节。

四、教师之间生活交往的礼仪

在工作之余，教师间的生活来往是必不可少的。在学校上班时间，一些不太熟悉的教师见了面往往会主动地相互打招呼，或点头，或微笑。随着共同工作时间的增长，各个教师在学校中建立了自己的交际圈，与一些教师的关系要比另一些教师的关系亲近。但是，人各有自己的脾性，上班期间的礼貌相处并不能代表工作之余能和谐相处。因此，教师在生活中与同事交往时，要采取一定的策略。

（一）相互尊重，真诚相待

尊重是礼仪的核心。相互尊重是处理好同事关系的基础。在与同事交往的时候，首先要尊重他人的观点和看法，即使自己不能接受或不完全同意，也不能当着他人的面指责对方，而是陈述己见，分析事物，讲清道理。在与人交往时，不必强调个人特殊的一面，也不能有意表现自己的优越感。其次要尊重别人的隐私。除非他人主动提及私人事宜，一般不要随意问一些不该问的问题。如果过于关注别人的私事，会被人认为没有修养，素质不高。同事之间相互要真诚相待，切不可当面一套背后一套。彼此之间要相互信任，而不能互相猜疑。

（二）遵守诺言，关心他人

同事间交往要以诚信为本，“言必信，行必果”。相约去其他教师家拜访或在其他地点见面时，一定要准时到达。如果遇到突发事件不能准时到达，也应该尽可能告知，以免对方空等一场。答应别人的事，即使遇到困难也不能食言，自己作出的承诺要竭尽全力去实现。一言既出，驷马难追。对别人不讲信用，就会被看成是不值得信赖的人，以致在以后的交往中处于被动地位。

不论何时何地，都要对其他教师表示出关心。人难免都会遇到困难，如果在别人遇到困难时能伸出热情的双手，尽量予以同情和支持，帮助同事度过难关，这无论对于个人修养的提高，还是对于创造良好的人际关系，都大有裨益。

（三）亲兄弟，明算账

同事交往难免会有经济往来，再要好的同事，毕竟不是一家人。要处理好同事关系，经济往来中一定要把账目弄清，向同事借款，应及时偿还以免遗忘。否则有意无意占了别人的便宜，就会在对方心中降低你的人格。如果所借钱物，一时难以还上，要签订书面字据，并每隔一段时间向对方说明一下，才能继续保持同事间的亲密关系。

(四) 语言文明,注意分寸

同事交往时要做到语言文明,谈话有节制,不能影响工作。谈话内容应有益无害,不涉及他人长短。有些教师之间或教师家庭内部存在着一定矛盾,在与同事谈话时,不能对这些事情捕风捉影,更不能添油加醋,妄加评论。不能口出污言秽语,更不能进行人身攻击。有些教师可能有生理缺陷或其他缺点,同事不能把这些当做谈资,更不能对同事的缺陷加以嘲讽。同事间如果出现分歧,应主动缓和争论或转移话题,不因闲谈伤了和气。不要喋喋不休向别人叙述自己的苦恼、牢骚,这样易让同事为难。谈话时,要有礼貌,专心听对方说,如无心闲谈,应向对方说明,不应左顾右盼或看表等。

五、与领导相处的礼仪

教师在与领导相处时要注意以下礼仪。

仪容端庄,衣着得体,举止大方、自信。

工作积极、认真负责,能独当一面,完成领导安排布置的教学或相关任务。

坦诚相待,主动沟通,重要事情向领导汇报。到领导办公室前,要先轻轻敲门,听到应答再进。进入房间后,如对方正在讲话,要稍待静候,不要中途插话,如有急事要打断,也要等时机,并且要说:“对不起,打扰你们了。”

尊重领导、服从领导,维护领导的尊严,虚心接受领导的批评。尊重、服从领导,是下属的天职。要注意与领导相处的语言和行为方式,善于服从,巧于服从,不在人前与领导争胜负论高低,不当众纠正领导的错误,领导理亏时,要留个台阶给他下,委婉进言。要以领导为核心,尊重而不盲从;要以真诚为核心,不卑不亢,处理好领导、工作与自我的相互关系。

人才的培养是一项系统工程,不是一两个人就能完成的。学校的教学活动及各项工作,都离不开每一个教师的密切配合。教师之间相处与交往的好坏直接影响学校的形象和学生的行为,也直接关系到教师自己工作、事业的进步与发展。

六、教师与教师交往的礼仪禁忌

在与其他教师谈话时,千万不要犯以下四点禁忌,否则不但不能与其他教师结成朋友,反而会招惹其他教师的厌烦,进而不利于自己的工作。

(一) 忌喋喋不休、滔滔不绝

许多人在与人交谈时,总将自己放在主要位置,自始至终一人独唱主角,喋喋不休地推销自己,滔滔不绝地诉说自己的故事。

(二) 忌尖酸刻薄、烽烟四起

言谈交际中有时免不了争辩,但善意、友好的争辩能促进彼此间的了解,活跃交际环境,起到调节气氛的作用。但是尖酸刻薄、烽烟四起的争辩会伤害人,使人对自己望而生畏、敬而远之，容易树敌。

(三) 忌逢人诉苦、博取同情

在生活中，每个人都会遇到挫折和苦难，但每个人对待苦难的方式不同。有的人迎难而上，有的人知难而退，有的人却将苦难带来的愁苦传染给别人，在众人面前反复诉说辛酸，以获同情。开始时，朋友也愿为之排忧解难，想一些法子，给其鼓气，但是每次相聚谈话都是如此，朋友们就会觉得他太没志气，以后就会与其逐渐疏远。所以，交际中一味地诉苦会让别人觉得你没魄力、没能力，会失去别人对你的尊重。

(四) 忌自以为是、到处逞能

同事间谈话的内容往往涉及天文、地理、历史、哲学等古今中外的各种话题，如果你在交谈中自以为是，表现为“万事通”，到时定会搬起石头砸自己的脚。因为交谈是相互了解、相互交流的方式，而不是表现学识渊博、见识广泛的舞台。

礼仪实训

一、实训练习

(一) 案例分析

1. 第一次参加家长会，幼儿园的老师说：“你的儿子有多动症。在板凳上连三分钟都坐不住，你最好带他去医院看一看。”回家的路上，儿子问母亲：“老师都说了些什么？”母亲鼻子一酸，差点流下泪来。因为全班30位小朋友，唯有他表现最差，唯有对他，老师表现出不屑。然而，她还是告诉她的儿子：

“老师表扬你了，说宝宝原来在板凳上坐不了一分钟，现在能坐三分钟了，其他的妈妈都非常羡慕妈妈，因为全班只有宝宝进步了。”

那天晚上，她儿子破天荒地吃了两碗米饭，并且没让她喂。

儿子上小学了。家长会上，老师说：“全班50名同学，这次数学考试，你儿子排第49名，我们怀疑他智力上有些障碍，您最好能带他去医院查一查。”

回家的路上，母亲流下了泪。然而，当她回到家里，却对坐在桌前的儿子说：“老师对你充满信心。他说了，你并不是个笨孩子，只要能细心，会超过你的同桌，这次你的同桌排在第21名。”

说这话时，她发现，儿子暗淡的眼神一下子充满了光，沮丧的脸也一下子舒展开来，她甚至发现，儿子温顺得让她吃惊，好像长大了许多。第二天上学时，他去得比平时都要早。

孩子上了初中，又一次家长会。母亲坐在儿子的座位上，等着老师点她儿子的名字，因为每次家长会，她儿子的名字在差生的行列中总是被点到。然而，这次却出乎她的预料。直到结束，都没听到。她有些不习惯。临别，她去问老师，老师告诉她："按你儿子现在的成绩，考重点高中有点危险。"

母亲怀着惊喜的心情走出校门，此时她发现儿子在等她。路上她扶着儿子的肩膀，心里有一种说不出的甜蜜。她告诉儿子："班主任对你非常满意，他说了，只要你努力，很有希望考上重点高中。"

高中毕业了。第一批大学录取通知书下达的日子，学校打电话让她儿子到学校去一趟。她有一种预感，她儿子被清华大学录取了，因为在报考时，她跟儿子说过，她相信他能考取这所学校。

儿子从学校回来，把一封印有"清华大学招生办公室"的特快专递交到她的手里，突然转身跑到自己房间里大哭起来，边哭边说："妈妈，我一直都知道我不是个聪明的孩子，是您……"

这时，她悲喜交加，再也按捺不住十几年来凝聚在心中的泪水，任它打在手中的信封上。

请分析以上案例中老师在与学生家长交往过程中犯了哪些错误？该如何改正？

2. 有一个同学在一次单元测试中，语文考了 82 分，离家长对他的要求相差甚远，他不敢拿回家让家长签字。第二天，老师检查签字的情况，学生的心跳得特别厉害，心想，不知能不能过这一关。

老师带着关切的神情问："为什么没有签字？"

学生支支吾吾地回答："我……我妈妈……不在家。"

另一个学生当场戳穿他的谎言："他说谎，我昨天看到他妈妈了。"

老师把学生叫到教室门外，看着羞愧难当的学生，摸着学生的头，语重心长地说："撒谎是一种坏习惯，你不应该与它成为朋友，应该与诚实朝夕相处。好成绩是对自己的鼓励，要保持，而不理想的成绩是对自己的鞭策，要努力。关于今天的事，我想你会处理好的，因为我知道你会是个诚实的孩子。"

请分析，这位老师找学生谈话时注意了什么？效果怎样？如果当着全班同学的面，把这个学生狠狠地训斥一顿，又会是什么效果？

（二）简答题

1. 教师与学生交往应注意哪些方面的礼仪？

2. 简述同事共处的礼仪原则。

3. 教师与单个家长交往时应注意哪些方面？

4. 作为一名当代教师，谈谈良好的礼仪规范在日常工作和生活中带给你的帮助。

5. 有人说做人要像铜钱，外圆内方，你同意这种说法吗？结合实际谈谈自己的感受。

6. 有人说，与领导交谈时要直言不讳，应该当面指出领导的失误之处，这样才有利于工作的进步。对此说法你怎么看？

二、实训项目

1. 模拟家长座谈会上教师的言谈举止。

训练方法：10～15 人分为一组，每人准备 10 分钟的教师发言，之后对同学的教师礼仪作出评价。

2. 模拟家访与迎访的场面。

训练方法：自行组成小组，分别扮演家访教师和家长，进行 3～5 分钟的家访与迎访的场面模拟，教师与其他同学对模拟者进行评价。

3. 与学生相遇的礼仪训练

训练方法：教师先找学生配合示范相遇时的情景（如在校园内、楼道、上下楼梯或办公室等场合相遇时的情景模拟），并进行讲解，然后学生按规定程序操作。学生之间进行相互点评，教师指导纠正。

第十章　教师社交礼仪

学习目标

1. 掌握不同场合的称呼礼仪。
2. 学习并应用电话礼仪和名片礼仪。
3. 知道馈赠礼仪的含义和正确做法。

【案例导入】

马文军通过招聘考试顺利进入了一所学校，领导带他熟悉学校环境，并将其介绍给学校的老同事认识。马文军非常恭敬地称呼对方某某老师，大多数同事都欣然地接受了。

当领导把他带到一位同事面前，并告诉马文军，以后就跟着这位同事学习，有什么不懂的就请教他时，马文军更加恭敬地称对方为老师。这位同事连忙摇头说："大家都是同事，别那么客气，直接叫我名字就行了。"

马文军仔细想想，觉得叫老师显得太生疏了，但是直接叫名字又觉得不尊敬，不知道该怎么称呼对方比较合适。

见面礼仪是在人际交往过程中，遇见他人时用来表示自己对对方的热情、尊重、致意等态度的一种行为。见面礼仪包括称呼礼、介绍礼、握手礼、名片礼等礼仪。

教师不仅是传授知识的源泉，而且是传承文明的导师、教书育人的园丁、以身作则的楷模。"为人师表"不仅表现在课堂上，而且表现在生活中，表现在无数细节中。作为教师，掌握一定的社交礼仪知识，并能恰到好处地加以应用，必将大大提升自己的人格魅力，从而使自己的人生闪射出不一样的光彩。

第一节　见面礼仪

见面礼仪是人们进入交际状态实施的第一个礼节，是情感交流的开始，关系到交往双方的第一印象，是涉及交际活动能否成功的起点。由于不同国家和地区的习惯不同，所以见面礼仪的要求也有不同。通常的见面礼仪包括称呼、握手、鞠躬、举手注目礼、拥抱、接吻、致意等。

一、称呼礼仪

称呼，指的是人们在日常交往应酬之中，所采用的彼此之间的称谓语。称呼的运用标志着人际关系的实质。教师正确、适当地使用称呼，反映着教师自身的教养和对对方的评价。称呼，反映对交往对象的情感和尊敬的程度，甚至还体现着双方关系发展所达到的程度、亲疏恩怨的概貌和社会的风尚，因此不能疏忽大意，随便乱用。

当然，随着社会的发展和人们观念的变化，招呼、问候的语言愈发丰富，但其中最重要的不是说什么，而是主动的态度。根据社交礼仪的规范，选择正确、适当的称呼，应当注意以下内容。

（一）称呼的原则

1. 与当时的环境相符

选择招呼的方式、语言，要考虑环境、场合因素，在工作、社交乃至国际交往中应该选用较正式的招呼方式和语言。而在生活场合、关系密切的人之间，可以运用轻松、随意的招呼方式和语言。应对生活中的称呼、工作中的称呼、外交中的称呼、称呼的禁忌等原则仔细掌握，认真区别。

2. 与双方身份关系相符

通常问候之后，人们会很自然地行见面礼，以示友好，这时要注意依照身份来选择是否施礼或施行哪一种礼节。如办公室的一个普通教师遇到外来宾客，则应主动招呼，称呼要合乎常规；而面对本校领导的来到，一般不需要放下手中的工作及热情上前行礼。

（二）日常生活中的称呼

在日常生活中，称呼应当亲切、自然、准确、合理。在现实生活中，对一面之交、关系普通的交往对象，对普通人的称呼，可酌情采取下列方法称呼。

1. 尊称

现代汉语常用的有“你”“您”“某老”。通常，我们对长辈、平辈，可称其为“您”。以“您”称呼他人，是为了表示自己的恭敬之意。对待晚辈，则可称为“你”。“某老”专指德高望重的老人，有三种用法：一是“您”＋“老”，如“您老近来如何”；二是姓＋“老”，如“冯老”“李老”；三是双音名字中的头一两个字＋“老”，如“雁老”（对著名作家沈雁冰先生的尊称）“赵朴老”（对赵朴初先生的尊称）。

2. 以“同志”相称

此种称呼最为通用，尤其是在比较传统的地区、人群之中，或者不知如何称呼时。这种略显保守的称呼反而比较保险。

3. 以“先生”“女士”“小姐”“夫人”“太太”相称

“小姐”与“女士”二者的区别在于，未婚者称“小姐”，已婚者或不明确其婚否者则称“女士”。在公司、银行、外企、宾馆、商店、餐馆、歌厅、酒吧以及交通行业，此种称呼极其通行。

4. 以其职务、职称相称

如：汪所长、夏教授。

5. 姓名或姓名加辈分

如：李华强伯伯、张叔叔、明霞阿姨。入乡随俗，采用对方所能理解并接受的称呼相称。

（三）工作中的称呼

在工作岗位上，人们彼此之间的称呼是有其特殊性的。总的要求是要庄重、正式、规范。

1. 职务性称呼

在工作中，以交往对象的职务相称，以示身份有别和尊重。以职务相称，具体来说又分为三种情况。

（1）仅称职务。例如“校长”“处长”“主任”“馆长”等等。

（2）职务前加上姓氏。例如“李校长”“章院长”“刘处长”等等。

（3）职务前加上姓名，这仅适用极其正式的场合。例如“×××校长”“×××书记”等等。

2. 职称性称呼

对于具有技术职称者，尤其是具有高级、中级职称者，可以在工作中直接以其职称相称。以职称相称，也有下列三种情况较为常见。

（1）仅称职称。即直接以被称呼者的职业作为称呼。例如“教授”“律师”等等。还可以按照当地习惯称呼，将教师称为“老师”、将警察称为“警官”、将医生称为“大夫”等等。

（2）职称前加上姓氏。例如“冯教授”“赵编审”等等。现在，社会上已经将某些称呼约定俗成地简化，例如，通常可将“王工程师”简称为“王工”，这是约定俗成的叫法。

但是，目前学校内不提倡将称呼简化，那样显得不庄重。例如对伊院长叫“伊院”，对吴处长叫“吴处”，对范馆长叫“范馆”等等。使用简称应以不产生误会、歧义为限。

（3）职称前加上姓名。它适用于十分正式的场合。例如“×××教授”“×××律师”等等。

3. 学衔性称呼

在工作中，以学衔作为称呼，可增加被称呼者的权威性，有助于增强现场的学术气氛。称呼学衔，有三种情况最常用。

（1）仅称学衔。例如“博士”。

（2）学衔前加上姓氏。例如“杨博士”。

（3）学衔前加上姓名。例如“×××博士”。

4. 组织生活中的称呼

在党、团组织生活中，通常称呼同志。它具体又分为以下两种情况。

(1) 姓名加上“同志”。一般在正式组织生活、组织发展会等严肃场合,通常采用姓名加同志的称呼。

(2) 名加上“同志”。通常在组织生活会上、学习研讨会议等场合使用这种方式。例如“曙光同志”“志洁同志”等等。

5. 同事间的姓名称呼

在工作岗位上称呼姓名,一般限于同事、熟人之间。其具体方法有三种。

(1) 直呼姓名。如“王弘”“师旷”。

(2) 只呼其姓,不称其名。通常要在姓前面加上“老”“大”或“小”。例如“老李”“小张”“大刘”等等。

(3) 只称其名,不呼其姓。它通常限于同性之间,尤其是上司称呼下级、长辈称呼晚辈之时。在亲友、同学、邻里之间,也可使用这种称呼。

(四) 称呼中的禁忌与错误的称呼

在交往中使用称呼时,一定要回避错误的做法。使用错误的称呼,主要表现为尊重不够、准备不足、知识局限、粗心大意等。常见的错误称呼有以下几种。

1. 误读

误读,一般表现为念错被称呼者的姓名。姓氏来自祖先,在中国人的心中有崇高地位,一定不要搞错,所以接触前一定要做好先期准备,查查字典,必要时要虚心请教。

2. 误会

误会,主要指对被称呼的年纪、辈分、婚否以及与其他人的关系做出了错误判断。比如,将未婚妇女称为“夫人”,就属于误会。

3. 过时的称呼

有些称呼,具有一定的时效性,已经时过境迁,若再采用,难免贻笑大方。例如:在我国古代,对官员称为“老爷”“大人”,若将它们全盘照搬进现代生活里来,就会显得滑稽可笑、不伦不类。

4. 不通行、不适当的称呼

有些称呼,具有一定的地域性,比如,北京人爱称人为“师傅”,山东人爱称人为“伙计”,中国人把配偶经常称为“爱人”。但是,在南方人听来,“师傅”等于“出家人”,“伙计”肯定是“打工仔”,而外国人则将“爱人”理解为搞婚外恋、第三者。可见是南辕北辙,误会太大了。

5. 庸俗低级的称呼

有些称呼在正式场合不应使用。例如“哥们儿”“姐们儿”“死党”“发小”等等一类的称呼,就显得庸俗低级、档次不高,而且带有黑话的风格。把学校领导称为“老板”“头儿”也不合适。逢人便称“老板”,也显得不伦不类。

6. 绰号

对于关系一般者,切勿自作主张给对方起绰号,更不能随意以道听途说来的对方的绰号去称呼对方。至于一些对对方具有侮辱性质的绰号，就更应禁止。例如“北佬”“鬼子”“鬼妹”“拐子”“秃子”“罗锅儿”“四眼儿”“瞎子”“菜鸟”“恐龙”“柴火妞儿”等等。另外，还要注意，不要随便拿别人的姓名乱开玩笑。要尊重一个人，必须首先学会去尊重其姓名。每一个正常人，都极为看重本人的姓名，在人际交往中，一定要牢记这一点。

7. 性别差异

同性的朋友、熟人，若关系极为亲密，可以不称其姓，而直呼其名，如“志刚”“丽韵”。对于异性，则一般不可这样做。

（五）涉外的称呼

在改革开放中，学校的对外交往越来越多，涉外活动中，无论是出访还是接待，会遇到各种各样的外国人。对外国人如何称呼，是改革开放时期的重要常识之一。

通常情况下，对外国男子称“Mr（先生）”，对外国已婚女子称“Mrs（夫人）”，对外国未婚女子称“Miss（小姐）”。称呼外国人，一般要冠以姓名、职称等。“Sir（先生）”“Madam（夫人）”，是对地位较高、年龄较长者的一种尊称。“Ms（女士）”是现代对年长而婚姻状况不明的女子的称呼，也是女权运动的产物。

在国外，对部长级以上的政府高级官员，男子可称“阁下”“先生”或职衔，如“总统阁下”“总理阁下”“总理先生阁下”等。对有高级职衔的妇女，也可称“阁下”，但不能称“先生”。对有地位的妇女可称“夫人”。对医生、教授、法官、律师以及有博士学位的人士，可单独称“医生”“教授”“法官”“博士”等，同时可以加上姓氏，还可以加上“先生”，如“卡特教授”“法官先生”“马丁博士先生”等。

在君主制国家，应称国王和皇后为“陛下”；称王子、公主、亲王等为“殿下”；对有公、侯、伯、子、男等爵位的人士既可称爵位，也可称“阁下”，还可称“先生”。

在欧洲，靠努力取得的学术头衔比公司的头衔更光荣，因此可以光用学术头衔称呼，或者为了保险起见用两个头衔称呼，在用两个头衔的时候，要把学术头衔放在前面。外国人的姓名与我国汉族人的姓名大不相同，除文字区别外，姓名的组成、排列顺序都不一样，要向有关人员问清楚，确保称呼的正确性。

二、介绍礼仪

教师在社会交往的过程中，有时会碰到一些不熟悉的人，如果双方要认识交往，就需要互相介绍。或者教师在应聘其他岗位或学校时，也需作自我介绍。在礼仪中，介绍是一个非常重要的环节，是人际交往中与他人进行沟通、增进了解、建立联系的最基本、最常规的方式。通过介绍，可以缩短人与人之间的距离，帮助扩大社交的圈子，促使彼此不熟悉的人更多地沟通和更深入地了解。

（一）介绍的分类

根据介绍的对象、场合的不同，介绍可分为以下几类。

依社交场合的方式来分，有正式介绍和非正式介绍。一般在工作场合作正式介绍为宜。

依介绍者的位置来分，分为他人介绍、自我介绍、他人为自己介绍。

依被介绍者的人数来分，有集体介绍和个人介绍。

（二）自我介绍礼仪

教师如果与对方不是很熟悉，又无人引见，可向对方自报家门，自己将自己介绍给对方。

1. 自我介绍的具体形式

（1）应酬式

适用于某些公共场合和一般性的社交场合，这种自我介绍最为简洁，往往只包括姓名一项即可。如“您好，我叫×××”，“您好，我是×××”。

（2）工作式

适用于工作场合，是很正式的自我介绍。通常包括本人姓名、供职单位及部门、职务或具体学科等。如“您好，我叫×××，是×××学校××年级的数学老师”，“我叫×××，在×××学校教数学”。

（3）交流式

适用于社交活动中，希望与交往对象进一步交流与沟通。它大体应包括介绍者的姓名、工作、籍贯、学历、兴趣及与交往对象的某些熟人的关系。如“您好，我叫×××，在×××学校工作。我是×××的同学，都是×××人”。

（4）礼仪式

适用于讲座、报告、演出、庆典、仪式等一些正规而隆重的场合。包括姓名、单位、职务等，同时还应加入一些适当的谦辞或敬辞。如“各位来宾，大家好！我叫×××，是来自×××学校的教师。我代表学校全体教师欢迎大家光临我校，希望大家……”。

（5）问答式

适用于应试、应聘和公务交往。问答式的自我介绍，应该是有问必答，问什么就答什么。

2. 自我介绍的基本礼仪

（1）确定自我介绍的方式

根据场合确定自我介绍的方式，自我介绍宜简短（应聘时除外）。

（2）择时介绍，坚持半分钟原则

教师在作自我介绍时，应注意挑选对方情绪较好，有兴趣、有空闲的时机来介绍自己，这样对方接受的可能性比较大。在自我介绍时应先向对方点头致意，得到回应后再向对方简洁地介绍自己的姓名、身份、单位等，一般半分钟左右为佳。一定要注意实事求是。

（3）举止大方、态度诚恳

教师在进行自我介绍时，应充满自信，举止应落落大方、彬彬有礼，既不能唯唯诺诺，又不能虚张声势、轻浮夸张。要敢于正视对方的双眼，胸有成竹。语气要自然，语速要正常，语音要清晰。自我介绍的内容需实事求是、富有特色，不可自吹自擂、夸夸其谈，让人觉得你不可信。

（三）介绍他人的礼仪

介绍他人，又称第三者介绍，是经第三者为彼此不相识的双方引见、介绍的一种介绍方式。当教师将两个陌生人或不是那么熟悉的人引领到一块时，自然必须为他们作介绍。通常情况下，介绍人应对被介绍双方都比较了解。

1. 尊重他人

教师在介绍他人之前不仅要征求一下被介绍双方的意见，还要在开始介绍时再打一下招呼，不要一开口就介绍，让被介绍者措手不及。介绍时一定要弄清彼此的关系，明确介绍的目的。

对于被介绍者，当介绍者询问是不是要有意认识某人时，不要拒绝或扭扭捏捏，而应欣然表示接受。实在不愿意时，要委婉说明原因。

当介绍者走上前来，开始为双方进行介绍时，被介绍者双方都应该起身站立，病人和老年人除外。三方都要面含微笑，相互致意，大大方方地目视介绍者或对方。坐着打招呼与礼仪不符。

当自己被别人介绍时，如果介绍方一时想不起自己的名字或单位，要马上主动接上话自我介绍，避免介绍人和自己尴尬。

2. 姿势得体

教师在介绍他人时，应以标准姿势站立。右臂肘关节略屈并前伸，手心向上，五指并拢，手指指向被介绍者，眼睛直视被介绍者。

3. 遵守规范

介绍他人有一些基本的礼仪规范，应避免嬉皮笑脸，仪态不端。通常是将年轻者介绍给年长者，晚辈介绍给长辈，把职务低的介绍给职务高的，将学校老师介绍给来访家长，将非官方人士介绍给官方人士，将本国同事介绍给外籍同事，将主人介绍给客人，给客人优先知情权等。

如果介绍双方的年龄、职务相当、性别不同，就要遵从“女士优先”的原则，即把男士介绍给女士。当然，如果都是平辈朋友，则可随意一些。但如果男方为年长者或上司时，则应先介绍女方。如果你不遵守以上规范，随意地介绍，也许得罪了人还不自知。

介绍很多人时根据被介绍人与介绍人的距离从较近处或较远处开始，只介绍姓名即可，也可根据情况一并介绍职业与职务。

4. 尽可能多地提供一些相关资料

在首次介绍时要准确地使用全称，不要使用容易产生歧义的简称。介绍时可适当风趣。要注意言辞有礼，遵循平等的原则。一般介绍，介绍姓名和称呼即可。正式介绍即应包括姓名、称号、单位、职务、关系、兴趣爱好等，让被介绍的双方相互之间多了解一些，便于交谈。但应避免使用推销式的介绍，例如不可这样介绍，“这位是某某先生，某某公司的董事长,家产3亿元”。这种介绍有借朋友的身份来抬高自己的嫌疑,既失身份又欠礼仪。

5. 互致问候

当介绍者介绍完毕后,被介绍者双方应依照合乎礼仪的顺序进行握手,彼此问候一下,这时应准确记忆介绍对象的姓名。在交谈中叫出对方的姓名可以增加亲近感。如不清楚对方的姓名时,可悄悄通过其他人确认。

介绍时,如果有名片,可以先递名片再作介绍,也可以在介绍时互递名片。向对方说“你好,我是某某某”,同时恭敬地将名片递给对方。收下名片后,将名片放在方便取用的地方。

(四) 被他人介绍的礼仪

有时出席某些场合,教师会被介绍给其他人。除了注意上面介绍的有关礼仪外,教师还应注意以下几点。

如果自己的身份较高或是女性时,应主动伸手与对方握手。

如果是一般身份,则应耐心等待。

被介绍时,一般均应起立,微笑致意,或说“认识你很高兴”之类的礼貌用语。

三、握手礼仪

握手礼是交际中最常见的礼节,但是要恰当地握手需要注意以下几个方面:握手的时机、握手的方式、握手的次序、握手的禁忌。

(一) 握手的时机

迎送时表示敬意。在办公室里、家中以及其他一切以自己为东道主的社交场合,迎接或送别外宾和来访者时,要握手,以示欢迎或欢送。

拜访他人、慰问同事、进行家访后,在辞行时,要握手,以示“再会”。

在重要的社交活动表示敬意。如开学典礼、毕业典礼、年终奖励、研讨会、家长会、校友会、运动会、宴会、舞会、沙龙、生日晚会开始前与结束时,要与来宾握手,以示欢迎与道别。

表示感谢。他人给予了自己一定的支持、鼓励、祝贺、馈赠、帮助,或受邀参加活动时,要握手,以示衷心感激。

向他人表示恭喜、祝贺时,如祝贺生日、结婚、生子、晋升、升学,或获得荣誉、嘉奖时,要握手,以示贺喜之诚意。

表示高兴与问候。遇到较长时间未曾谋面的熟人,要握手,以示久别重逢而万分欣喜。被介绍给不相识者时,要握手,以示自己乐于结识对方,并为此深感荣幸。在社交性场合,偶然遇到同事、同学、朋友、邻居、长辈或上司时,要握手,以示高兴与问候。

对他人表示理解、支持、肯定时,要握手,以示真心实意。得悉他人患病、遭受挫折或家人过世时,要握手,以示慰问。

（二）握手的方式

具体来说，握手时双目应注视对方，神情专注，姿态自然，微笑点头，然后相互握手。行握手礼时，距对方约一步，上身前倾，两足立正，伸出右手，四指并齐，拇指张开向受礼者握手，并上下微动，约两三秒钟，礼毕即松开。

握手礼同时是情感流露的重要形式，在手部触摸时间感受到对方的态度。有一定力度且时间较长的握手表示的是热情和真诚，而轻轻一握即分开则表示冷淡。

教师与人握手时手位要适当，手掌垂直于地面最为适当。它称为“平等式握手”，表示自己不卑不亢。

与人握手时掌心向上，表示自己谦恭、谨慎，这一方式叫做“友善式握手”。

与人握手时掌心向下，则表示自己感觉甚佳，自高自大，这一方式叫做“控制式握手”。教师不必如此造作。

若关系亲近、密切者，则边握手边问候，甚至两人双手长时间地紧握在一起。年轻者对长者、尊者或上级应稍微向前欠身，双手握住对方的手以示尊敬。此种方式的握手不适用于初识者与异性，因为它有可能被理解为讨好或失态。这一方式有时亦称“手套式握手”。

男子与女子相见时，女方不先伸手，男方一般不可行握手礼。和女方握手时，往往只轻握一下女方的手指部分。

握手时，为了向交往对象表示热情友好，应当稍许用力，大致握力以在两公斤左右为宜。与亲朋故旧握手时，所用的力量可以稍微大一些，而在与异性以及初次相识者握手时，则千万不可用力过猛。

在与人握手时，不可以毫不用力、毫无反应，不然就会使对方感到怠慢无礼。

男子在握手前先脱下手套，摘掉帽子、墨镜。在介绍女子与男子相识时，女子可不起立，握手时戴着纱手套也被认为是可以的。

（三）握手的次序

握手时应注意：行握手礼时，教师、女子、长者、尊者、上级、主人、先到者、已婚者有先伸手的义务，不然会使对方尴尬；学生、男子、年轻者、身份低者、下级、客人、后到者、未婚者只有向对方问候并在对方伸手之后再行握手礼。

有时交际的双方身份是交叉的，例如A是女士，同时又是下级、学生，B是男士同时又是上级、教师，谁先伸手呢？这就应具体情况具体分析，在本单位，校园内，身份明确，教师、上级先伸手；在社交场合，或当时双方不知道谁是上级，则应按女士优先原则，其次是长者优先的原则，由女士、长者先伸手。

多人行握手礼注意不可交叉，待别人握完再握手。个人需要与多人握手，也应讲究先后次序，由尊而卑。

握手礼仪的特例是主人与客人握手的次序。在接待来访者时，应由主人首先伸出手来与客人相握表示“欢迎”。而在客人告辞时，则应由客人首先伸出手来与主人相握表示

“再见”。

(四) 握手的禁忌

1. 拒绝他人的握手

无论谁先向自己伸手,即便他忽视了握手礼的先后顺序而已经伸出了手,都应看做是友好、问候的表示,应马上伸手相握。拒绝他人的握手是很不礼貌的。

2. 用力过猛

握手时不要用力过猛,尤其是当男性与女性握手时,用力一定要适度,不要对女性采取双握式(俗称“三明治”式)握手。

3. 交叉握手

在多人同时握手时,不要交叉握手。当自己伸手时发现别人已伸手,应主动收回,并说声“对不起”,待别人握完后再伸手相握。

4. 戴手套握手

无论男女,在社交活动中,与人握手时均不应戴手套,即使你的手套十分洁净也不行。女士穿晚礼服、婚礼服等套装戴纱手套时例外。

5. 握手时东张西望

握手时双目不能斜视或环视其他而应注视对方,两手相握时,双方目光应对视。

(五) 不宜握手的情况

下列情况时不宜握手:对方手部有伤;对方手里拿着较重的东西;对方忙着别的事,如打电话、用餐、主持会议、与他人交谈等等;对方与自己距离较远;对方所处环境不适合握手;当自己的手不干净时,应亮出手掌向对方示意声明,并表示歉意。

此外,见面礼仪中有时还包括鞠躬礼仪。

鞠躬礼在国际交往中是经常采用的礼节。鞠躬礼源于中国,最初指的是弯曲身体,代表一个人的谦恭姿态。后来逐渐演化为一种弯身礼节,表示内心的谦逊恭敬。

鞠躬礼节一般是下级对上级或是同级之间,或是初次相见的朋友之间的礼节。行鞠躬礼时必须脱帽,用右手握住帽前檐中央,将帽取下,手垂下后身体对正,呈立正姿势。行鞠躬礼前必须注目,不可旁顾,受礼者也同样。上级、长者或尊者在还礼时,可以欠身点头或同时伸出右手作答,不鞠躬也可以。

第二节 电话礼仪

电话是目前最常用的通信工具,它方便、快捷,能及时沟通,达到交流感情的目的,是目前人们交际的一种重要手段。电话是凭声音语言进行沟通的,无论是发话人还是受话人,都应注意现代通信礼仪。

一、发话人礼仪

要选择适当的通话时间，尽量避开对方休息或不宜接电话的时间。白天应在早晨8点以后，节假日则最好在早晨9点以后，晚上应在22点以前。但是有紧急事情的例外。与国外通话还应注意时差和生活习惯。要查准对方的电话号码再拨号，万一拨错了，应向接电话者表示歉意。

电话接通以后，寒暄的语言非常重要，说一句："喂，您好！"能马上让对方感觉到温暖和亲切。可以先询问一下对方的单位和姓名，确认以后再说要办的事情。问对方时语调要柔婉亲切，如："请问您是郝先生吗？"或"能告诉我您的尊姓大名吗？"问清了对方之后，应向对方说自己的单位和姓名，免得对方猜测。如果对方不了解你的身份，也就不便于和你交流。

打电话时口要对着话筒，说话音量不要太大，但也不要太小，吐字要清楚，语气要自然。必要时可把重要的话重述一遍，让对方记清楚。当对方对某些地方不清楚发问时，要耐心地回答，认真地解释，切忌不耐烦，或有厌烦的感觉。当自己心情不好与别人通话时，注意不要把情绪带进电话里，以免给对方造成误会。与人通话时，还要注意通话时间不宜过长，不要利用电话闲谈和开玩笑，这样占用别人的时间是不礼貌的。通话结束时，要礼貌地说声"再见"，不要很突然地把电话挂了。

二、受话人的礼仪

听到电话铃声响了之后，应尽快拿起话筒，不要懒洋洋地漫不经心地故意拖延时间。提起听筒以后应马上和发话人答话，不能不吭声或继续和周围的人闲谈，这对发话人是不礼貌的。

受话人应先说一声"您好"。接电话后，如果是办公电话，自己不是受话人，即不是对方要找的人，应该积极热情地为对方找受话人接电话，并说"请稍候"，但不能听筒未放下就大声喝叫"×××接电话"，也不能语气粗暴地回答"×××不在"而不想给人寻找，显得没有教养。如果对方要找的人正在忙着，不能马上过来接电话，应该客气地给对方说"请您稍等一下，他马上就来"。或者给对方说明要找的人正在忙着，请再过一会儿打过来，征求了对方的同意再挂断电话。如果对方要找的人不在，应耐心地征求一下对方的意见："您要找他办的事情，我能给您代办吗？"或者说："我能转告他吗？"如果对方没有请你转告或代办的意思，应耐心将对方的姓名和电话号码记录下来，待受话人回来后立即告知。

自己是受话人时，应有礼貌地先和对方寒暄几句，表示亲热。然后问对方有什么事要办，认真地聆听对方的述说，应不时地附和对方，表示你正在认真地听他的谈话。听时就应该考虑对方所提的要求能不能满足，所托之事能不能办。若能办则要给对方一个明确的答复，给对方说明办事的程序和时间，让对方什么时候等待结果。如果不能办或根本办不成，应委婉谢绝，或让对方再寻找其他渠道办理，给其指明一条道路也可。电话打过来之后，自己忙着办事又不可中断，委婉告诉对方自己一时不好脱手，请等多长时间再打过来，或者请对方挂断，自己处理好手头工作之后，马上给打过去。双方通话，一般由发话人先提出结束通话。如果对方没有把事讲完，受话人就挂断电话，这是极不礼貌的表现。

三、公用电话礼仪

公用电话设置在公共场合是供大家使用，给群众提供方便的，不是个人的电话，因此使用公用电话时要讲究文明礼貌，遵守礼仪，遵守先后次序。打电话的人多时，应排队等候，不能拥挤。应互谅互让，让有急事的人先打，如有的人急于乘飞机、坐火车，或者看病需要马上抢救等，则应让其先打。尽可能缩短通话时间。通话时间过长，既浪费电话费用，又影响了后面排队的人的事情。当拨通对方电话很长时间无人接时，应让给下一个人打电话，自己等会再打。要爱护公共电话设施。

第三节　名片礼仪

名片是现代社会交往中最为经济实用的一种介绍性媒介。现在名片使用越来越频繁，是社交的重要手段之一。初次见面，大家往往会递上名片作为自己的“介绍信”和社交的“联谊卡”。名片使用要注意以下几个方面：名片的内容，递交名片的时机，交换名片的礼仪，名片的制作，名片的存放。

一、名片的内容

现在社交名片与职业名片区别越来越小，为了交往、联系、工作方便，名片上通常载上必要的信息，一般都写上姓名、地址、电话、传真、电子信箱、邮编、单位、职务、职称、社会兼职等。它是一个人身份的展示。

二、递交名片的时机

初次登门拜访对方，需要将自己的名片递交他人，或与对方交换名片，希望认识对方，表示自己重视对方。通知对方自己的变更情况、打算获得对方的名片时，应先递上自己的名片。注意，不要强行索要对方的名片。

三、交换名片的礼仪

交换名片时应有正确的仪态，它体现了一个人的修养和素质。无论是递名片还是收受名片，一定要保持恭敬严谨的态度。

（一）赠送名片

一般情况时，职位低的人应先给出名片，这是基本的礼貌。不过假如对方已经先递出名片,就赶快先收下。

在双方交换名片时应起身,并面对对方,口头要先有所表示,说:“您好! 这是我的名片,请多指教。”或者“您好! 我们来认识一下吧。”交换名片最好是双手递、双手接,除非对方是有“左手忌”的国家(有些国家和地区的传统认为左手是肮脏的)。

名片正面朝对方,如是对外宾,外文一面朝上,字母正对客方,要恭敬有礼。交换名片时的高度不能低于腰部以下。如果对方已先准备好名片,而自己因动作缓慢让对方久等,这是相当不礼貌的。当确定对方已准备就绪,应尽快将自己的名片递出。

若是拿着名片行走时,拿着名片的那只手应放于胸前。

(二) 接受名片的礼仪

接过名片后应点头致谢,并认真地看一遍。最好能将对方的学位、职称、主要职务、身份轻声读出来,以示尊重,遇到不太清楚的地方可马上请教。此时不可拿着名片在对方的面孔旁边比对或是从头到脚打量对方,这是极度没有礼貌且易引起他人反感的行为。切忌接过名片一眼不看就收起来,也不要随手摆弄,这样不礼貌。应认真收好,让对方感到受重视、受尊敬。名片放在桌上时,上面不要压任何东西。事后,如有必要可在名片上注上结识的时间、地点、缘由,以免以后名片和人对不上。

在现代涉外活动中,也可以用名片作为简单的礼节性通信往来,表示祝贺、感谢、介绍、辞行、慰问、吊唁等。可以在名片上写上简短的一句话,或送礼、献花时附上一张名片。国际涉外交往中这都是很常见的。

四、名片的制作

国内最通用的名片规格为长 9cm、宽 5.5cm。这是制作名片时首选的规格。此外,名片还有两种常见的规格为 10cm×6cm 和 8cm×4.5cm。前者多为境外人士使用,后者则为女士专用。

如无特殊需要,不应将名片制作过大,甚至有意设计成折叠式,免得给人以标新立异、虚张声势、有意摆谱之感。

国外习惯姓名印在中间,职务用较小号字体印在姓名下面。我国则习惯将职务、单位用较小号字体印在名片左上角,姓名印在中间,一般字体稍大。如是竖排板,则职务、单位在名片右上角,姓名在中间。如同时印中外文,则一面为中文,另一面印外文,外文一面按国际习惯排印。

学校的职业名片通常还会将校徽印刷在名片的左上角,通常不宜太花哨,要体现职业特色,高雅、庄重。艺术教师的名片还可以设计得艺术化一些,更加美观大方。但是不要喧宾夺主,图案太花,以致关键信息反而看不清楚。

五、名片的存放

要使名片的交换合乎礼仪,并且使其在人际交往中充分发挥作用,则还应注意如下两个问题。

(一) 名片的放置

在参加交际应酬之前，要提前准备好名片，并进行必要的检查。

随身所带的名片，最好放在专用的名片包、名片夹里，此外也可以放在上衣口袋之内。不要把它放在裤袋、裙兜、提包、钱夹里。在交际场合，如要用名片，则应将其预备好，不要在使用时再去瞎翻乱找。

接过他人的名片看过之后，应将其精心放入自己的名片包、名片夹或上衣口袋内，切勿放在其他地方。

(二) 名片的收藏

参加过交际应酬以后，应立即对所收到的名片整理收藏，以便今后利用方便。存放名片的方法大体上有四种，它们还可以交叉使用：按姓名的外文字母或汉语拼音字母顺序分类；按姓名的汉字笔画的多少分类；按专业或部门分类；按国别或地区分类。

若收藏的名片甚多，还可以编一个索引，也可以使用专门的名片处理软件。

第四节 网络礼仪

全球互联已是当代信息传递的主要方式，很多信息，只要联网搜索，多数都能找到满意的答案。而在网络如此广泛而便捷的时代，网络礼仪也成为现代礼仪当中不可忽略的一分子。

一、什么是网络礼仪

网络礼仪是指人们在网上交流信息时被公众认可的并被嘉许的各种网上的行为规范和准则。

在互联网上，人与人之间的交流，由于各种环境因素的制约，只是局限于就某个问题共同交换、探讨信息，求得互补或共识。当所探讨的问题结束后，也许原来两个或多个交谈甚欢的人就此分道扬镳，各奔东西，再不谋面；也许在日后又有可能在网上相遇相知，甚至成为好朋友。网络，就是这样具有多重的不确定性。

当在网络上发表自己的见解时，很可能别人不能完全、正确地理解自己所表达的确切语意，也很容易陷入“言者无意，听者有心”的困境。但是如果能遵守网上的公共道德，能比较注意撰文措辞、在乎表达方式，那么很可能会达到事半功倍的效果，收获意想不到的喜悦。

网络礼仪使得网络活动有组织、讲文明。网络礼仪是互联网使用者在网上对其他人应有的礼仪，真实世界中，人与人之间的社交活动有不少约定俗成的礼仪，在互联网虚拟世界中，也同样有一套不成文的规定及礼仪，即网络礼仪，供互联网使用者遵守。忽视网络礼仪的后果，可能会对他人造成骚扰，甚或引发网上骂战或抵制等事件。

二、网络礼仪的基本规范

网络礼仪包括如下几个方面。

（一）加强自我保护意识

伴随着网络的迅速发展，网络礼仪也正在逐步形成并日趋规范。网络上的交流既要注意维护个人的权益，也要做到不侵犯别人的隐私；既要抱着一颗诚心，善意地与人们交流，又要注意防范自己的个人资料轻易泄露，给自己造成不必要的损失。因此，掌握必要的网络规范对每个人都会很有帮助。

1. 不随意公开个人情报

什么是个人情报？编写个人档案，其实就是个人情报。个人情报公开多少？请自己衡量、控制。如果想结交许多新朋友，需要在编写个人档案上下一点工夫，作一番实在的但却是简单的介绍，使别人看到你的自我介绍就能大致了解你是个怎样的人，从而确定是否与你在网上交朋友。

同样，对于他人的个人情报，也不应该轻易地提问、打探。这样的举动会使人望而却步，不想继续交往。

对于同事、朋友的个人资料，更应该妥善保护，没有征得本人的同意，绝不能随意泄露，以免给他人带来不便甚至伤害。

2. 不轻易地表达自己的感情

现在的很多年轻人大都很直率，但凡有点高兴的或者不高兴的事情往往都会在网络上披露。如有人随着自己的心情更换QQ签名，让人一看就能大致猜测到其目前的情绪；还有人喜欢在QQ的共享空间上写日记，或者干脆在网络上建立个人博客，把自己的现实情绪，所遇之人、之事，工作上的得失都一一坦陈。在此需要提醒，建个人博客、在QQ空间上写日记，都应该遵守适度原则，最好不要轻易地、随性地暴露个人隐私、暴露自己所处的环境、近期所遭遇的波折，无论是好是坏，都可能会给自己造成难以回避的尴尬或者麻烦。

（二）尊重、礼遇对方

网络虽然是个虚拟的世界，但是在网络中游弋的人却是鲜活的、真实的。因此，当登上网络时，首先必须想到沟通的对象是个有情绪、有感悟的人，因此必须尊重对方。也只有时时、处处注意尊重别人，才会得到别人同样的尊重和嘉许，自己的交流渴望才能得到满足，才能接近所想要达到的目标。

（三）使用正确的网络问候用语

现在的网络非常发达，人们通常惯用的网络联络方法主要有微信、QQ、发邮件、博客、微博等等，即时对话用微信、QQ的人非常多，但是人们往往在使用这些沟通工具时会忽视相互间的基本的礼貌用语。这些都是亟待规范和纠正的。

如果想在QQ上找某个人交流，要养成这样一个习惯：在向对方打完招呼后，先用这样的语句作为对话的开场白："好!""能打扰一下吗?""想请教个问题。"或"允许我现在和你做个交流吗?"这些既谦虚又友好的问候或请求会得到对方的青睐和好感，会促使对方产生交流的欲望。即使是再熟悉的人，也需要在开始交流前适当问候或探问，这既表示了对对方的尊重，也向对方展示了自己的个人修养。在结束对话交流时，也请记住必须向对方道别，说声"再见"，还可以说"聊得很高兴，希望下次还能有这样的机会""今天得到很多教诲(启示)，谢谢"等。

(四) 以敬语联络感情

当发送邮件时，要遵照书面写信的格式，不要过于简单。要在邮件的主题栏目中写上该邮件的名称，这将方便对方看到邮件时即能了解该邮件的大致内容以及急缓程度。在检索栏中写上对方的称谓，简要地说明发送该邮件的目的，还要写上几句礼貌的联络感情的话语或必要的敬语。这段话需要包含三层意思：一是此邮件的主要内容提示，让接收人一目了然；二是表示联系对方的目的；三是表达感谢。举例说明，当想要发送一份稿件给对方并想征求对方的意见时，可以这样说："×××：您好！我发送给您的是一份关于×××(事情或工作)的文章，希望能得到您的指点。这可能会耽搁您的时间，但您的指点将对我具有十分重要的意义，所以还是麻烦您了。谢谢！顺祝安康!"最后签署自己的姓名。

(五) 设身处地多为别人着想

在网络交流中往往有一方会经常处于被动的状态，甚至是被强制的状态。例如有时自己并不想参加或者并不想得到的东西别人给传递过来了，当然可以拒绝，但当认真地专注于某项工作时，却时不时地收到一些莫名的消息时，也会感到厌烦。所以在做一件事情或发表一些言论之前，请先想一想这么做会不会影响别人或者会不会引起别人的反感。在网络上交流也同样。发出邀请者一定要学会设身处地地为别人着想，在传送消息之前先问问对方，得到对方的同意后再传送。比如，当收到一些颇为有趣的连环信息时，不要因为个人的兴趣爱好而随意地转发他人，更不要依照这些连环信息的提示而去群发给并不需要的人。当空闲时，也不要随意地邀约某人谈天说地。在发送或者邀约之前必须想一想，所想联络的人是否正在认真、紧张地工作？是否会和自己一样对这些信息或你的邀约感到有趣？发送的信息、邀约是否会转移别人的注意力，扰乱别人正在进行中的思绪？因此，别在上班时间轻易地发送一些游戏性质的信息，也别在上班时间随意邀约别人聊天，这样做除了会让别人对你产生不认真工作的印象外，没有任何好处。即使在工余时间，也应该首先问问别人是否需要，然后再决定是否发送或邀约。

(六) 其他网络礼仪规范

1. 网上网下行为一致

在现实生活中大多数人都是遵法守纪的，在网上也同样如此。网上的道德和法律标准与现实生活中一样，不要以为在网上交流就可以降低道德和法律标准。

2. 入乡随俗

同样是网站,不同的论坛有不同的规则。在一个论坛可以做的事情在另一个论坛可能就不能做。最好是先观察一会儿再发言,这样可以知道论坛的气氛和可以接受的行为。

3. 给自己在网上留个好印象

因为网络的匿名性质,别人无法从你的外观来判断,因此你的一言一语将成为别人对你印象的唯一判断。如果你对某个领域不是很熟悉,找几本书看看再开口。另外,发帖之前仔细检查语法和用词。不要故意挑衅和使用脏话。

4. 分享你的知识

除了回答问题以外,还包括当你提了一个有意思的问题而得到很多回答,特别是通过电子邮件得到的信息,应该写份总结与大家分享。

5. 平心静气地争论

争论是正常的现象。要以理服人,不要人身攻击。

6. 宽容

我们都曾经是新手,都会有犯错误的时候。当看到别人写错字、用错词、问一个低级问题或者写一篇没必要的长篇大论时,不要在意。如果真的想给他建议,最好用电子邮件私下提议。

三、电子邮件礼仪

使用电子邮件进行对外联络,不仅安全保密,节省时间,不受篇幅的限制,清晰度极高,而且还可以大大降低通信费用。使用电子邮件对外进行联络时,应当遵守的礼仪规范主要包括以下几个方面。

(一) 撰写和发送

1. 标题要提纲挈领

忌使用含义不清的标题。添加邮件主题是电子邮件和信笺的主要不同之处,在主题栏里用短短的几个字概括出整个邮件的内容,便于收件人权衡邮件的轻重缓急,分别处理。回复的信件,要重新添加、更换邮件主题,最好写上自己的姓名、单位和时间,以便对方一目了然又便于保存。

2. 主题要明确

一封电子邮件,大多只有一个主题,并且往往需要注明。收件人见到便一目了然。

3. 语言要流畅

尽量避免使用生僻字、异体字。引用数据、资料时,最好标明出处,以便收件人核对。

4. 内容要简洁

电子邮件的内容应当简明扼要,愈短愈好。针对需要回复及转发的电子邮件,要小心检查写在电子邮件里的每一个字、每一句话。现在法律规定电子邮件也可以作为法律证据，所以发电子邮件时要小心，对单位和个人不利的内容，千万不要写上。发邮件时一定要慎重。

5. 合适地称呼收件者，并且在信尾签名

虽然电子邮件本身已标明了邮自何方、寄与何人，但在邮件中注明收件者及寄件者名字仍是必要的礼节，包括在信件开头尊称收件者的姓名，在信尾也注明寄件者的姓名以及通讯地址、电话，以方便收件者未来与你联系。重要邮件发出后要电话确认。另外，重要的机密和敏感的话题不要使用电子邮件，因为网上信息有可能泄露。

6. 发送注意事项

电子邮件的发送有如下讲究。最好不要将正文栏空着而只发送附件，除非是因为各种原因出错后重发的邮件，否则不仅不礼貌，还容易被收件人当垃圾邮件处理掉。重要的电子邮件可以发送两次，以确保能发送成功。发送完毕后，可通过电话等询问是否收到邮件，通知收件人及时阅读。在写有关英文电子邮件时，不要清一色采用大写字母。

（二）接收和回复

应当定期打开收件箱查看邮件，以免遗漏或耽误重要邮件的阅读和回复。一般应在收到邮件后的当天予以回复。如果涉及较难处理的问题，要先告诉对方你已收到邮件，来信处理后会及时给予正式回复。

对于那些标题稀奇古怪或者干脆没有标题、发信人的，不要出于好奇而随便打开。在各种病毒肆虐的今天，“中毒”的几率实在太高了。

（三）注意保存和删除电子邮件

因为信箱空间有限，而且现在还有些网站对邮件进行了自动删除管理，所以定期整理收件箱，对不同邮件分别予以保存和删除非常重要。

有价值的邮件，必须保存。和公务无关的垃圾邮件，或者已无实际价值的公务邮件，要及时删除。

第五节　馈赠礼仪

在学校日常活动中，礼尚往来，相互馈赠或接受礼物，是为了沟通、巩固和不断加深教育工作者的感情，创造一种良好的气氛和环境。

一、馈赠的概念

馈赠，就是指人们为了向其他人表达个人的敬意和喜爱，而将某种物品毫无代价地送给对方。馈赠礼品是人们在社会交往中经常遇到的情况。馈赠不仅是一种礼节形式，更是人与人之间诚心相待，表达尊重和友情的见证。

交往活动中相互馈赠或接受礼物，礼品应以表达尊敬和喜爱的意愿为主，以经济价值为辅，以好创意为佳。礼不在轻重，只要送礼者诚心实意、受礼者满意，即恰到好处。恰当的馈赠可以带来良好的交际气氛和环境，加深彼此的感情，促进具体活动的开展。

二、馈赠礼仪的原则

交往活动中向对方馈赠礼物，要以他人能够接受并表示满意为前提，要恰当，要掌握决定对方接受礼物的诸因素，以达到馈赠礼物预期的目的。

（一）目的性

送礼是为了表示你对他人的祝贺、感谢、关怀、安慰、鼓励和思念等心情，是为了使对方在接受礼物后产生愉悦和幸福的情感。每个人对礼物的需要各不相同，选择礼物的公认标准是：要了解对方的兴趣、爱好，从对方立场出发精心挑选、精心制作，价值不一定昂贵，既投其所好，又使礼物表达诚恳的心意，即“礼轻情义重”。可以随礼物写上几句祝福的话语，以表达送礼者的内在情感。

（二）针对性

礼物要使对方喜爱，就要有的放矢。选择礼物时，要考虑受礼一方的性别、年龄、婚否、职业、教养、国籍、民族、宗教信仰和兴趣等，还要考虑送礼的目的，例如结婚、乔迁、探望病人、欢迎、告别等。送给外国人的礼物要挑选具有鲜明特色或特定意义的。礼物要有一定的使用价值，有时送自己精心制作的礼物更具情意。

【专栏 10-1】

1997 年，某阿拉伯国家的一个访问团来中国南方某城市进行参观访问。访问结束后，该市的市政府为这一代表团举办了欢送晚宴。在晚宴上，市长代表中方向客人赠送了一对特制的瓷瓶，上面印有一对可爱的熊猫图样，并用中文和阿拉伯语书写了“友谊长存”的字样。中方本以为这件礼物会博得对方的喜爱，没想到对方代表团团长却一脸的不高兴，晚宴中甚至一言不发。

熊猫虽然是我国的国宝，但在阿拉伯地区却不怎么受欢迎。在他们看来，熊猫长得很像猪，而中国把印有熊猫图案的东西送给他们，当然会遭到无言的抗议。

（三）纪律性

许多单位有廉政建设要求，制定了有关送礼和受礼的制度和政策，因此，在馈赠和接受礼物时要有纪律性。如果对方单位政策不容许接受礼物，就要无条件遵守规定。否则，不仅表示你不懂得礼节，而且会使对方处于被动地位，危害与对方的友谊。这时，可以用别的办法代替送礼，如邀请对方人员及其家属欣赏音乐或参加其他活动。

(四) 禁忌性

送礼还要注意送礼的禁忌,避免好心办坏事。例如:安排献花,须用鲜花,并注意保持花束整洁、鲜艳。一般情况下,忌送菊花、杜鹃花、石竹花和黄色花朵。在选择鲜花作为礼物时,至少要在其品种、色彩和数目等三个方面加以注意。

在国内外,鲜花都被人们赋予了特定的含义。例如:在西方,玫瑰象征爱情,康乃馨则表示伤感或拒绝,单独送人时必须慎之又慎。菊、莲和杜鹃,在国内口碑甚佳,在涉外交往中却不宜用做礼品。菊花在西方系"葬礼之花",用于送人便有诅咒之意。莲花在佛教中有特殊的地位,杜鹃则被视为"贫贱之花",用于送人也难免产生误会。赠花前应更多地了解一些"花语",增加赠礼的文化品位。

三、送礼方式

西方名言说:"赠送礼品的方式比礼品本身更重要。"馈赠礼物必须有包装,美观独特的包装有时比礼物本身更给人以美的印象,礼品的精心包装又能进一步显示出馈赠的情谊。礼物用礼品纸包装,束上彩色丝带,系上花结,最好放上名片或自己做的小卡片,写上相应的祝贺词或具有一定意义的词语。馈赠礼物应当面送给受礼人,双手捧上并说几句相应的话,也可说几句介绍礼品的话。若请别人代送或寄送礼物时,要随礼物附上贺词或名片。

四、馈赠礼物的时机

礼物应当体现交往活动中的友谊,体现对朋友的感激之情。切忌把礼物当成订货、购物或其他业务工作的直接手段。在送礼时间的选择上,社会上有约定俗成的习惯。在这个时间去送礼,只要价值适当,一般对方都可以接受。其他时间送礼,一般会使对方感到为难,或容易引起别人非议,其结果会背离送礼者的初衷和愿望。一般可以掌握以下送礼的时间。

(一) 传统节日和重大纪念日

我国的传统节日有春节、元宵节、端午节、中秋节、重阳节等。世界性的节日一般有圣诞节、情人节和母亲节。重大纪念日有"六一""七一""八一""十一"。人们在这时向朋友表示美好的祝愿,同时送一些礼物,其中以传统节日送礼的为多。

(二) 喜庆之日

喜庆之日是指结婚、乔迁、生日、寿诞、晋升、获奖之时。遇到对方家中有这样的喜庆日子,一般要备送礼品以示庆贺。

(三) 临别送行

为表示自己的惜别之情,可适当送礼品,留作纪念,以示友谊天长地久。

（四）探视病人

到医院或病人家中探视病人，可送些礼物，祝其早日康复。

（五）开业、庆典之日

在对方企业开业或举行某种庆典活动之时，可送花篮、牌匾等礼物，以示祝贺。

（六）酬谢他人

当自己在工作、生活中遇到困难时曾受过他人帮助，事后，可送些礼物酬谢。送礼时机要视实际情况灵活掌握，时机选择合适，可使馈赠礼物显得自然亲切，并达到预期的目的。

五、送礼的注意事项

馈赠的礼物要实用、恰当。所以，一般礼物可以分为两类：可以长期保存的礼物，如工艺品、书画、照片及相册等，注重情意；保存时间较短的礼物，如鲜花、一次性消费品等，注重经济实用。

要注意不同国家、民族对颜色、数字和风俗的要求。掌握了馈赠禁忌，正确运用馈赠礼仪，送礼才能真正起到加强联系、联络感情、增进友谊的作用。

接受礼物时，中国人的习惯是双方不当面打开礼品（包），而是事后打开。所以，一般当时不知道礼品的价值，不知是否该收。只有开包查看后，才能最后确定。当你确定是否应当接受一件礼物时，主要考虑的问题是这份礼物究竟意味着什么。要考虑以下问题：礼物的价值过分吗？接受礼物会违反有关规定吗？收礼后要对送礼者承担一些责任吗？在过去三个月内，你签订过对送礼者有利的合同，或做过对送礼者有利的事吗？对以上问题，只要其中一个的答案是肯定的，就不应该收受礼物。

如果有理由认为，该礼物的意义已超过朋友之间表示友好和感谢的内容时，就不应当收下。在不能确定是否应接受礼物时，以不接受为好，以免将来发生麻烦。

当决定谢绝礼物时，可以按下面做法处理：立即采取行动，在24小时内把礼物退回；退回礼物时，要附有信件，既要感谢送礼者，又要清楚地表明礼物不能接受；要保存回信复印件，以便保护自己；如果学校有规定或你认为该礼物意在行贿时，要把收礼、退礼的情况及时向上级报告，或将礼品交给学校。在谢绝礼物的回信中，一定要写明收到礼物和回信的日期。在回信中，要注意用语恰当，不用侮辱性的词句，原则是退回礼物而又保持友好关系。

六、回礼

当收到他人的礼物时，必须回赠礼物，这才符合交际礼仪。回赠的时间要适当。可以在客人临走时回赠。如果刚接受了他人给你的礼物，不宜当场就回赠，这样会显得很俗气，也会令送礼者为难。也可以在接受客人礼物后，隔一段时间登门回拜时，带给对方礼物表示谢意。还可以寻找机会,如在传统节日或纪念日,或在对方喜庆的日子送上适当的礼物以表示你的谢意。

礼仪实训

一、实训练习

(一) 案例分析

1. 罗莎去参加朋友的生日聚会,在那里她遇上了几个不认识的人,当时朋友正在忙里忙外招呼客人,所以没有顾得上过多地关照罗小姐这位“自己人”。正当性格内向的罗小姐胆怯地坐在客厅一角,不知道自己该不该跟那些陌生人寒暄几句,更不知道该如何启齿时,一位温文尔雅的先生走了过来,主动跟她打招呼说:“小姐您好,我叫邓宇轩,请问您怎么称呼?”缺乏准备的罗莎有点慌乱地随口应道:“叫我小罗好了。”

其实,罗莎打心里感谢这位不熟悉的邓先生过来跟自己打招呼,使她不至于“孤立无援”,而且她也真想大大方方地同邓先生多聊上几句,但是罗莎就那么一句“叫我小罗好了”,让邓先生热情顿减,立马扭头折了回去。原来,罗莎那句自我介绍,在邓先生听来,其话外音好似:“我不想告诉你本小姐芳名。”这怎么能不叫邓先生“知难而退”呢?

请分析案例中的罗小姐在介绍礼仪中犯了什么错误?正确的方式是什么?

2. 某高校的张校长随团出访欧洲开展校际合作工作。出国之前她调整了办公室的电话号码,但因忙于其他工作而忘记重新印制一套名片。所以,每到送名片的时候,为了让对方能通过新的电话找到自己,都在名片上临时用钢笔加注了几个有用的电话号码和地址。半个月跑下来,张校长累得筋疲力尽,却未见有外国高校与其有过实质性的接触。后来经人指点,才明白问题出在哪儿,原来是她奉送给外国高校的名片不合规范。为了省事,张校长临时用钢笔在自己的名片上加注了几个有用的电话号码,本想这样联系起来更方便和更有效,可在外国高校看来,名片犹如一个人的“脸面”,对其任意涂改、加减内容,只能表明她在为人处世方面敷衍了事,马马虎虎。

请分析以上案例,张校长在名片礼仪上犯了什么错误?她该如何补救?

(二) 判断以下说法的正误

1. 在称呼礼仪中,可以称呼对方的学位,包括学士、硕士、博士等。 ( )

2. 在为会面双方进行介绍时,应把地位高的一方先介绍给地位低的一方,以示尊重。 ( )

3. 在同女士握手时,应主动伸手,以表示热情。 ( )

4. 在同自己尊敬的长者握手时,可使用手套式握手,以表示对长者的敬仰之情。 ( )

5. 在接打电话时，应由接电话一方先挂断电话。（　）
6. 在接电话时，如果没有起床，可以躺着打电话，反正对方也看不到。（　）
7. 在接受别人名片时，应双手接过，并马上放入手提包里。（　）
8. 在发送电子邮件时，应尽量不写内容只发附件，以节约双方时间。（　）

（三）简答题

1. 教师在社会交往中，常见的礼仪有哪些？
2. 在不同场合称呼中，应注意哪些礼仪规范？
3. 在打电话和接听电话时主要注意哪些方面？
4. 在交换名片时要注意哪些礼仪细节？
5. 请回答馈赠礼仪的含义和正确做法。

二、实训项目

（一）见面礼仪训练

训练方法：请不同学生分别扮演有身份的长者、外来宾客、女士、领导等，由被训练的同学进行双边介绍和自我介绍，并行握手礼。教师和其他同学进行点评。

（二）名片礼仪训练

训练方法：准备几张卡片作为名片，请同学之间以各种身份互相交换名片，训练递交和接受名片的正确礼仪规范。教师进行点评。

第十一章　教师涉外礼仪

学习目标

1. 掌握涉外交往的基本要求和禁忌。
2. 知道涉外活动中的礼宾次序安排的礼仪。
3. 简要了解美国、英国、法国、日本、韩国、泰国、南非及阿拉伯等国家和地区的礼仪规范。

【案例导入】

一次，某旅行社准备接待一批意大利游客，旅行社专门从杭州订了一批名牌真丝手帕，准备作为礼品送给每位游客。手帕上绣着花草图案，十分美观大方。手帕装在纸盒内，盒上印有旅行社社徽，是件很精美的小礼品。中国丝织品闻名于世，旅行社料想会受到客人的喜欢。可是接待人员到机场接机时，送上礼物后，游客一片哗然，很不高兴。原来在意大利和一些西方国家，亲朋好友相处一段时间告别才送手帕，而案例中客人才踏上盼望已久的中国大地，准备开始愉快的旅程，你就让别人“擦掉惜别的眼泪”，人家自然不高兴。

“十里不同风，百里不同俗，千里不同情。”文化背景的差异，决定了国家间礼俗有很多不同。与外国人交往，一定要有不同的意识，用中国人的礼俗去面对外国人，或者把西方的习惯搬到中国来，都是行不通的。了解各国的礼俗，对于促进中外交流与交往、增进友谊和情感都有重要作用。

第一节　涉外交往的要求和禁忌

一、涉外交往的要求

（一）遵时守约

遵时守约，是指在对外交往中，要遵守时间，信守约定。这是国际交往中极为重要的礼仪要求。

1. 遵守时间

首先，涉外拜访时一定要有约在先，忌做不速之客；其次，要有极强的时间观念，参加各种涉外活动，一定要如期而至。约会不应迟到，可适当提前，但提前的时间不宜过多；如果比约定时间提前一小时以上，主人还要花费时间招待你，这样反而会带给主人麻烦和尴尬。最忌讳的是赴约迟到，迟到是非常失礼的行为。万一由于难以抗拒的原因不能按时赴约时，应尽早向有关各方通报，说明原委，郑重道歉，并承担相关的损失，同时也可以约定再见面的时间。记住，下一次见面，一定要认真履行承诺。不能言而无信，以免失信于对方。

2. 遵守约定

在涉外交往中，必须遵守约定，既包括遵守书面约定，也包括遵守口头约定。为此应注意两点：一是在涉外交往中要慎于许诺，自己没能力履行的不要轻易答应；二是一旦承诺了就要兑现自己的诺言，说话要算数。总之，涉外交往应做到言必信、行必果，积极兑现承诺，遵时守约，这样才能取信于人，否则会有损中国人的国际形象。

（二）求同存异

求同存异，是指在涉外交往中为了减少麻烦、避免误会，既要对交往对象所在国的礼仪与习俗有所了解并予以尊重，更要认真遵守国际上所通行的礼仪惯例。“求同”就是遵守国际惯例，取得共识；“存异”就是了解具体交往对象的礼仪、习俗、禁忌，并予以尊重。

在涉外交往中，人们通常会面临一个非常实际的问题：同样一件事，在不同国家、不同地区、不同民族，处理的方式却各不相同；对同样一个问题，来自不同国家、不同地区、不同民族的人，给出的答案往往截然不同。例如，在中国的传统文化里，菊花一向被视为高洁脱俗之物，历来被文人墨客所赞颂。然而与欧美许多国家的人士打交道时，却万万不能以之相赠，因为菊花在那里通常只用于丧葬活动。在涉外活动中，面对不同国家、不同地区、不同民族的千差万别的风俗习惯，我们一方面要“求同”，遵守有关国际交往的习惯性做法，善于寻求交往双方的共同点；另一方面，必须“存异”，注意中外的差别，尊重外宾的禁忌。

（三）入乡随俗

“入国而问禁，入乡而问俗，入门而问讳。”入乡随俗，指的是在涉外交往中，要真正做到尊重交往对象，首先就必须尊重对方特有的风俗习惯。根据国际惯例，当自己身在异国他乡时，应讲究“客随主便”，做到“入乡随俗”，自觉遵守该国的礼仪和习俗。而当身在自己国家，充当东道主之时，则应讲究“主随客便”，充分尊重外宾的习惯和禁忌。当然，入乡随俗也要注意分寸。在涉外交往中，尊重从来都是相互的，我们尊重外方人士必须不失自尊，外方人士亦必须对我们给予应有的尊重。倘若外方的某些特有习俗不合时宜，如有辱我国的国格、人格，有悖我国社会公德，或有碍我国人员的生命安全，我们就不能无原则、无条件地盲从。

在涉外交往中，之所以必须遵守入乡随俗原则，主要原因有二。一是因为世界上的各个国家、各个地区、各个民族，在其历史发展的具体进程中，形成各自的宗教、语言、文化、风俗和习惯，并且存在着不同程度的差异。这种“十里不同风，百里不同俗”的客观现状，不以人的主观意志为转移，世间任何人都难以强求统一。二是因为在涉外交往中注意尊重外国友人特有的习俗，容易增进中外双方之间的理解和沟通，有助于更好地、恰如其分地向外国友人表达我方的亲善友好之情。

（四）尊重隐私

在涉外交往时，中国人必须懂得尊重外国人的隐私，而不能以国人之间的交往习惯对待外国人。一般而言，以下八个话题均属于个人隐私，对外国人不宜问及。

1．不问收入

收入是个人能力和地位的直接体现，外国人非常忌讳别人直接或间接地打听其收入情况。诸如银行存款、纳税数额、股票收益、住宅面积、汽车价格、服饰品牌、娱乐方式、度假地点等反映个人经济状况的问题，对外国人均不宜问及。

2．不问年龄

对外国人不宜打听其年龄大小，特别是对外国女士，她们最不希望外人了解其年龄。外国老人不喜欢别人称其为“老”，所以我们慎用“老”字来称外国人。我们中国人的尊称“老人家”“老先生”“老夫人”对外国人来说就好像谩骂一样。

3．不问婚姻

与年龄相关的恋爱、婚姻、家庭等问题也属于个人隐私，因此，对外国人不要问“有没有恋人”“结婚了没有”“夫妻关系怎么样”“婆媳关系如何”“有没有孩子”和“为什么不结婚”之类的问题。在某些国家，跟异性谈论此类问题，甚至还可能会被对方控告为“性骚扰”而惹来官司。

4．不问经历

在涉外交往中，外国人不希望对方对自己经历有过多了解。初次见面的时候，中国人之间往往喜欢打听对方的经历，作为聊天的话题，比如“是哪里人”“什么学校毕业”“以前做过什么”等，但是外国人大都把这些内容看做是个人隐私，反感别人询问自己的经历。

5．不问健康

外国人非常反感别人对自己的健康状况关注过多。中国人见面时往往会很热心地询问对方“病好了没有”“吃了什么药”“怎么治疗的”等，这些恰恰都是外国人所忌讳的。

6．不问住址

外国人不喜欢轻易地把个人住址、电话号码等纯私人信息告诉别人，在名片上也只印办公电话，而不印私宅电话和个人手机号码，一般也不邀请外人到家里做客。这恰好与我国的习惯不同。

7．不问信仰

对外国人的宗教信仰和政治观点也不要询问。

8. 不问忙于何事

最好别问"你吃了吗""忙什么呢""上哪去""从哪回来""怎么好久没有见到你"等，以免让对方觉得你别有用心。

尊重外国人的个人隐私权，首先就必须避免提及上述八个方面的问题，自觉做到"涉外交往八不问"。

（五）女士优先

女士优先，是国际社会公认的"第一礼俗"，是指在一切社交场合，每一名成年男子，都有义务主动自觉地以自己的实际行动去尊重女士、关心女士、体谅女士、保护女士、照顾女士，并且还要为女士排忧解难。国际社会公认，唯有这样的男士才有绅士风度，才有教养。

女士优先原则，要求男士应做到以下这些方面。

步行时，男士应该走在外侧，就是走在靠车辆的一边，让女士走在相对安全的内侧。

同行时，男士应主动为女士提拎重物，以便照顾女士。

进门时，男士应把门打开，请女士先进。

乘车时，男士要主动为女士开关车门，并请女士先上车后下车。

进餐时，要请女士先点菜。

进影剧院时，男士可走在前边，为女士找好座位。入座时，请女士先坐下。

席间有女士离席，旁边的男士应该立刻起身为其移开椅子，让她方便离开，然后自己再坐下来。当女士返回时，男士也应这样做。这一点我们看起来好像没有必要，但在正式场合，如果男士端坐不动的话，会被人视为粗鲁无礼，没有教养。

在聚会时，男士应起身向女士问候，而女士则不必站起，坐着点头致意即可。握手时，男士要等女士伸过手来之后才可伸手相握。

在楼梯口、电梯口及其他狭窄的过道上遇到女士，不管认识与否，均应侧身站立一旁，请女士先行。

男士想吸烟，如果他身边有女士，先应征得女士的同意才吸。

需要特别注意的是：女士优先主要适用于社交场合，公务场合则强调男女平等，忽略性别；在许多西方国家，老年妇女讲究独立，不愿别人认为自己老，不愿别人对自己做不必要的搀扶和照顾；在尊重、照顾、体谅、关心、保护女士方面，男士们对所有的女士都应一视同仁。对女士的尊重与保护并不取决于她的长相和与自己的亲密程度。

（六）爱护环境

爱护环境，是指在日常生活里，每一个人都有义务对人类所赖以生存的环境自觉地加以爱惜和保护。在涉外交往中，之所以强调爱护环境，是因为：第一，它是人人都应具备的基本社会公德；第二，在当今国际舞台上，它已经成为舆论倍加关注的焦点问题之一。在国际交往中，我们不仅要有爱护环境的意识，更要具有爱护环境的实际行动。

具体地说，与外国人打交道时，中国人要严于自律，特别需要在以下方面注意：其一，不可毁损自然环境；其二，不可虐待动物；其三，不可损坏公物；其四，不可乱堆、乱挂私人物品；其五，不可乱扔、乱丢废弃物品；其六，不可随地吐痰；其七，不可到处随意吸烟；其八，不可任意制造噪声。

(七) 热情有度

热情有度，是指人们在参与涉外交往，直接同外国人打交道时，不仅要热情友好，更重要的是，必须把握好热情友好的具体分寸。否则就会事与愿违，过犹不及。有这样一个例子，张阿姨在一位外国专家家里做保姆，因为工作勤快，赢得了专家夫妇的信任。时间一长，张阿姨像对待老朋友那样，经常询问夫妇俩外出去哪里活动、逛什么商店、买什么东西，还提出不少个人的建议。结果，外国专家因张阿姨对他们的私生活关心过度而深感厌烦，最后把张阿姨辞退了。与外国人打交道，关心对方，应以不妨碍对方自由为度，否则可能会引起对方的误会和反感，以致造成不良后果。

做到热情有度，关键是要把握好下列五个方面的尺度。

1. 关心有度

对外宾的关心照料不能超出对方所能接受的限度，以不使他们觉得受到限制，甚至影响私事和自由为度。例如，在陪同外宾参观游览、逛街购物时，不要紧紧跟随，形影不离，使得外宾没有一点私密的空间而感到尴尬和不便。在接待外宾时须注意的是，万一发现自己给予外宾的关心不受欢迎，就应适可而止。

2. 帮助有度

对外国朋友提供帮助，贵在掌握分寸，帮助应该两厢情愿，要在对方需要帮助时我们才去帮助他。比如，遇到坐着轮椅的残障人士，按照我们国人的理解和习惯，理应义不容辞地伸出援手给予热情帮助，但是在西方国家就不同，我们要先请问对方："请问需要帮助吗?"得到对方肯定回答之后，再帮助他，否则有强迫服务之嫌。所以在帮助对方的时候，要先征求对方的同意。如果对方说不需要，则不要坚持去做。

3. 距离有度

与外国人打交道时，相距太近会让对方产生被侵犯的感觉，相距过远则会让对方感到被冷遇。在涉外社交中，与对方相距应在半米以上。其中，相距0.5米至1.5米之间，叫"常规距离"，适用于一般性的人际交往。绝大多数情况下，与外国人都应保持这种距离。1.5米至3米之间，叫"礼仪距离"，适用于某些比较隆重的场合，如会见、会议等，意在向对方表示特殊的尊敬。3米以上，叫"公共距离"，是公共场合与陌生人保持的距离，也叫"有距离的距离"。如果相距不超过0.5米，属于亲密距离，仅适用于家人、夫妻、恋人及至交，或是对老、幼、病、残、孕给予必要的照顾时。与外国人交往时，要保持应有的距离。距离不当，都会引起他们的不悦和反感。

4. 举止有度

与外国人相处时，动作切勿过分随意。如朋友相见时，彼此拍拍肩膀；长者遇见孩子，抚摸一下他的头和脸；两名同性在街上携手而行；进餐时给对方夹菜，或逼着对方喝酒等，这些国内司空见惯的亲热之举，外国人却接受不了。

5. 批评有度

批评有度，简单地讲，就是对其日常行为“不得纠正”。在中国，亲朋好友之间讲究以诚相见，推心置腹。对他人要开诚布公，直言不讳，这样才是“真君子”，才“够朋友”。外国人讲究个性自由，反对外人干涉自己的私生活。加之各国习俗不同，对同一事物的判断便大相径庭，所以在涉外活动中没有必要对外国人的所作所为妄加评判，更忌当面对其纠错。只要对方的所作所为不危及人身安全，不触犯法律，不悖于伦理道德，不有辱我方的国格、人格，一般均可听其自便。

（八）维护形象

在涉外交往中，个人形象体现个人的教养和品位，以及对交往对象的尊重程度，同时，个人形象往往还代表自己所属单位、所属国家、所属民族的形象。所以我们在涉外交往中，必须时刻注意维护个人形象。比如，正式场合，着装要规范。男士要身着正装或西装，并遵守三个要求：一是“三色原则”，即全身的颜色不多于三种；二是“三一定律”，即鞋子、腰带、公文包颜色一致，且首选黑色；三是避免“三个禁忌”，即袖子上的商标不拆、穿夹克和短袖衫也打领带、穿黑皮鞋搭配白袜子。女士着装要端庄，避免过分鲜艳、杂乱、暴露、透视、短小、紧身。正式场合，仪容要整洁，男士要把胡须剃干净，女士要淡妆出席，素面朝天是缺乏教养的体现。男士、女士都不染发，除非是把白发染成黑色。另外，与外国人交往时，举止要端庄，避免搔脑袋、抠耳朵、挖鼻孔等不雅举止。

二、涉外交往的禁忌

禁忌是礼仪的最重要内容之一，在进行涉外交往时，了解交往对象的禁忌并尊重有关禁忌，是实行跨国有效沟通的重要前提。

（一）数字禁忌

各民族及不同宗教信仰的人们对数字均有一些忌讳，如天主教徒、基督教徒十分忌讳“13”，认为这一数字会带来厄运和灾难。在西方，这一数字常以“14(A)”或“12(B)”来代替。日常生活中，人们尽量避开这个数字，如不13人同桌进餐。如果13日又恰逢星期五，更被认为是“凶日”，被称为“黑色星期五”。在涉外活动中要避开与“13”“星期五”有关的一些事情，更不要在这一天安排重要的政务、公务、商务及社交活动。日本人忌讳“4”，因为在日文中，“4”与“死”的读音相似，意味着倒霉和不幸。所以给日本友人赠礼时，礼品数不应为4；也不要安排日本人入住4号、14号、44号等房间。另外，“9”在日语中的发音与“苦”相似，也为日本人所忌讳。

（二）颜色禁忌

有一位想打入中国市场的美国清洁剂制造商设计了一则广告，其中有这样一个场景：人们在兴高采烈地抛帽子，其中一顶绿色的帽子落到了一位男士头上。虽然其产品质量好，但在这样的广告宣传下，购买其产品的中国消费者寥寥无几，产品在中国出现严重滞销。这与制造商的设计初衷大相径庭。广告设计者怎么也想不明白原因，后来他的一位中国朋友一语道破了其中的奥秘，他才恍然大悟。由于各国历史文化、民族习俗的差异，对颜色的禁忌也不一样。一种颜色，在此国是美好的，而在彼国可能被认为是不吉祥的。归纳起来，各国忌讳的颜色如下：

阿拉伯人把绿色当做生命的象征，而日本人认为绿色是不吉利的，埃及人和英国人也厌恶绿色，德国、法国和比利时人厌恶墨绿色；比利时人最忌蓝色，埃及人认为蓝色是恶魔的象征；巴西人以棕黄色为凶丧之色；欧美国家以黑色为丧礼的颜色，但新郎结婚礼服可用黑色，俄罗斯人和蒙古人都讨厌黑色；叙利亚人将黄色视为死亡之色；土耳其人认为花色是凶兆，布置房间时不用花色；埃塞俄比亚人出门做客不穿浅黄色衣服，因为他们穿浅黄色服装是表示对死者的哀悼；秘鲁平时禁用紫色，只有在10月份举行宗教仪式时才开禁。

（三）肢体禁忌

同一个手势、动作，在不同的国家里表示不同的意义。例如，拇指和食指合成一个圈，其余三个手指向上立起，在美国表示OK，但在巴西，这是不文明的手势。在中国，对某一件事、某一个人表示赞赏，会竖起大拇指，表示“真棒”！但是在伊朗，这个手势是对人的一种侮辱，不能随便使用，想赞赏伊朗人忌伸大拇指。在我国摇头表示不赞同，在尼泊尔则正相反，表示很高兴、很赞同。

适当地运用手势，可以增强感情的表达。与人谈话时，手势不宜过多，动作不宜过大，应给人含蓄稳重、彬彬有礼的感觉。

（四）花卉禁忌

由于习俗不同，某些花的含义在不同的国家也有区别。如郁金香在土耳其被看做是爱情的象征，但德国人却认为它是没有感情的花。

荷花在中国、印度、泰国、孟加拉、埃及等国评价很高，但在日本却被视为象征祭奠的不祥之物。在日本，去医院探视朋友不能送白色的花，因为它表示不吉利。菊花是日本王室的专用花卉，人们对它极为尊重。可是菊花在西班牙、意大利和拉美各国却被认为是“妖花”，只能用于墓地和灵前。

在法国，黄色的花朵被视为不忠诚的表示，因而不能给法国人送黄色花；也不送康乃馨，因为它表示不幸。在国际交际场合忌用菊花、杜鹃花、石竹花、黄色的花献给客人，已成为惯例。因此，需要特别注意，以免引起不良后果。

（五）宗教禁忌

1. 基督教

进教堂要态度严肃，保持安静。在聚会和朝拜活动中禁止吸烟。

2. 天主教

天主教的主教、神父、修女是不结婚的。所以，同天主教人士交往时，不可问“有几个子女”“爱人在哪里工作”等问题。进入教堂应严肃庄重，切忌衣着不整、大声喧哗、吃东西、抽烟等。

3．伊斯兰教

接待穆斯林客人一定要安排清真席，特别是要尊重他们的饮食禁忌。穆斯林禁食自死的动物、血液、猪肉等。穆斯林严禁饮用含酒精的饮料，对他们是不能敬酒的。伊斯兰国家规定星期五为休息日，穆斯林晌午要到清真寺集体做礼拜。如果遇星期五，要安排时间让虔诚的穆斯林做礼拜。

4．佛教

在信奉佛教的缅甸、泰国等东南亚国家，人们非常注重头部，忌讳别人提着物品从头上掠过；长辈在座，晚辈不能高于他们的头部；小孩子头部也不能随便抚摸，他们认为只有僧侣或父母能摸小孩的头，意为祝福，除此之外都是不吉利的。

僧侣和虔诚的佛教徒一般都是素食者，在他们面前不能杀生、吃肉、喝酒等，男女也不能做过分亲昵的举动。在有僧人的场合，女士穿着要端庄，忌过于暴露。

5．印度教

信仰印度教（印度、尼泊尔等国）的教徒奉牛为神，他们不吃牛肉，而且也忌讳使用牛皮制成的皮鞋、皮带。

第二节　常见的礼宾次序礼仪

所谓礼宾次序礼仪，指的是在国际交往中，为了体现出席活动者的身份、地位、年龄等的差别，给予其必要的尊重，或者为了体现所有参与者一律平等，而将出席活动的国家、团体、各国人士的位次按一定的惯例和规则进行排列的礼仪规范。

一般来说，礼宾次序虽然形式上只是一个先后问题，但既关系到接待人员的礼仪素质、社会组织的修养、国家形象，又体现了东道主对各国宾客所给予的礼遇，在一些国际性的集会上则表示各国主权平等的地位。如安排不当或不符合国际惯例，则会引起不必要的争执与交涉，甚至影响国家关系。因此在组织涉外活动时，商务人员对礼宾次序礼仪应给予高度的重视。

一、按不对等关系进行排序

在涉外活动中，如一些庆典、纪念等活动，所安排的主席台座次，以及行走、坐车的前后左右等，是必须明确按照地位的高低、职位的上下、关系的亲疏、年龄的长幼以及实力的强弱来排列的。这是礼宾次序排列的主要根据。

（一）官方活动的次序安排

一般的官方活动，经常是按身份与职位的高低安排礼宾次序的。如按国家元首、副元首、政府总理、副总理、部长、副部长等顺序排列。各国提供的正式名单或正式通知是确定职务的依据。

排定主席台座次的一般规则是：就同排的关系而言，中者为尊，两侧次之；就前后排关系而言，前排就座者为尊，第二排次之，第三排更次，以此类推；就两侧同位者而言，右者为尊，左者为次。

尊位、高位的具体确立标准应根据活动目的、内容以及主人的价值取向和客观需要等来决定。例如，政治、行政活动可能以职位为标准，经济活动可能以实力为依据，纪念性活动可能以长幼来判断，等等。

（二）轿车乘坐的次序安排

就乘坐小轿车而言，如由驾驶员开车，按汽车前进方向，后排右座为尊位，中座次之，左侧更次，前排司机旁最次。司机旁的位置一般是助手、接待或陪同人员坐的。当轿车有三排座时，最后一排是上座，中间一排次之，前排最次。这个礼仪规范的产生可能主要是出于安全的原因，因为大多数车祸或遭袭击时，首先受伤害的是坐在前排的人。当然，如果是主人亲自驾车，则主人旁边的位置是尊位。如果接待两位贵宾，主人或接待人员应先拉开后排右边的车门，让尊者先上；再迅速地从车的尾部绕到车的另一侧打开左边的车门，让另一位客人从左边上车。只开一侧车门让一人先钻进去的做法是失礼的。

当然，个别情况也可以例外。例如，为了让宾客顺路看清本地的一些名胜风景，也可以说明原因后，请客人坐在左侧，但同时还是应向客人表示歉意。有一位德国专家到日本工作，常往返于东京、大阪之间，几周后他发现，他每次座位的窗口都朝着日本的圣山——富士山。这件事情令那位德国专家激动不已。不过需要强调的是，即使是为了让客人欣赏风景，也不要让客人坐司机旁的位置，尤其是接待我国港、澳、台地区的客人和外国客人时更应注意这一点，否则，就会弄巧成拙、事与愿违了。

二、按对等关系进行排列

如果礼仪活动的双方或多方的关系是对等的，则可使用以下三种排列方法。

（一）按汉字的笔画进行排列

如果是国内的商务活动，参与者的姓名或工作单位名称是汉字的，可采用这种方法，其具体排法如下。

先按个人姓名或组织名称的第一个字的笔画多少，依次按由少到多的次序排列。比如，当参加者有丁姓、李姓、黄姓时，其排列顺序就是丁、李、黄。

当两者第一字的笔画数相等时，则按第一笔的笔画，依横、竖、撇、点、横勾的先后顺序进行排列。如，参加者中有张、李二姓时，两姓笔画数相同，则根据笔顺，李姓应排在张姓前面。当第一笔笔顺相同时，可依第二笔，以此类推。当两者的第一个字完全相同时，则用第二字进行排列，以此类推。此外，如果姓名的前两个字相同，但一个是单名，一个是双名时，则无论笔画多少，单名都排在双名前。

(二) 按字母顺序进行排列

多边活动中的礼宾次序有时按参加国国名字母顺序排列，一般以英文字母排列居多，少数情况也有按其他语种的字母顺序排列的。这种排列方法多见于国际会议、体育比赛等。具体方法如下。

先按第一个字母进行排列。例如，如果选用英文字母顺序排列，则 Barry 应排在 Kerry 之前，Chong Qing 应排在 Washington 之前。

当第一个字母相同时，则依第二个字母的先后顺序排列；当第二个字母相同时，则依第三个字母的先后顺序，以此类推。

在国际会议上，公布与会者名单、悬挂与会国国旗、座位安排等，均按各国国名的英文拼写字母的顺序排列。联合国大会的席位也按英文字母排列，但为了避免一些国家总是占据前排席位，因此每年抽签一次，决定本年度大会席位以哪一个字母打头，以便让各国都有机会排在前列。

在国际体育比赛中，体育代表队名称的排列、开幕式出场的顺序一般也按国名字母顺序排列(东道国一般排在最后)，代表团观礼或召开理事会、委员会等，则按出席代表团的团长身份高低排列。

(三) 按回执或抵达的时间先后进行排列

这种方法多见于对运动队、参展团等团体的排序。具体来讲有两种情况。

一是按组织寄来的回执的日期先后排列，一般以邮戳或传真日期为准；二是按各团体抵达活动地点的时间先后排列。

在实际工作中，遇到的情况往往是复杂的，如在某一多边国际活动中，对与会代表团礼宾次序的排列，首先是按正式代表团的规格，即代表团团长的身份高低来确定，这是最基本的；其次在同级代表团中则按派遣国通知代表团组成日期先后来确定，对同级和同时收到通知的代表团则按国名英文字母顺序排列。

在安排礼宾次序时所考虑的其他因素还包括国家之间的关系，地区所在，活动的性质、内容和对于活动的贡献大小，以及参加活动人的威望、资历等。

第三节　部分国家和民族的礼仪与禁忌

一、世界部分国家的礼仪与禁忌

(一) 美国的礼仪与禁忌

美国人总的特征是：善于交际、热情好客；性格浪漫，开朗大方；自由随便，从不客套；坦诚直率，充满自信。

1. 性格特征

美国人性格浪漫、为人诚挚。他们在与互不相识的人交际时，惯于实事求是、坦率直言。美国人热情好客，哪怕仅仅相识一分钟，你也有可能被邀请去看戏、吃饭或外出旅游。但一周后，这位朋友很可能把你忘得一干二净。美国人一般很健谈，而且喜欢边谈边用手势比划。美国人行动喜欢自由自在，不受约束。在美国，12 岁以上的男子享有“先生”的称号，但他们更喜欢别人直接叫自己的名字，认为这是亲切友好的表示。美国人很少用正式的头衔来称呼别人。在公共场所就座时，一般都让长者和妇女坐在右边；走路要让长者和妇女走在右边。

2. 风俗礼仪

美国人喜欢浅颜色，如象牙色、浅绿色、浅蓝色、黄色、粉红色、浅黄褐色。美国人喜爱白色，认为白色是纯洁的象征；偏爱黄色，认为是和谐的象征；喜欢蓝色和红色，认为是吉祥如意的象征。他们喜欢白猫，认为白猫可以给人带来运气。美国人欣赏白头鹰，并把它敬为国鸟，作为国徽的图案。其解释为：顶冠象征美国是一个主权国家；分握橄榄枝与箭的两爪象征和平与武力；嘴叼黄带，上书“合众为一”表示美利坚合众国由多州组成。

美国人与客人见面时，一般都以握手为礼。他们习惯手握得很紧，眼正视对方，微躬身，认为这样的姿态才算是礼貌的举止。另外一种见面礼节是亲吻礼，这是在彼此关系很熟的情况下的一种礼节。访问前必须先拟订约会时间，最好在即将抵达时，先打电话告知对方。到美国人家里拜访，贸然登门是失礼的，必须事先约定。应邀去美国人家中做客或参加宴会，最好给主人带上一些小礼品，如化妆品、儿童玩具、本国特产或烟酒等。对于主人家中的摆设，主人喜欢听赞赏的语言，而不喜欢客人询问价格。

3. 饮食礼仪

美国人在饮食上如同他们的脾气秉性一样，一般都比较随便，没有过多的讲究。美国人不习惯厨师烹调中多用调料，而习惯在餐桌上备用调料自行调味。他们平时惯用西餐，一般都一日三餐。早、午餐乐于从简，晚餐是一天的主餐，因此内容比较丰富，但也不过是一两道菜，加上一些点心和水果。美国人在饮食上很重视食品的营养，他们喜欢“鲜”“冷”“淡”。“鲜”是特别重视菜肴的鲜、嫩；“冷”是乐于吃凉菜，不喜欢过烫过热的菜肴；“淡”是喜欢少盐味，味道忌咸，稍以偏甜为好。他们在使用刀叉餐具方面，一改欧洲人惯于刀叉不换手的习惯，他们好以右手为刀割食品后，再换叉子取食用餐。他们特别愿意品尝野味和海味菜肴，也普遍欢迎中餐。

4. 服饰礼仪

美国人平时的穿着打扮不太讲究，但非常注意服装的整洁。崇尚自然简单，偏爱宽松舒适，讲究着装体现个性，是美国人穿着打扮的基本特征。若拜访美国人时，进了门一定要脱下帽子和外套，美国人认为这是一种礼貌。在美国，女性最好不要穿黑色皮裙，如果一位女士随随便便地在男士面前脱下自己的鞋子，或者撩动自己裙子的下摆，往往会令人产生成心引诱对方之嫌。另外穿睡衣、拖鞋会客，或是以这身打扮外出，都会被美国人视为失礼。美国人认为，出入公共场合时化浓妆，或是在大庭广众之下当众化妆补妆，不但会被人视为缺乏教养，而且还有可能令人感到“身份可疑”。在室内依旧戴着墨镜不摘的人，往往会被美国人视作“见不得阳光的人”。

5. 商务礼仪

美国人在商务活动中有一种富国、强国的自信和自豪，处处流露出优越感，谈吐较直率、大方，讲究高效，不愿拖泥带水，谈判时直截了当，时间安排紧凑，准时守信相当重要。美国商界流行早餐与午餐约会谈判，当你答应参加对方举办的宴会时，一定要准时赴宴。如果因特殊情况不能准时赴约，一定要打电话通知主人，并说明理由，或者告诉主人什么时间可以去。美国人谈话时不喜欢双方离得太近，习惯于两人的身体保持一定的距离，一般应保持在 1.2～1.5 米，但不得小于 0.5 米。

同美国人进行商务活动，要深入了解和掌握美国有关贸易进出口的法律法规和常规做法。例如，哪些范围限制与外国人合作，哪些商品市场有可能触及反倾销税法，哪些范围的商品必须得到政府有关部门特别批准。此外，要深入了解商品的广告及代理、批发商、零售商，以及价格和包装等常规做法和特别事项，要进行市场调查，慎重选择合作对象和合作领域。考察时要重点突出，如商品的质地、花色图案、设计样式等，是否在市场上受客户欢迎，代理商的意向是否明显和迫切。要了解美国人的特点，有针对性地进行洽谈。

6. 习俗禁忌

美国人忌讳“13”“星期五”“3”，认为这些数字和日期，都是厄运和灾难的象征。还忌讳有人在自己面前挖耳朵、抠鼻孔、打喷嚏、伸懒腰、咳嗽等，认为这些都是不文明的，是缺乏礼貌的行为。若喷嚏、咳嗽实在不能控制，则应头部避开客人，用手帕掩嘴，尽量少发出声响，并要及时向在场人表示歉意。他们忌讳有人冲他们伸舌头，认为这种举止是污辱人的动作。他们讨厌蝙蝠，认为它是吸血鬼和凶神的象征。美国人还忌讳别人问他的年龄，忌讳问他买东西的价钱，忌在见面时说“你长胖了”。

美国犹太人多，前往访问时应注意当地的犹太人节日。圣诞节与复活节前后两周不宜拜访。6～8 月属度假时间，其余时间宜拜访。

(二) 英国的礼仪与禁忌

英国凡事都要遵守规矩，不懂礼貌或不守约束在英国是行不通的。

英国英格兰人占 80%以上，其余是苏格兰人、威尔士人和北爱尔兰人等。居民绝大部分信奉基督教，只有少部分人信奉天主教。具有绅士风度美誉的英国交际礼仪，是西方社交礼仪的代表。英国人珍惜自己的职业，安于自己的岗位，在自己选择的职业中精益求精，对自己的职业感到自豪。英国人的基本特征是各人依自己的想法生活而不随声附和他人的意思。他们的基本想法是“除非受人之托，否则，就不干扰他人之事”。

1. 性格特征

英国人属外柔内刚型，善于体谅别人，他们往往会考虑到对方的立场后才开始行动，以免给别人造成不舒服的感觉，就这一点来说英国人擅长社交。如果英国人在争论中说出“这不公平”，这是一种语气很强硬的句子，是对那些忽视对方立场、唯我独尊态度的一种谴责。英国人不轻易动感情或表态。他们认为夸夸其谈是缺乏教养的，认为自吹自擂是低级趣味的。人们交往时常用“请”“对不起”“谢谢”等礼貌用语，即使家庭成员间也一样。但在请人做事或提问时，则用疑问句来表达所要求的肯定意思。例如，英国人说：“您能帮我倒杯茶吗?”“报纸您看完能递给我吗?”虽是疑问句，实际上却不容置疑，既肯定又显得亲切客气，很讲究语气的感情色彩。

2. 风俗礼仪

见面时对尊长、上级和不熟悉的人用尊称，并在对方姓名前面加上职称、头衔，或先生、女士、夫人、小姐等称呼。亲友和熟人之间常用昵称。初次相识的人相互握手，微笑着说“您好”。在大庭广众之下，人们一般不行拥抱礼，除热恋情侣外，男女之间一般不手拉手走路。英国人很重视社会公德。以关门为例，当英国人发现几步外有人也要进来的话，他就会把门开着静候那人，而并不会将这种等候的时间看做是一种损失。英国人常说的两句话是“谢谢”和“对不起”。在英国，一般有拜会、茶会、宴会等，这些都有较为严格的礼仪，人数、场合、服装、仪式等都较为烦琐，应事先预约，大多用于商务、政务和外交场合。英国还有一些较为随意的应酬，如晚宴是较为正式的应酬，午宴相当于工作餐或快餐。但在英国最简便、最随意、最常见的应酬，莫过于约两三个友人到酒吧小酌了。常常是一杯威士忌落肚之后，大家就开怀畅谈了，但这往往是非正式商务交谈和朋友、同事间的聚会。另外，英国人认为当着送礼人的面打开礼物的包装，表示欣赏和赞美，是对送礼人的尊重和感谢。

3. 饮食礼仪

英国的“烤牛肉加约克郡布丁”被称为国菜，即用牛腰部位的肉，再把鸡蛋加牛奶和面，与牛肉、土豆一起在烤箱中烤制，上桌时，还要另配些单煮的青菜。普通家庭一日三餐，即早餐、午餐、晚餐，以午餐为正餐。富裕家庭则一日四餐，即早餐、午餐、茶点和晚餐。英国人不喜欢吃带黏汁的菜肴；忌用味精调味；也不吃狗肉。口味不喜欢太咸，爱甜、酸、微辣味。偏爱烧、煮、蒸和烘烤等烹调方法制作的菜肴。英国人普遍喜爱喝茶，尤其是妇女，但不喝清茶。下午茶几乎成为英国人的一种必不可少的生活习惯，即使遇上开会，有的也要暂时休会而饮下午茶。他们还喜欢喝威士忌、苏打水、葡萄酒和香槟酒，有时还喝啤酒和烈性酒，彼此间不劝酒。

4. 商务礼仪

在商务会谈或朋友见面时，英国人会在开始时保持一段距离，然后才慢慢接近。但是在遇到决策时，他们会毫不犹豫地做出决定，而遇到纠纷时，也不会轻易地道歉，因为他们相信自己的所作所为是完美的。在正式洽谈时，以穿轻便服装为好，而在其他正式场合，则穿正规、讲究的服装。英国人做生意，首先从建立信用着手，然后考虑要有助于人。所以当交涉中某些事项未能遂愿时，千万不能强人所难，这在英国的商界是行不通的。英国人在交际中不喜欢客套。如英国人请客，点菜绝不铺张，够吃即可。若菜少了，你提出再加，他会很乐意。英国人敬酒不劝酒，宾主饮多少全随自便。若不会喝酒，你提出要果汁，他们也会很高兴。英国人一般不轻易宴请来访者，如果要为你设宴，那就说明他对会谈表示满意，或者愿意与你进一步交往和合作。如果你客气地表示“不麻烦了”，他绝不会再说第二遍，因为他认为这意味着拒绝合作。受到款待之后，一定要写信表示谢意，否则会被认为不懂礼貌。英国人也像其他大多数欧洲人一样喜欢高级巧克力、名酒和鲜花，但他们大多数不欣赏饰有客人所属公司标志的礼物，除非主人对这种礼物事前有周密的考虑。一般送价钱不贵但有纪念意义的礼物，由于该礼物花费不多，因此不会被误认为是一种贿赂。

5. 习俗禁忌

对英国人称呼“英国人”是不愿意被接受的。因为“英国人”原意是“英格兰人”，而你接待的客人，可能是英格兰人、威尔士人或北爱尔兰人，而“不列颠”这个称呼则能让所有的英国人感到满意。忌讳用人像、大象、孔雀做服饰图案和商品装潢。他们认为大象是愚笨的，孔雀是淫鸟、祸鸟，认为孔雀开屏是自我吹嘘和炫耀。

忌讳“13”“3”等数字，忌讳用同一根火柴给第三个人点烟。和英国人坐着谈话忌讳两腿张得过宽，更不能跷起二郎腿。如果站着谈话，不能把手插入衣袋。忌讳当着他们的面耳语和拍打肩背，忌讳有人用手捂着嘴看着他们笑，会被认为是嘲笑人的举止。在英国，老人不仅不喜欢称其“老”，甚至也不能在言谈举止中对他的年龄有所暗示，如不必要的搀扶或恭敬。忌讳送人百合花，英国人认为百合花意味着死亡。

(三) 法国的礼仪与禁忌

对法国人来说，社交是人生的重要内容，没有社交活动的生活是难以想象的。在人际交往中法国人所采取的礼节主要有握手礼、拥抱礼和吻面礼。

1. 性格特征

法国人在人际交往中爽朗热情、诙谐幽默，善于雄辩和高谈阔论，好开玩笑，讨厌不爱讲话的人，对愁眉苦脸的人难以接受。受传统文化的影响，法国人不仅爱冒险，而且喜欢浪漫的经历。他们讲求自由，纪律较差。“自由、平等、博爱”不仅被法国宪法定为本国的国家箴言，而且在国徽上明文写出。一般不大喜欢集体行动。与法国人打交道，约会必须事先约定，并且准时赴约，但是也要对他们可能的姗姗来迟事先有所准备。法国人自尊心强，偏爱本国货。法国的时装、美食和艺术是有口皆碑的，在此影响下，他们认为世间的一切都是法国最棒。与法国人交谈时，如能讲几句法语，一定会使对方热情有加。交往中比较尊重妇女，显示骑士风度。骑士风度的核心是男士对女士的尊重和保护，法国男士很注重这种护花使者的身份，在各种场合对女士都表现得优雅有加，这也是法国这个浪漫国度很突出的一个风情。

2. 饮食礼仪

法国是世界上著名的烹饪王国之一，法国人十分讲究饮食。在西餐之中，法国菜可以说是最讲究的。

法国人爱吃面食，面包的种类很多；爱吃奶酪；在肉食方面，爱吃牛肉、猪肉、鸡肉、鱼子酱、鹅肝，不吃肥肉、宠物、肝脏之外的动物内脏和带刺骨的鱼。

法国人喜欢在晚餐时约会，用餐时间长。法国人特别善饮，尤其喜欢喝名酒。他们几乎餐餐必喝，而且讲究在餐桌上要以不同品种的酒水搭配不同的菜肴，一般在吃菜前先要喝一杯开胃酒，吃鱼时要饮酸干葡萄酒，吃肉时要伴饮红葡萄酒等。除酒水之外，法国人平时还爱喝生水和咖啡。

法国人用餐时，两手允许放在餐桌上，但不许将两肘支在桌子上，在放下刀叉时，他们习惯于将其一半放在碟子上，一半放在餐桌上。

3. 服饰礼仪

法国人对于服饰的讲究，在世界上是最为有名的。在正式场合，法国人通常要穿西装、套裙或连衣裙，颜色多为蓝色、灰色或黑色，质地则多为纯毛。当出席庆典仪式时，一般要穿礼服。男士多穿配以蝴蝶结的燕尾服或黑色西装套装；女士多穿连衣裙式的单色大礼服或小礼服。对于穿着打扮，法国人认为重在搭配是否协调。在选择发型、手袋、帽子、鞋子、手表、眼镜时，都十分强调要使之与自己着装相协调。

4. 商务礼仪

同法国人进行商务活动时，应严格按事先预定的时间、地点和交谈内容进行，不要迟到，穿着要讲究；提供给对方的材料和相关的实物样品要翔实、完备和讲究质量；合同条款要细致、周到，一旦签订合同，要严格按照双方约定的条款执行。

5. 习俗禁忌

法国的国花是鸢尾花。菊花、牡丹、玫瑰、杜鹃、水仙、金盏花和纸花，一般不宜随意送给法国人。

法国的国鸟是公鸡，被认为是勇敢、顽强的化身。

法国人大多喜爱蓝色、白色与红色，忌讳的色彩主要是黄色与墨绿色。

法国人忌讳的数字、日期是“13”与“星期五”。

在人际交往中，法国人对礼物十分看重，但又有特别的讲究。宜送具有艺术品位和纪念意义的礼物，不宜送刀、剑、剪、餐具或带有明显的广告标志的礼物。男士向一般关系的女士赠送香水，也是不合适的。在接受礼物时若不当着送礼者的面打开包装，则是一种无礼的表现。

(四) 日本的礼仪与禁忌

日本有“樱花之国”“贸易之国”等美称，日本人的许多风俗习惯都可以从中国找到根源。与日本人交往，首先得学会日本人的基本礼仪。

1. 性格特征

日本人办事有条不紊，对自己的感情常加以掩饰，不轻易流露，不喜欢伤感的有对抗性和针对性的言行以及急躁的风格。所以，在与日本人打交道的过程中，耐性是非常重要的。面子是日本人最重视的东西。因此，与日本人相处，应时时记住给对方面子。日本人讲道义、重恩情，在他们看来，“一个人永远报答不了万分之一的恩情”。知恩图报，对他们而言是普通而又相当重要的事情。日本人说话很委婉，很少直接拒绝对方。说恭维话的方式也与西方人不一样。西方人会对你个人在贸易上的成就或公司的成就直接表示赞赏，而日本人却常常兜着圈子说话。

2. 风俗礼仪

日本是礼仪之邦，在交往中，人们非常讲究礼节，其中最引人注目的是鞠躬礼。初次见面，日本人通常互行鞠躬礼，还要谦恭地问候对方，一般不握手。鞠躬时，两手自然放在膝前或两侧，手中不得拿东西，也不得插在衣袋里，头上不得戴帽子。

一般而言，日本人鞠躬不同的角度表示不同的含义：90 度的鞠躬，表示特别的感谢和特别的道歉；45 度的鞠躬一般用于初次见面，也用于饭店或商场等服务员对顾客的欢迎；30 度的鞠躬一般用于打招呼(如早上遇到同事)，也可以用于关系比较亲密的朋友之间，在回答对方问题或表示赞同时也用这种鞠躬礼仪。另外，日本人不但说话的时候用鞠躬来表示一种礼貌，即使在接电话的时候，也是一边点头一边说。若遇到社会地位高的人或长辈时，鞠躬的度数要大，时间要长，要等对方抬头后才能把头抬起来，甚至鞠躬数次。有时日本人也施握手礼，而且一边握手一边鞠躬，但日本妇女尤其是日本的乡村妇女，只行鞠躬礼。

在与日本人初次见面时，通常要交换名片，否则会被理解为不愿与对方交往。因而有人将日本人的见面礼节归纳为“鞠躬成自然，见面递名片”。在一般情况下，日本人外出时身上往往会带上好几种印有自己不同头衔的名片，以便在交换名片时可以因人而异地使用。在交际场合，日本人的信条是“不给别人添麻烦”。因此，忌讳高声谈笑，使用手机时总是声音很小。在外人面前，不管自己是否开心都要满脸笑容，日本人认为这是一种待人的礼貌。交谈时，日本人往往与对方保持一定的距离，并习惯注视对方的脖子和双肩，而不是看着对方的脸。日本人姓名的组合顺序与中国人的一样，都是姓在前、名在后。日本人的姓名以四个字的居多。日本妇女在结婚前姓父姓，结婚后姓夫姓。称呼日本人时最好使用“先生”“小姐”“夫人”，也可以在姓氏后加一个“君”字。只有在正式场合才可以称呼其全名。

日本人一男一女上街时，女子在右边走；如果挽手行走，是女子挽着男子。三个人上街时，中间的位置让给受尊敬的人。日本人喜爱龙虾，认为龙虾长须，喜欢在元旦用龙虾作为装饰品，象征延年益寿、长命百岁。

日本人的时间观念很强，到日本人家里做客，事先一定要和主人约定，并要准时赴约。日本人很讲究清洁，每天都要洗澡，有时也会邀请客人一起去浴室洗澡，他们把这叫做“裸体相交”。

3. 饮食礼仪

日本人自古以来就以大米为主食，他们爱吃鱼，一般不吃肥肉和猪内脏，也有的人不吃羊肉、鸭子和松花蛋。不论在家中或餐馆内，座位都有等级，客人听从主人的安排即可。

日本饭菜极富特色，世人称之为和食或日本料理，以大米为主，多用海鲜、蔬菜，讲究清淡与味鲜，忌讳油腻。尤以生食鱼片最为著名。日本人在用餐时，要摆上一张矮桌，然后男子盘腿而坐于地下，女子则跪坐而食。日本人吃饭用筷子，但是他们所用的筷子不是平头，而是尖头。日本人用筷子的禁忌有八条，即“忌八筷”：一舔筷，用舌头舔吮筷子；二迷筷，拿不准吃什么，手握着筷子在餐桌上四处游走；三移筷，夹了一道菜紧接着又去夹另一道菜，而不去吃饭；四扭筷，扭转筷子，用嘴舔取粘在上面的饭粒；五插筷，把筷子当做叉子，叉起饭菜吃；六掏筷，用筷子在饭菜里扒来扒去，挑东西吃；七跨筷，把筷子跨放在碗碟上面；八剔筷，把筷子当牙签用。除此之外，日本人还忌讳使用一双筷子让大家依次夹取食物，这会使他们联想起死者的家属在佛教火化仪式中传递死者骨头的场面；也不要把筷子垂直插在米饭中，因为这是供奉死者的做法，不吉利。日本人在宴客时，忌讳将饭盛得过满，并且忌讳一勺盛一碗饭。作为客人，则不能仅吃一碗饭，哪怕是象征性的，也要再添一次饭，并且要吃完，否则，就会被视为失礼或宾主无缘。客人用完餐时通常说：“我用完了，谢谢您丰盛的招待。”

日本人喜欢喝酒。在日本，斟酒讲究满杯。多喝几杯，甚至喝得酩酊大醉，人们也会见多不怪。两人对饮时必须先替对方斟酒，然后由对方替自己斟，而不是自己斟酒。在日本，人们普遍爱好饮茶。日本人喝茶不直接把茶叶放进茶杯，而是放到小巧玲珑的茶壶里。倒的时候，用一个小过滤网防止茶叶进入杯里。而且总以半杯为敬，一般不再续茶。这常使喝惯大杯茶的中国人觉得难以解渴。

4. 服饰礼仪

日本人无论是正式场合还是非正式场合，都很注重自己的衣着。在商务交往、政务活动以及对外交往等正式场合，他们都穿西服，男士西装革履，女士往往穿套裙。在节日或参加某些仪式时，他们通常穿国服——和服。和服是日本的传统服装，穿着时不得马虎随意。一定要穿木屐或草鞋，并配以布袜，妇女穿和服时，还必须腰系彩带，后加上一个小软托，并且手中打伞。

在与日本人打交道时，衣着上必须注意以下细节。

日本人认为衣着不整齐便意味着没有教养，或是不尊重交往对象。所以，在与日本人会面时，一般不宜穿着过分随便，特别是不要光脚或穿背心，因为不修边幅是失礼的行为，会失去对方的信任。

到日本人家里做客时，进门要先脱去大衣、风衣、帽子和鞋子。

拜访日本人时，切勿未经主人许可，而自行脱去外衣。如需宽衣，应征得主人的同意。

参加庆典或仪式时，不论天气多么炎热，都要穿套装或套裙。

5. 商务礼仪

(1) 重视最初面谈的介绍人

日本企业的谈判方式颇具文化特色，日本企业在寻求合作伙伴时表现出慎重与韧性，很重视与业务伙伴的初次接触。日本人往往喜欢通过介绍人来进行首次接触，而且对介绍人的身份或地位看得较重，介绍人名望高、信誉可靠，日本企业就易与对方迅速确立友好的关系，随后的谈判就几乎成功了一半。日本企业界有这样一种观念，即介绍人身上现有的一切责任感理应随着引见或推荐，自动延伸到被介绍人那里，所以日本企业视介绍人为商务谈判中的一个组成部分。

（2）商务谈判中谨慎而含蓄

在谈判桌上，日本企业谈判代表的表态总是非常谨慎，谋求和谐一致的团队精神。所以，即使你与某位谈判代表交换意见取得成功，但若其他谈判成员保持沉默，仍无济于事。而且，他们的谈判风格非常含蓄，谈话中较少有明确的信息，但是他们的眼神、手势或面部表情等非语言沟通方式却能显示其谈判的真实意图。日本人在谈判中若出现意见分歧，倾向是不将冲突公开化。他们比较讲究以婉转的、含蓄的方式来对待某争议，避免与对方直接争辩。克制或忍耐是一种惯例，体现了日本人的价值观。所以在争论问题时，他们一般不看对方的眼睛，而是直视对方的胸部，力求避免与对方视线的直接接触。日本人对谈判的时间概念有独特的理解，他们似乎把会晤和交谈以谋求共识所用的时间看做是一种无限资源。因此，在讨论问题时总喜欢做长时间的思考，尤其是在回答对方提问或要求时似有一种惊人的耐久力，甚至较长时间处于思考中。他们把谈判的时间拖延得足够长，往往容易使对方变得急躁而做出原来不该有的让步。或许这才是日本人的真正用意所在，是一种谈判策略。

（3）赠送礼物

送礼之习，在商务交往中同样风行。和日本人初次见面时，最好送一些包装精美的小礼品作为纪念。给日本客人送一件礼物，即便是小小的纪念品，他都会铭记心中，因为它不但表明你的诚意，而且也表明彼此之间的交往已超出了商务的界限，说明你对他的友情。给日本人送礼品，要注意三点：礼品的价值要轻重得当，太重，会被认为有求于他，太轻，会被认为瞧不起他；礼品包装一定要精美；礼品数量最好是除 9 以外的奇数。另外，用红色的彩带包扎礼物很受日本人欢迎，它象征身体健康。

6. 习俗禁忌

日本人对樱花无比厚爱，而对荷花很反感。樱花是日本的国花，荷花是丧葬活动用的。菊花在日本是皇室的标志，不要把菊花和带有菊花装饰图案的物品作为礼物送给日本人。盆花和带有泥土的花，则被理解为“扎根”，不要送给病人。在探望病人时还要注意不要送山茶花、仙客来花、白色的花和淡黄色的花。日本人对金色的猫、狐狸和獾极为反感，认为它们是“晦气”“贪婪”和“狡诈”的化身。一般而言，日本人大都喜欢白色和黄色，讨厌绿色和紫色，还敬重数字“7”，而将“4”与“9”视为不吉。日本人很喜欢送人小礼物，但是忌送梳子、圆珠笔、T 恤衫、火柴、广告帽等。礼品包装不要扎蝴蝶结。日本人抽烟不敬烟，不用香烟待客，即便是吸烟者，也不会向你敬烟，也不喜欢别人向他敬烟。日本人忌讳三人一起合影，认为中间的人是受左右两人挟制，预示着不吉祥。寄信时忌讳倒贴邮票，因为暗示断交。到日本人家里做客，忌不脱去外套和不脱帽、不脱鞋，忌衣着不整，忌窥视主人卧室、厨房。与人交谈忌高声大嗓，忌手插在衣袋里。中国人伸出大拇指表示称赞，有“顶呱呱”的意思，而对日本人来说，这个动作表示骂他，毫无赞赏之意，在中国伸出小拇指表示“最后”“落后”之意，而在日本则指“情人”“女朋友”。使用名片，忌从裤子后兜拿出。正式场合，忌穿便服或穿衬衣、短衫。忌在众人面前拥抱、接吻。忌垃圾未分类就扔。日本人吃面条时喜欢发出声音，而且声音越大，越是对主人或是对做面师傅的礼貌，等于夸赞面条好吃，所以在日本吃面条时忌不出声。

(五) 韩国的礼仪与禁忌

韩国全国人口均为朝鲜民族，通用朝鲜语。韩国受我国佛学、儒学影响很深，居民多信奉佛教、基督教，首都首尔文庙每年春秋两季都要举行祭孔大典。韩国的经济增长速度居世界前列，经济发展水平居亚洲前列，外向型经济较发达，韩国文化是东西方文化的交融体。

1. 风俗礼仪

(1) 浓厚的传统习俗

韩国人尊重长者，长者进屋时大家都要起立，问他们高寿。和长者谈话时要摘去墨镜。乘车时，要给老人让位，吃饭时应先为老人或长辈盛饭上菜，老人动筷后，其他人才能吃。

韩国民间仍讲究“男尊女卑”。男女一同就座时，女士应自动坐在下座，并且不得坐得高于男士，女士不得在男士面前高声谈笑，双方见面时，女子先向男子行鞠躬礼，致意问候。女士在任何场合的坐姿都不能叉腿。在社交场合，男女必须分开。在公开场合，男士先行，会议的发言者在致辞时会把“先生们”放在“女士们”前面。

(2) 注重礼仪

在一般情况下，韩国人在称呼他人时爱用尊称和敬语称呼对方头衔。韩国人非常讲究预先约定，遵守时间，并且十分重视名片的使用，初次见面时往往交换名片。见面必互致问候，男士见面微鞠躬，互握右手或双手，分手时也鞠躬。在正式场合，韩国人一般都采用握手作为见面礼节。韩国女士一般不与男士握手，而往往代之以鞠躬或者点头致意。韩国人多以软饮料待客，客人必须接受主人提供的茶点。

(3) 民族自尊心很强

韩国人很爱国。韩国政府规定，韩国公民对国旗、国歌、国花必须尊敬。不但电台定时播出国歌，而且影剧院放映演出前也放国歌，观众须起立。外国人在上述场所如表现过分怠慢会被认为是对韩国和该民族的不敬。韩国强调“身士不二”，反对崇洋媚外，倡导使用国货。

(4) 节庆比较多

韩国节日与我国接近：农历正月初一至十五的节日活动类似我国春节。农历正月十五为元宵节，传统饮食是种果(栗子、核桃、松子等)、药膳、五谷饭、陈茶饭等。清明扫墓，冬至吃冬至粥(掺高粱面团子的小豆粥)。农历四月八日为佛诞节及颂扬女性的春香节。农历五月五日为端午节，家家户户食青蒿糕，挂菖蒲。农历八月十五为中秋节，农历九月九日为重阳节。除上述传统节日外，韩国人还重视圣诞节、儿童节(5月5日)、恩山别神节

(3月28日至4月1日)等。

2. 饮食礼仪

韩国饮食风格介于中国和日本之间，多数人用餐时使用筷子。以高蛋白食物为主，辅以蔬菜。喜食汤和饭(牛肉汤、排骨汤等和在饭中)、火锅、汤面、冷面、生鱼片、生牛肉、什锦饭等，也喜欢热辣口味。在宴会上，韩国人习惯互相斟酒，喝交杯酒；受人劝酒时不可拒饮；不胜酒力时杯中应留点酒；对于醉酒者，他们多持宽容的态度。受人敬菜时要礼貌地推让两次，第三次才欣然接受。饭后被人邀歌时不可拒唱。

3. 服饰礼仪

韩国的民族服装是：男子穿袄、坎肩、裤、长袍，上下一色，且多用白色；女子穿袄、裙、长袍，裙子长而肥大，丰满流畅。进屋脱鞋是他们的传统习惯。他们也用炕，炕内用热水管取暖。现代男女常穿西式服装，讲究服饰。

4. 商务礼仪

(1) 注重细节

韩国人不是十分重视时间概念，但作为客户应准时赴约。进行商务谈判时，要尊重他们的生活方式，这会获得他们的好感。韩国人用餐时不喜欢交谈，更不能发出“唧唧”的声音。如果你不遵守餐桌礼节，极可能引起对方的反感，甚至关系到谈判的成败。与韩国人相处时要避免谈论政治话题。进入他们的住宅或韩国饭店时，不要将室外穿的鞋穿到屋里去，要换备用的拖鞋。如应邀做客，要送一束鲜花或小礼物给主人，并以双手捧上。

(2) 精于谈判

韩国人在长期的对外贸易实践中积累了许多经验。他们在参照国际惯例的基础上，根据韩国的国情采取了一些独特的做法，被西方发达国家称为“谈判高手”。谈判之前，他们通常都要通过海外咨询机构了解对方底细，以及有关商品行情等，做好准备后才会与对方坐到谈判桌前。韩国人喜欢谈判内容条理化。所以谈判开始后，他们往往先与对方商谈主要议题。韩国人常用的技巧与策略也很奏效。比如声东击西，即在谈判中利用对自己不太重要的问题来吸引和分散对方注意力。

5. 习俗禁忌

韩国人非常重视保持公共场所的整齐干净和良好秩序。在公共场所不容许大声喧哗；果皮、纸屑不可随手乱扔，要扔进垃圾箱内；随地吐痰被认为是缺乏最起码公德意识的行为，不仅为人所不齿，而且会受到处罚；上街或到公共场所时，衣着要整洁，否则会被卫生警察带走。

韩国人喜欢单数，忌讳双数。忌用“4”(韩语音同“死”)。忌讳用一个手指指人。站立交谈时不能背手。女士发笑时必须用手掩盖。

谈话时切记目光不要游离不定。与韩国人谈话时，和对方进行目光接触是很重要的，这能够表示诚意，并能建立微妙的合作氛围。

照相在韩国受到严格限制。军事设施、机场、水库、地铁、国立博物馆及娱乐场所都是禁照对象,在空中和高层建筑拍照也都在被禁之列。

忌讳谈论和询问关于朝鲜半岛的政治敏感问题。

(六) 泰国的礼仪与禁忌

泰国是一个以佛教为主要宗教的国家,享有“千佛之国”的称号。泰国拥有无数令人赞叹的名胜、独特的文化和持续相传的风俗习惯,被誉为“亚洲最具异域风情”的微笑国度。泰国人素以包容和好客著称,他们对每个人都示以微笑和谦逊的态度。泰国的语言主要为泰语,英语在城市及旅游景点可以通行,中文特别是潮州语,在华人集中居住区流行。

1. 风俗礼仪

泰国人的待人接物有许多约定俗成的规矩。朋友相见时,要双手合十、互致问候。晚辈向长辈行礼时,晚辈要双手合十举过前额,长辈也要合十还礼。年纪大或地位高的人还礼时,双手不必高过前胸。行合十礼时,双手举得越高,表示尊重程度越高,但双手的高度不能超过双眼。泰国人也行跪拜礼,但要在特定场合,如平民、贵官在拜见国王和国王近亲的时候行跪拜礼。国王拜见高僧的时候要下跪。儿子出家为僧时,父母也跪拜在地。

泰国人非常重视人的头部而轻视两脚。认为头是灵魂所在,是神圣不可侵犯的,切记勿触摸别人的头。如果你偶然摸了某人的头,也要很快地向对方道歉。如长辈在座,晚辈必须坐在地下,或者蹲跪,以免高于长辈的头部,否则就是对长辈的不敬。从坐着的人们面前走过时,要略微躬身,表示礼貌。

在泰国,左手被视为不洁净,所以交换名片或接受礼物时,都必须使用右手。

泰国人喜欢红色、黄色,习惯用颜色表示星期。例如,红色是星期日,紫红色为星期六,淡蓝色为星期五,橙色是星期四,绿色为星期三,粉红色是星期二,黄色是星期一。

在泰国,公开表示爱的行为是难以接受的。你可能看过一些十分西化的年轻夫妇手牵手的情景,但是,这种现象只在开明的社群中才能看见。

在泰国,发脾气是下下之策。泰国人认为这代表卑劣的仪态。

泰国人是按姓后面的名字来称呼对方,如“建国先生”“秀兰女士”。到泰国人家做客,进屋时先脱鞋。在和泰国人的交往中可以送些小的纪念品,送的礼物事先应包装好。

此外,泰国还保留许多古老的风俗。例如,在泰国南部的宋卡府乍拍县,人们还保留着“与树结婚”的奇特风俗。每年6月至8月的某个特定的日子里,凡年满21岁的男子都要举行一次与大树结婚的仪式。远离家乡的人也要赶回来参加,否则就得终生打光棍。

2. 商务礼仪

在参加商务活动时,着衬衫、打领带即可。若要拜访大公司或政府办公厅,需要先预约,准时赴约是一种礼貌。宜持用英文、泰文、中文对照的名片。

历史上,泰国人经商一般不喜欢冒险,宁可依靠自己的力量积少成多地发展,也不愿大刀阔斧地大数额贷款、大范围地投资。由于过分地谨慎,不轻易相信别人,故很多企业都带有浓重的家族色彩。泰国商人十分注重人际关系,在他们看来,与其你争我斗费尽心思才获得一些利益，倒不如把这些利益让给那些诚实而富有人性的对手。

和泰国商人相处，不要夸耀自己国家的经济，不要盘问对方家庭情况。泰国人很难短时间内对一件事情做出决断，因此，同泰国商人打交道要有耐心。

3. 习俗禁忌

泰国人特别尊崇佛祖和国王，佛祖和国王在泰国人心目中是至高无上的，切不可当着泰国人的面对佛祖和国王不敬。参拜佛寺时，衣着需整齐，不要裸露上身、穿短裤或无袖的衬衫。不应穿着鞋子进入供奉佛像的寺堂内。佛教的僧侣均被禁止与女士接触，如果一位女士希望把东西交给僧侣，则应先把东西交予一位男士由他代劳。

在泰国，在众目睽睽之下与人争执的表现会被泰国人认为是最可耻的行为。

睡觉时忌讳头朝西，因为日落西方象征死亡。

忌讳用红笔签名，因为人死后是用红笔把姓氏写在棺材上的。

脚被认为是低下的，在泰国人面前，盘腿而坐或以鞋底对着人是不礼貌的。无论坐着还是站着，不要让泰国人明显地看到你的鞋底，否则被认为是极不礼貌、极不友好的表示。脚除了走路之外，不可做其他用途。例如，用脚踢门会受到当地人的唾弃；不能把脚伸到别人面前，同样把东西踢给别人或用脚给人指东西也是失礼的。

就座时，忌讳跷腿。妇女就座时，双腿要靠拢，否则会被认为没有教养。

当着泰国人的面，不要踩门槛，他们认为门槛下住着神灵。

在泰国，男女仍然遵守授受不亲的戒律，所以男女不能过于亲近。

忌讳褐色。

（七）南非的礼仪与禁忌

1. 风俗礼仪

南非人信仰基督教。南非的风俗礼仪可以概括为“黑白分明”和“英式为主”。所谓“黑白分明”是指受到种族、宗教、习俗的制约，南非的黑人和白人所遵从的社交礼仪不同；“英式为主”是指在很长的一段历史时期内，白人掌握南非政权，白人的社交礼仪特别是英国式社交礼仪广泛地流行于南非。在社交场合，南非人所采用的普遍见面礼节是握手礼，他们对交往对象的称呼主要是“先生”“小姐”或“夫人”。

2. 饮食礼仪

南非当地白人平日以吃西餐为主，经常吃牛肉、鸡肉、鸡蛋和面包，爱喝咖啡与红茶。南非黑人喜欢吃牛肉、羊肉，主食是玉米、薯类、豆类。南非著名的饮料是如意宝茶。

3. 服饰礼仪

在城市中，南非人的穿着打扮基本西化了。大凡正式场合，他们都讲究着装端庄、严谨。因此进行官方交往或商务交往时，最好穿样式保守、色彩偏深的套装或裙装，不然就会被对方视作失礼。南非黑人通常还有穿着本民族服装的习惯。

4. 习俗禁忌

忌讳数字“13”和“星期五”。

南非黑人非常敬仰自己的祖先，他们特别忌讳外人对自己的祖先言行失敬。

与南非人交谈时，不宜涉及四种话题：不要为白人评功摆好；不要评论不同黑人部族或派别之间的关系及矛盾；不要非议黑人的古老习惯；不要为对方生了男孩表示祝贺。

（八）阿拉伯国家的礼仪与禁忌

阿拉伯国家主要分布在中东地区，地跨亚、非两大洲，总人口超过2.5亿，其中多数为阿拉伯人，绝大多数居民信奉伊斯兰教，他们有着共同的文化传统和风俗习惯。

1. 风俗礼仪

（1）讲究男女有别

阿拉伯人在日常生活中实行男女隔离的风俗。有专门由女人掌管的为女人开设的银行、学校和娱乐场所。婚姻往往需要媒人的撮合，而不是男女自由恋爱。而且在恋爱中，男女青年也不可以单独相处，通常女方的幼弟会成为首选的陪伴者，陪姐姐去与男友约会。在阿拉伯国家，男人之间手牵着手走路是相互友好和尊重的表示。

（2）做客及送礼

与阿拉伯人建立良好关系后，他们会邀请客人到家里做客。到阿拉伯人家里做客时，应带上艺术品、书、唱片、办公用品或具有本民族特色的礼物，但不可送酒。此外，在巴林、科威特等海湾国家的阿拉伯人家里做客时，尽量事先空腹，最好要少吃一顿饭，因为这些国家的主人很热情，在饭桌上频频劝食，但你不能拒绝主人的好意，只有吃得多才能表示你喜欢主人的饭菜。

（3）婚俗

订婚日被称为“拥有日”，意为男青年从这一天起就合法地拥有他的心上人了。婚礼的前一天，新娘要用指甲花染红自己的手掌和脚心。新婚之夜，新娘坐在椅子上，妇女和姑娘们一边向她挥舞手帕和扇子，一边唱着祝贺婚礼的歌曲。新婚的第二天，双方家庭成员欢聚一堂，向新婚夫妇赠送礼物，举行盛大的喜庆会，会上要展出新娘的嫁妆，供宾客观赏。

2. 服饰礼仪

阿拉伯人的传统服装是长袍，男子穿白色长袍，女子穿黑色长袍。出于宗教的要求，阿拉伯人不穿半透明的衣服与紧身服。在阿拉伯国家不要穿短裤、没有袖子的衬衫、领口开得很低的衣服和膝盖以上的短裙，在游泳池不允许穿三点式的泳装。不过，现在男子穿西装的现象已很普遍。

3. 商务礼仪

阿拉伯人普遍工作节奏缓慢。商务活动要想获得成功，必须在交往几次建立了一定的联系后，才能进入洽谈阶段，并且要有足够的耐心。

到阿拉伯国家经商，不要忘了入境随俗。与阿拉伯商人交往，要尊重他们的“五礼”。按照伊斯兰教义，教徒每天要做5次礼拜：晨礼、晌礼、晡礼、昏礼、宵礼。不管工作多忙、多重要，一到礼拜时间，他们就会放下手头的事情来做礼拜。此时，你不可干扰他们，更不可表现出不耐烦。

阿拉伯人习惯用咖啡招待客人。客人不可拒绝，否则就意味着对主人的不恭，而且喝咖啡时还应咂嘴出声，啧啧称赞。在待客时常使用香水，因为阿拉伯人与人谈话时习惯双方间的距离很近，这是友好的表示。正因为距离近，阿拉伯人非常强调使用香水，让对方闻到自己身上的气味而不是身上的香水味是失礼的。

4. 习俗禁忌

第一次和阿拉伯人见面时，不要送礼，也不要在只有一个人在场时送礼，以免有行贿之嫌；不可送不值钱的礼物或有人物形象的礼物。不能给阿拉伯人的妻子送礼物，但给他们的孩子送礼物会受到热烈欢迎。

女子不能昂首挺胸而行，必须低头无声疾行。

在阿拉伯国家，一般见不到女主人，谈及或问候女主人都是失礼的。在一些国家，甚至连主人家中的孩子也不能提及，否则被认为会给孩子带来灾难。若见到了阿拉伯人的妻子，虽然可打招呼，但切勿与之握手。

和阿拉伯人坐在一起，忌用脚对着主人，更不要把腿架起来，露出鞋底是对主人的大不敬。

同阿拉伯人谈话，避免谈政治和宗教。

【专栏 11-1】

俄罗斯人的民族性格与习俗礼仪

俄罗斯是一个大国，俄罗斯不仅土地面积最大，也有众多的人口、发达的科技、丰富的文化。俄罗斯也是一个强国，有强大的军事实力。

俄罗斯人性格开朗、粗犷。由于气候寒冷，俄罗斯人比较嗜酒，喜高度酒，俄罗斯伏特加酒很有名。与俄罗斯人业务往来时，如果酒量不行，最好不要喝，因为俄罗斯人特能喝酒。招待客人时没有酒也不行，会被认为是慢待客人。

俄罗斯老百姓在饮食方面，不太讲究。主食是面包，特别是黑面包，有点发酸，比较受青睐，比较富裕的人吃的面包是由燕麦做的。著名的俄罗斯菜有红菜汤、鱼子酱、酸黄瓜，酸牛奶也很有名。捧出“面包和盐”来迎接客人，是向客人表示最高的敬意和最热烈的欢迎。

俄罗斯喜欢的数字是7，不喜欢6，特别是三个“6”连在一起，认为是魔鬼的象征。

二、我国部分少数民族的礼仪与禁忌

少数民族是指多民族国家中人数最多的民族以外的民族，在我国指汉族以外的民族，如蒙古、回、藏、维吾尔、哈萨克、苗、彝、壮、布依、朝鲜、满等民族。我国自古以来就是一个统一的多民族国家。中华人民共和国成立后，通过识别并经中央政府确认的民族共有56个。由于汉族以外的55个民族相对汉族人口较少，习惯上被称为“少数民族”。

(一) 维吾尔族的礼仪与禁忌

1. 概述

维吾尔族信奉伊斯兰教。维吾尔族十分重视传统节日，其中古尔邦节最为隆重。届时家家户户都要宰羊、煮肉、赶制各种糕点等。屠宰的牲畜不能出卖，除将羊皮、羊肠送交清真寺和宗教职业者外，剩余的用做自食和招待客人。维吾尔族的家庭一般为小家庭，成员包括祖孙三代以内的直系亲属。多子女的家庭中，子女长大成婚后，即与父母分居，另立门户，但独子不分家。父母常把幼子留在身边，作为养老送终的依靠。维吾尔族的亲属范围比较狭窄，亲属称谓只在祖孙三代直系亲属之间才有。维吾尔族是一个热情好客、崇尚礼仪的民族。家里来了客人时，即使过去素不相识，也会热情接待。亲友相见时，会握手问候。邻居间注意和睦相处，互相帮助，谁家有了红白喜事，邻里们争相协助。

2. 饮食

(1) 馕

馕是维吾尔族人喜爱的主要面食之一，已有两千多年的历史。馕的品种很多，大约有五十多种。常见的有肉馕、油馕、窝窝馕、芝麻馕、片馕、希尔曼馕等。馕的做法跟汉族烤烧饼很相似。馕含水分少，久储不坏，便于携带，适宜于新疆干燥的气候。馕制作精细，用料讲究，吃起来香酥可口，富有营养。

(2) 抓饭

抓饭的原料是新鲜羊肉、胡萝卜、洋葱、羊油和大米等。抓饭的做法是先将羊肉剁成小块用油炸，然后放洋葱和胡萝卜在锅里炒，并酌情放些盐和水，20 分钟后，把洗泡好的大米放入锅内，不要搅动，40 分钟后，抓饭即熟。做熟的抓饭油亮生辉、味香可口。维吾尔族人把抓饭视为上等美餐。

3. 礼仪

(1) 男性之间的礼仪

维吾尔族的礼仪带有浓郁的地方色彩。传统见面礼是鞠躬问候。见面时必道“萨拉姆”。“萨拉姆”是阿拉伯语，原意为“和平”“平安”。一个人用手掌扶胸，身体微躬，两眼目视对方，一方先问候道：“萨拉姆里空(愿真主赐福于你)。”对方也用同样动作回答。然后双方握手，再行寒暄。问候顺序是：进门的向门内的人先说“萨拉姆”；站着的向坐着的人先说“萨拉姆”；行走者向停立者先说“萨拉姆”；年轻人向年长者先说“萨拉姆”；知识少的向知识多的人先说“萨拉姆”；听到有人向自己说“萨拉姆”，必须立即以“萨拉姆”答之。如一群人听到有人说“萨拉姆”，至少须有一人答之。

不宜问候的场合：别人诵读《古兰经》时不宜打搅；在房中赤身沐浴时不宜说；在厕所及其他污秽之地不宜说。

(2) 女性之间的礼仪

女性之间的礼仪带有浓厚的感情色彩。年龄大的或未受过文化教育的两名女性见面时，两人脸颊相贴，拥抱，然后互致问候。有文化的年轻女性见面时握手即可。经常见面的女性不握手，只问候“您好”。晚辈见长辈时不握手。年龄大的主动问候年纪小的。

(3) 男女之间的礼仪

传统礼仪是男女互相见面时，不准握手，只问候。如果家中只有女人时，男客不得轻易入内。现在参加工作的男女之间大多不受这些旧俗约束。

(4) 家庭礼仪

维吾尔族晚辈对长辈异常尊重。走路让长者先走，说话让长者先说，坐下时让长者坐上首。禁止在长辈面前说不敬、粗鲁和揶揄的语言。吃饭时，先给老人端去。

在维吾尔族的风俗中，铺褥子还是不铺褥子，或铺好褥子还是铺差褥子，是对老人尊重或不尊重的标志之一。

(5) 做客时的礼仪

维吾尔族人好客。俗语道：“维吾尔族人的餐桌上不会空着。”客人登门，将家中好吃的食品都端出来；有尊贵客人来，必以手抓羊肉、拉条子等美味佳肴款待。但做客时的礼仪是很有讲究的。

维吾尔人传统上是在大炕上招待客人。

在家中待客，要推让长者或领导在靠近壁炉的首席就座；当长者或领导进屋时，年幼的则起立致意后方可落座；落座须分长幼尊卑，德高望重者坐于里面正中。

在炕上的坐姿有两种：一种是跪坐，这是传统的、标准的坐姿；一种是现在使用最普通的盘腿而坐。只要有他人在场，就不能用叉开腿、把脚掌对向别人的坐姿，那是轻慢无礼和粗野没教养的姿势。

客人面前要有专用的餐巾摆放食物，不可坐在餐巾上，也要避免从别的客人面前经过。

女客不和男客同桌吃饭。男客由男主人接待，女客由女主人接待。

到别人家做客时，如果主人是久未晤面的亲朋好友，或是有较高威望的人，上门时，必须带若干礼物。女客和男客一般不同时上门。

女客往往带抓饭、大块牛羊肉、包子、馕、布料等。男客一般不带礼物，如果有必要带的话，也只带一些糖、水果、瓜等。

做客后的几天，女主人自己或通过孩子，要向客人回赠礼物(如馕、糖等)，数量要比对方送来时的略少，不能超过。否则，会被对方视为不接受礼品。

招待客人吃饭前，由主人手执瓦壶或陶罐，为客人依次净手，连续三次倒水，用毛巾拭净双手：“招待不周，请多多原谅！”然后由主人在炕上或条几上铺上餐巾，摆上备好的馕、茶水、瓜果等物。主宾们一边吃着、唱着，主妇们在厨房里为客人做美味佳肴。

主人为你倒茶的时候，你要双手举起茶碗，但不可为表示亲密和殷勤而替主人倒茶，不可帮主人做事。

主人端上来请你吃的食物，无论你胃口如何，一定要吃一点，否则就是对主人的不礼貌。主人请你吃馕或肉时，要把馕掰成小块，把肉用刀切小，用手捏着慢条斯理地吃，不可抓起整个的馕或肉就狼吞虎咽。

如果你想拍照，应该先征得主人的同意，因为主人家的许多东西外人不能随便动。用过餐后，客人要表示谢意。如果是喜事请客，客人们多说祝贺的话；如果是办丧事，客人表情要沉重。

客人要告别的时候，主人会恭恭敬敬地把客人送出家门，这时客人一定要回过身来，向主人行告别礼，最好说一句祝福的话。

4. 禁忌

忌户外着短裤。

饮食方面禁食猪肉及自死的牲畜，禁食一切动物的血。

禁止携带污浊之物进入墓地和清真寺。

未经主人同意不得擅自动用主人的物品。

(二) 藏族的礼仪与禁忌

1. 概述

藏族信仰佛教，主要分布在西藏自治区以及青海、甘肃、四川、云南等省区，主要从事畜牧业，兼营农业。藏族是一个十分讲究礼仪的民族，藏族人民热情开朗、豪爽奔放。松赞干布制定的《十六净法》中，把孝敬父母、恭敬有德、尊长敬老、诚爱亲友、正直无欺等作为重要内容，对藏族的伦理礼仪习俗的形成产生了深远的影响。

藏族人十分好客，待客热情周到，若有宾朋登门，定会倾其所有，拿出好酒、好茶、好菜盛情款待。藏族人接待客人时，无论行走还是言谈，总是让客人或长者为先，并使用敬语，如在名字后面加个“啦”字，以示尊敬和亲切，忌讳直呼其名；迎送客人，要躬腰屈膝，面带笑容。吃饭时讲究食不满口，嚼不出声，喝不作响，拣食不越盘；用羊肉待客，以羊脊骨下部带尾巴的一块肉为贵，要敬给最尊敬的客人，制作时还要在尾巴肉上留一绺白毛，表示吉祥。藏族的饮食礼仪深刻地反映着藏族的伦理精神。平时，家人和邻里和睦相处，尊老爱幼，诚信待人。家中酿了好酒，头道酒敬献神灵后，首先由老人品尝。每年收割新粮食，尝新也是老人们的“专利”。日常家庭就餐，由主妇掌勺分发食物时，首先为长者盛，然后全家人围聚火塘旁进餐，其乐融融。

2. 饮食

以青稞等制作的糌粑和酥油、青稞酒是藏族的主要食品。糌粑是由青稞或豌豆炒熟后磨制而成的炒面，把糌粑用酥油茶或青稞酒拌和，用手捏成小团就可以吃了。酥油茶是把砖茶的茶叶倒入木质长筒内，加上盐巴和酥油，用长轴上下冲击，使其各种成分均匀融合而成。青稞酒是用当地出产的青稞酿制而成的一种低度酒，男女老少皆喜欢，食物多用肉食和奶制品，不少人爱吃风干的牛羊肉。

3. 礼仪

(1) 饮茶礼仪

平时在家喝茶各自用自己的茶碗，不能随便用他人的茶碗。

喝酥油茶时，主人倒茶，客人要在主人双手捧到自己面前时，才能接过来。喝茶时，碗中的茶不能随便喝干，而是喝一半或一大半，斟满后再喝，最后结束喝茶时也不能全部喝干，而要留下少许，表示财富充足。

客人到来时，女主人会取出珍藏的擦拭得光亮照人的瓷碗摆放于客人面前，端起茶壶轻轻摇晃数次，壶底须低于桌面，斟满酥油茶后双手端碗躬身献给客人。客人接茶后不能急匆匆张口就饮，而是缓缓吹开浮油，啜饮数次后碗内约留下一半，将茶碗放于桌上，女主人会续满，客人不能立刻端起就饮，而是在主人一次次敦请下边同主人说话边慢慢啜饮。客人每次饮茶后主人会很快续满，使茶碗保持盈满状态。

藏谚道："一碗成仇。"客人一般需饮茶三碗，只喝一碗就不吉利，喝茶时不能发出"唏唏"的声音，更不能将碗里的茶全部喝光，否则会被视为没有教养。

(2) 饮酒礼仪

藏族饮酒的礼仪极为丰富。每酿新酒，必先以"酒新"敬神，然后依循"长幼有序"的古训首先向家中的长者敬酒，其后家人才能畅饮。在节日婚庆或多人聚会场合，饮酒一般是先向德高望重的长者敬献，然后按顺时针方向依次敬酒。敬酒者一般应双手捧酒杯举过头顶，敬献给受酒者，特别对长者更是如此。

受酒者先双手接过酒杯，然后用左手托住，再用右手的无名指轻轻地蘸上杯中的酒，向空中弹一下，如此反复三次，有的人口中还要轻声念出"扎西德勒平松措……"等吉祥的祝词，然后再饮。弹酒三次是对天、地、神的敬奉和对佛、法、僧三宝的祈祝。饮酒时不能一饮而尽，而要遵循"三口一杯"制。在弹酒敬神后，受酒者应先饮一口，敬酒者续满酒杯，受酒者再饮一口，敬酒者又续满酒杯，受酒者第三次饮一口，最后斟满后将杯中酒一饮而尽。滴酒不剩者，才是最有诚意的。聚会饮酒时酒器是大家共用的，能在一起饮酒者，其关系可视为一家人，情同手足。有酒就有歌，聚会饮酒时，歌是必不可少的。向他人敬酒时，敬酒者一般要唱酒歌。若不唱，受酒者可以拒绝饮用。

(3) 丧葬礼仪

藏族人死后有五种葬法，分别是塔葬、火葬、水葬、土葬、天葬。

塔葬是藏族最高贵的一种葬礼，又称灵塔葬。只有极少数大活佛死后才能实行这种葬礼。其做法是先把尸体脱水，再用各种药物和香料处理后藏入塔内，永久保存。

活佛和一些领主死后，实行火葬。

小孩死了，或因疾病而死亡的人，则把其尸体投入河里，这叫水葬。

生前做过坏事的人用土葬。藏族人认为，被埋的人是永远不会转世的。

天葬是最常见的葬法。天葬在天葬场举行，出殡一般很早，天葬寄托着"升上天堂"的愿望。

(4) 服饰礼仪

藏族服饰的特点是长袖、宽腰、大襟。妇女冬穿长袖长袍，夏着无袖长袍，内穿各种颜色与花纹的衬衣，腰前系一块彩色花纹的围裙。男装雄健豪放；女装典雅潇洒，尤以珠宝金玉作为佩饰，形成高原妇女特有的风格。

献哈达是藏族待客规格最高的一种礼仪，表示对客人热烈的欢迎和诚挚的敬意。藏族人特别喜爱“哈达”，把它看做是最珍贵的礼物。“哈达”是藏语，即纱巾或绸巾。它以白色为主，用纱或丝绸织成，每有喜庆之事，或远客来临，或拜会尊长，或远行送别，都要献哈达以示敬意。蓝、黄、白、绿、红五彩哈达往往用于最高、最隆重的仪式(如佛事等)。

4. 禁忌

(1) 礼仪禁忌

室内就座时，要盘腿端坐，不能双腿伸直、脚底朝人，不能东张西望。接受礼物时，要双手去接；赠送礼物时，要躬腰双手高举过头。

敬茶、酒、烟时，要双手奉上，手指不能放进碗口。

忌在别人背后吐唾沫、拍手掌。

忌讳别人用手触摸头顶。

行路遇到寺院、玛尼堆、佛塔等宗教设施时，必须从左往右绕行；不得跨越法器、火盆；经筒、经轮不得逆转。

(2) 敬畏火灶

藏族人认为火灶中有灶神，需小心伺候，绝不能亵渎得罪灶神，否则会带来灾难。

严禁跨越火灶，忌讳往火灶里吐痰，在灶中烧骨头、皮毛等物。

火灶要保持干净，不能将不洁的东西放在火灶旁。坐在灶边时，不得把脚搁到灶上。清扫垃圾时，不能将垃圾投入火灶内烧。也忌讳直接在火上烤肉。

行人外出时，需祈祷灶神以求护佑。

在野外用三块灶石搭建的火灶，离开时也需清理干净，每块灶石上放置少许茶叶或食物，以示对灶神的祭奉。

忌讳在灶石旁大小便。

(3) 饮食禁忌

藏族的饮食禁忌集中反映在忌食某些类别的食物。

在食肉方面，藏族禁忌较多。藏族人一般只吃牛、羊肉，而绝不吃马、驴、骡、狗肉，有的人连鸡肉、猪肉和鸡蛋也不食用。即便是吃牛、羊肉，也不能吃当天宰杀的鲜肉，必须过一天才吃。人们认为牲畜虽已宰杀，但其灵魂尚存，一天后灵魂才会离开躯体。对于兔子肉，部分地方可食用，但孕妇不得食用。在肉食禁忌中，忌食鱼肉的情况较为复杂，忌食与否与地域密切相关。对于鱼、虾、蛇、鳝及海鲜类食品，除部分城镇居民(大多为青年)少量食用外，广大农区和牧区的群众一般不食用。尤其是藏东地区，人们几乎不吃鱼、虾类食品，也不能触摸蛇、蛙等动物。

在饮食禁忌中，藏族人对吃大蒜有较多的禁忌。大蒜作为调味品，平时人们亦食用，但如果要去传经拜佛、朝拜神圣之地则绝对不可食蒜，以免玷污和熏脏了圣洁之地。

（三）蒙古族的礼仪与禁忌

1. 概述

蒙古族现主要分布在内蒙古自治区，部分分布在新疆、青海、甘肃、辽宁、吉林、黑龙江等省区。畜牧业是蒙古族人民长期赖以生存发展的主要经济，蒙古包和勒勒车是他们游牧生活的伴侣。此外，他们还从事加工业、农业和工业。蒙古族善于歌舞，主要乐器是马头琴。蒙古族喜爱摔跤运动，以性情直爽、热情好客著称。家中来客时，不管常客还是陌生人，都满腔热忱。首先献上香气沁人的奶茶，端出一盘盘洁白的奶皮、奶酪。客人饮过奶茶后，主人还会敬上醇美的奶酒，盛夏时节还会高兴地请客人喝马奶酒。蒙古族节日有春节、端午节、中秋节等。蒙古族擅长歌舞，民歌分为长调和短调两种。他们最喜欢的舞蹈叫“跳乐”，众人围成一圈，一边舞蹈，一边击掌高歌。近年来内蒙古举办“那达慕”盛会，以民族歌舞吸引四方宾客前往旅游、观光。

2. 礼仪

蒙古族是重视礼仪的民族。

（1）迎、做客礼仪

如果你在一个水草丰美、牛羊肥壮的金秋季节骑马到蒙古族人家里做客，在你刚走到离主人家不远的地方时，他们全家人就会走出蒙古包迎接，捉马接缰，热情问好。如客人需要到家里叙谈，主人则前边引路，行至蒙古包或房子门前，主人站在门外西侧，右手放在胸前，微鞠身躯，左手指门请客人先进。进入蒙古包和主人互献哈达后，主人让年长者坐在左侧上座，其余的人依次坐下，男主人坐在右侧上方陪客。落座后，主人会用奶茶待客（农业区则用红茶待客）。女主人自始至终忙碌。她们敬茶、送饭时双手高举呈上，敬毕后退，不转身，以示尊重客人。吃完饭，她们又要敬酸奶。当客人离开时，主人则送至路上，然后互致“白日太”（再见）。

到蒙古族人家里做客时，必须敬重主人。进入蒙古包后，要盘腿围着炉灶坐在地毡上，炉西面是主人的居处，不得随便坐。主人敬上的奶茶，客人通常是要喝的，不喝有失礼貌；主人请吃奶制品，客人不要拒绝，否则会伤主人的心。如不便多吃，吃一点也表示敬意。

（2）见面礼仪

蒙古族人见面时，必互相致问候，接着互相问全家好、草场好、牲畜好。古代蒙古族人见面时有互赠皮条之俗。后来，哈达传入蒙古地区后，献哈达成为蒙古族的一项高贵礼节。敬献哈达时，献者躬身双手托着递给对方，受者亦应躬身双手接过或躬身让献者将哈达挂在脖子上，并表示谢意。献哈达分互递和敬献。朋友相见则互递；专门拜访某人或政治、宗教界高级人物则敬献哈达，其质料上等。凡遇喜庆佳节，宾客迎送，或朋友见面，首先互献哈达表示庆贺。丧葬时，哈达也是表示哀悼的敬谒礼品。哈达的质料分为丝绸、绢纱以及普通白布。以白色为主，也有蓝色、红色、黄色、绿色。其长短不等，一般礼尚往来所用者为一尺三寸至三尺，特别重大礼仪时才用三尺以上的哈达。

(3) 款待路人礼仪

成吉思汗制定的《大札萨》中有条例规定，行路时经过用餐人的旁边，要下马与之共席用餐。这是蒙古族传统的礼仪之一。行路人在与用餐人共席用餐时，必须对主人特别敬重，如不是特别饥饿，略作共餐的表示即可。

(4) 结婚礼仪

蒙古族人一般在金秋八月开始谈婚论嫁。小伙子的父母委托信赖的媒人，择个好日子去看中的姑娘家提亲。如果姑娘及父母看上了小伙子，就会收下献上的哈达和一盘饼食，婚事定了下来。婚礼常常在冬天举办。

(5) 饮食礼仪

蒙古族吃的肉类主要是牛肉、绵羊肉，其次为山羊肉、骆驼肉和少量的马肉，在狩猎季节也捕猎黄羊以食其肉。蒙古族富有特色的食品有很多，如烤羊、炉烤带皮整羊、手抓羊肉、大炸羊、烤羊腿、奶豆腐、蒙古包子、蒙古馅饼等。日食三餐，每餐都离不开奶与肉。以奶为原料制成的食品，蒙古语称"查干伊得"，意为圣洁、纯净的食品，即"白食"；以肉类为原料制成的食品，蒙古语称"乌兰伊得"，意为"红食"。蒙古族待客十分讲究礼节和规矩。例如，吃手抓羊肉时，一般是将羊的琵琶骨带肉配四条长肋送给客人。如果是用牛肉待客，则以一块带肉的脊椎骨加半节肋骨和一段肥肠送给客人。

招待客人最隆重的是全羊宴。开宴时将煮熟的各部位放入大盘子里，尾巴朝外，羊头上要刻象征吉祥如意的"十"字才能上桌。食用时主人要请客人切羊荐骨，或由长者先动刀切割，然后大家才同吃。姑娘在出嫁之前，娘家人须煮羊胸脯肉给姑娘吃，以此表示送别。烤全羊过去多用来进行祭典或祭敖包时才用，现在已成为盛大节庆或迎接贵宾用的一种特殊菜肴。蒙古族每天离不开茶，除饮红茶外，几乎都有饮奶茶的习惯，每天早上第一件事就是煮奶茶。大部分蒙古族都能饮酒，所饮用的酒多是白酒和啤酒，有的地区也饮用奶酒和马奶酒。

(6) 服饰礼仪

蒙古族随着高原、草地、沙漠中变化无常的气候和长期的游牧生活形成了奇特的服饰——首饰、长袍、腰带、靴子。

女子每逢节庆探亲访友时，多戴首饰。首饰是用玛瑙、珍珠、珊瑚、翡翠、宝石、金银玉器等组成各种图案，珠帘垂面，琳琅璀璨。尤其以鄂尔多斯妇女头饰最为典型，选料珍贵，工艺精湛，一般达三四十斤，为世罕见。女子平时多用红、绿色绸子缠头，男子冬季戴尖顶大耳的羊皮帽。

蒙古族男女皆喜穿长袍、短褂、靴子等。不论男女都喜用鲜艳的丝料或布料做腰带垂穗装饰。衣多镶边。布料喜用绸缎类或上等纯棉料。颜色浅蓝、深蓝者多，极少穿青色上衣。妇女喜穿红、绿、天蓝色。服装四季有别，冬季的皮衣，由自家鞣制，自家缝纫，很少购买。劳动时穿的皮衣用上好绵羊绸、布面，经济耐穿，衣服皆右开襟，嵌对扣或排扣。男服镶单边者为多，女服鲜艳而美观。单布长袍或坎肩皆镶绣花边或金银丝绸边。为了骑乘方便，男子服装多为宽领大袖。棉、皮长袍用棉布领或绵羊羔皮领。长袍外套马夹，以整幅彩色绸缎系腰、不垂穗，佩带火镰、蒙古刀。刀有刀鞘，并有象牙筷子或驼骨筷子一双，用银、白铜、青铜镌花制成，用绒丝链挂在“套海”(一种金属饰物)上。腰带是袍子的必备配件，布绸均可。在蒙古袍上紧扎腰带后，蒙古男子显得魁梧、彪悍；姑娘穿上蒙古袍，腰间系红绿绸带，能衬托出苗条身躯和青春之美。

牧民穿的靴子多自制。蒙古靴脚尖部上翘，配有衬毡。马靴用皮革制成，防寒和防水两种靴子都适用于骑乘。蒙古靴子多用牛革制作，少部分用马、驴皮制作。女式靴子多为布制绣花，冬季内套毡袜，既轻且暖。

(7) 其他礼仪

蒙古族家中有人上山挑柴时，家里人无论家事多忙，都要去途中接。家中的神位，外人不得随意触摸，更不能在神台上摆放东西。某家有产妇，要在大门悬挂一顶篾帽，生男孩挂在左边，生女孩挂在右边。一个月内，谢绝外人到家中拜访。

3. 禁忌

蒙古族人骑马、驾车接近蒙古包时忌重骑快行，以免惊动畜群。

若门前有火堆或挂有红布条等记号，表示这家有病人或产妇，忌外人进入。

不能坐西炕，因为西是供佛的方位。

办丧事时忌红色和白色，办喜事时忌黑色和黄色。

忌在火盆上烘烤脚、鞋、袜和裤子等。

禁止在参观寺院经堂、供殿时吸烟、吐痰和乱摸法器、佛像以及高声喧哗，也不得在寺院附近打猎。

礼仪实训

一、实训练习

(一) 判断以下说法的正误

1. 日本人喜欢穿燕尾服。　(　　)
2. 韩国女人与男人见面时，女人先鞠躬。　(　　)
3. 绅士风度是德国男士的礼仪特色。　(　　)
4. 法国是世界上著名的烹饪王国之一。　(　　)
5. 在欧洲应该主动搀扶老人。　(　　)

(二) 案例分析

小王是一个热情开朗的年轻女孩，英语口语很流利。一次她在飞机上遇到一个跟她年龄相仿的外国女孩。小王很热情地主动与对方打招呼，开始两人谈得很高兴，逐渐熟悉后，小王关切地询问对方的年龄、工作、恋爱等中国人习以为常的话题，却见对方不断耸肩，最后干脆不搭理小王了。小王很郁闷，她百思不得其解。请思考小王的问题出在哪里？

(三) 简答题

1. 结合你的理解说说美国与日本在礼仪风俗上有什么异同，可举例说明。
2. 简要叙述涉外活动中的礼宾次序安排。

二、实训项目

(一) 鞠躬练习

训练方法：两人一组，分别扮演中国人和日本人进行鞠躬训练。

(二) 礼仪禁忌训练

训练方法：设置五种以上主要国家的禁忌，在课堂上表演，看看是哪个国家的禁忌，也可以编成小品，把主要国家的禁忌穿插其中。

(三) 吃日本料理

训练方法：到日本料理店吃日本料理，理解日本的饮食文化和日本的服务礼仪。此活动的优点是比较直观、记忆深刻，缺点是要花费一定的费用。

(四) 参观涉外宾馆

训练方法：分成几组，到当地的涉外宾馆，观察外国人的行为举止，也观察中方的接待礼仪。写一份观察报告。

主要参考文献

[1] 陈福义,覃业银.礼仪实训教程[M].北京:中国旅游出版社,2008.
[2] 东方晓雪.社交礼仪[M].郑州:中原农民出版社,2005.
[3] 关彤.社交礼仪[M].海口:海南出版社,2003.
[4] 金秀美.教师礼仪实训教程[M].北京:科学出版社,2012.
[5] 金正昆.教师礼仪规范[M].北京:中国人民大学出版社,2010.
[6] 金正昆.现代礼仪[M].北京:北京师范大学出版社,2006.
[7] 李莉.实用礼仪教程[M].北京:中国人民大学出版社,2004.
[8] 李兴国,田亚丽.教师礼仪[M].上海:华东师范大学出版社,2005.
[9] 刘连兴,等.大学生礼仪修养[M].济南:山东大学出版社,2004.
[10] 刘维俭,王传金.现代教师礼仪教程[M].南京:南京师范大学出版社,2010.
[11] 舒静庐.教师礼仪[M].上海:上海三联书店,2014.
[12] 孙乐中.实用日常礼仪[M].南京:江苏科学技术出版社,2005.
[13] 万爱莲.新编教师礼仪训练教程[M].武汉:华中科技大学出版社,2013.
[14] 吴蕴慧.现代礼仪实训[M].南京:江苏大学出版社,2013.
[15] 杨狄.社交礼仪[M].北京:高等教育出版社,2005.
[16] 尹雯.礼仪文化概说[M].昆明:云南大学出版社,2004.
[17] 张文菲.青年礼仪教程[M].北京:中国商业出版社,2005.
[18] 赵惠岩.实用礼仪[M].北京:科学出版社,2012.
[19] [英]约翰·洛克.教育漫话[M].杨汉麟,译.北京:人民教育出版社,1957.

参考文献

北京大学出版社

教育出版中心 精品图书

21世纪高校广播电视专业系列教材

电视节目策划教程（第二版） 项仲平
电视导播教程（第二版） 程　晋
电视文艺创作教程 王建辉
广播剧创作教程 王国臣
电视导论 李　欣
电视纪录片教程 卢　炜
电视导演教程 袁立本
电视摄像教程 刘　荃
电视节目制作教程 张晓锋
视听语言 宋　杰
影视剪辑实务教程 李　琳
影视摄制导论 朱　怡
新媒体短视频创作教程 姜荣文
电影视听语言——视听元素与场面调度案例分析 李　骏
影视照明技术 张　兴
影视音乐 陈　斌
影视剪辑创作与技巧 张　拓
纪录片创作教程 潘志琪
影视拍摄实务 翟　臣

21世纪信息传播实验系列教材（徐福荫　黄慕雄　主编）

网络新闻实务 罗　昕
多媒体软件设计与开发 张新华
播音与主持艺术（第三版） 黄碧云　睢　凌
摄影基础（第二版） 张　红　钟日辉　王首农

21世纪数字媒体专业系列教材

视听语言 赵慧英
数字影视剪辑艺术 曾祥民
数字摄像与表现 王以宁
数字摄影基础 王朋娇
数字媒体设计与创意 陈卫东
数字视频创意设计与实现（第二版） 王　靖
大学摄影实用教程（第二版） 朱小阳
大学摄影实用教程 朱小阳

21世纪教育技术学精品教材（张景中　主编）

教育技术学导论（第二版） 李芒　金林
远程教育原理与技术 王继新　张屹
教学系统设计理论与实践 杨九民　梁林梅
信息技术教学论 雷体南　叶良明
信息技术与课程整合（第二版） 赵呈领　杨琳　刘清堂
教育技术学研究方法（第三版） 张屹　黄磊

21世纪高校网络与新媒体专业系列教材

文化产业概论 尹章池
网络文化教程 李文明
网络与新媒体评论 杨　娟
新媒体概论（第二版） 尹章池
新媒体视听节目制作（第二版） 周建青
融合新闻学导论（第二版） 石长顺
新媒体网页设计与制作（第二版） 惠悲荷
网络新媒体实务 张合斌
突发新闻教程 李　军
视听新媒体节目制作 邓秀军
视听评论 何志武
出镜记者案例分析 刘　静　邓秀军
视听新媒体导论 郭小平
网络与新媒体广告（第二版） 尚恒志　张合斌
网络与新媒体文学 唐东堰　雷　奕
全媒体新闻采访写作教程 李　军
网络直播基础 周建青
大数据新闻传媒概论 尹章池

21世纪特殊教育创新教材·理论与基础系列

特殊教育的哲学基础 方俊明
特殊教育的医学基础 张　婷
融合教育导论（第二版） 雷江华
特殊教育学（第二版） 雷江华　方俊明
特殊儿童心理学（第二版） 方俊明　雷江华
特殊教育史 朱宗顺
特殊教育研究方法（第二版） 杜晓新　宋永宁等
特殊教育发展模式 任颂羔

21世纪特殊教育创新教材·发展与教育系列

视觉障碍儿童的发展与教育 邓　猛
听觉障碍儿童的发展与教育（第二版） 贺荟中
智力障碍儿童的发展与教育（第二版） 刘春玲　马红英
学习困难儿童的发展与教育（第二版） 赵　微
自闭症谱系障碍儿童的发展与教育 周念丽
情绪与行为障碍儿童的发展与教育 李闻戈
超常儿童的发展与教育（第二版） 苏雪云　张　旭

21世纪特殊教育创新教材·康复与训练系列

特殊儿童应用行为分析（第二版） 李芳　李丹

特殊儿童的游戏治疗 周念丽
特殊儿童的美术治疗 孙 霞
特殊儿童的音乐治疗 胡世红
特殊儿童的心理治疗（第三版） 杨广学
特殊教育的辅具与康复 蒋建荣
特殊儿童的感觉统合训练（第二版） 王和平
孤独症儿童课程与教学设计 王 梅

21世纪特殊教育创新教材·融合教育系列

融合教育本土化实践与发展 邓 猛等
融合教育理论反思与本土化探索 邓 猛
融合教育实践指南 邓 猛
融合教育理论指南 邓 猛
融合教育导论（第二版） 雷江华
学前融合教育（第二版） 雷江华 刘慧丽
小学融合教育概论 雷江华 袁 维

21世纪特殊教育创新教材（第二辑）

特殊儿童心理与教育（第二版） 杨广学 张巧明 王 芳
教育康复学导论 杜晓新 黄昭明
特殊儿童病理学 王和平 杨长江
特殊学校教师教育技能 昝 飞 马红英

自闭谱系障碍儿童早期干预丛书

如何发展自闭谱系障碍儿童的沟通能力 朱晓晨 苏雪云
如何理解自闭谱系障碍和早期干预 苏雪云
如何发展自闭谱系障碍儿童的社会交往能力 吕 梦 杨广学
如何发展自闭谱系障碍儿童的自我照料能力 倪萍萍 周 波
如何在游戏中干预自闭谱系障碍儿童 朱 瑞 周念丽
如何发展自闭谱系障碍儿童的感知和运动能力 韩文娟 徐 芳 王和平
如何发展自闭谱系障碍儿童的认知能力 潘前前 杨福义
自闭症谱系障碍儿童的发展与教育 周念丽
如何通过音乐干预自闭谱系障碍儿童 张正琴
如何通过画画干预自闭谱系障碍儿童 张正琴
如何运用ACC促进自闭谱系障碍儿童的发展 苏雪云
孤独症儿童的关键性技能训练法 李 丹
自闭症儿童家长辅导手册 雷江华
孤独症儿童课程与教学设计 王 梅
融合教育理论反思与本土化探索 邓 猛
自闭症谱系障碍儿童家庭支持系统 孙玉梅
自闭症谱系障碍儿童团体社交游戏干预 李 芳
孤独症儿童的教育与发展 王 梅 梁松梅

特殊学校教育·康复·职业训练丛书 （黄建行 雷江华 主编）

信息技术在特殊教育中的应用
智障学生职业教育模式
特殊教育学校学生康复与训练
特殊教育学校校本课程开发
特殊教育学校特奥运动项目建设

21世纪学前教育专业规划教材

学前教育概论 李生兰
学前教育管理学（第二版） 王 雯
幼儿园课程新论 李生兰
幼儿园歌曲钢琴伴奏教程 果旭伟
幼儿园舞蹈教学活动设计与指导（第二版） 董 丽
实用乐理与视唱（第二版） 代 苗
学前儿童美术教育 冯婉贞
学前儿童科学教育 洪秀敏
学前儿童游戏 范明丽
学前教育研究方法 郑福明
学前教育史 郭法奇
外国学前教育史 郭法奇
学前教育政策与法规 魏 真
学前心理学 涂艳国 蔡 艳
学前教育理论与实践教程 王 维 王维娅 孙 岩
学前儿童数学教育与活动设计 赵振国
学前融合教育（第二版） 雷江华 刘慧丽
幼儿园教育质量评价导论 吴 钢
幼儿园绘本教学活动设计 赵 娟
幼儿学习与教育心理学 张 莉
学前教育管理 虞永平
国外学前教育学本文献讲读 姜 勇

大学之道丛书精装版

美国高等教育通史 ［美］亚瑟·科恩
知识社会中的大学 ［英］杰勒德·德兰迪
大学之用（第五版） ［美］克拉克·克尔
营利性大学的崛起 ［美］理查德·鲁克
学术部落与学术领地：知识探索与学科文化 ［英］托尼·比彻 保罗·特罗勒尔
美国现代大学的崛起 ［美］劳伦斯·维赛
教育的终结——大学何以放弃了对人生意义的追求 ［美］安东尼·T.克龙曼
世界一流大学的管理之道——大学管理研究导论 程 星
后现代大学来临？ ［英］安东尼·史密斯 弗兰克·韦伯斯特

大学之道丛书

以学生为中心：当代本科教育改革之道 赵炬明
市场化的底限 ［美］大卫·科伯
大学的理念 ［英］亨利·纽曼
哈佛：谁说了算 ［美］理查德·布瑞德利
麻省理工学院如何追求卓越 ［美］查尔斯·维斯特

大学与市场的悖论　［美］罗杰·盖格
高等教育公司：营利性大学的崛起　［美］理查德·鲁克
公司文化中的大学：大学如何应对市场化压力　［美］埃里克·古尔德
美国高等教育质量认证与评估　［美］美国中部州高等教育委员会
现代大学及其图新　［美］谢尔顿·罗斯布莱特
美国文理学院的兴衰——凯尼恩学院纪实　［美］P. F.克鲁格
教育的终结：大学何以放弃了对人生意义的追求　［美］安东尼·T.克龙曼
大学的逻辑（第三版）　张维迎
我的科大十年（续集）　孔宪铎
高等教育理念　［英］罗纳德·巴尼特
美国现代大学的崛起　［美］劳伦斯·维赛
美国大学时代的学术自由　［美］沃特·梅兹格
美国高等教育通史　［美］亚瑟·科恩
美国高等教育史　［美］约翰·塞林
哈佛通识教育红皮书　哈佛委员会
高等教育何以为“高”——牛津导师制教学反思　［英］大卫·帕尔菲曼
印度理工学院的精英们　［印度］桑迪潘·德布
知识社会中的大学　［英］杰勒德·德兰迪
高等教育的未来：浮言、现实与市场风险　［美］弗兰克·纽曼等
后现代大学来临？　［英］安东尼·史密斯等
美国大学之魂　［美］乔治·M.马斯登
大学理念重审：与纽曼对话　［美］雅罗斯拉夫·帕利坎
学术部落及其领地——当代学术界生态揭秘（第二版）　［英］托尼·比彻　保罗·特罗勒尔
德国古典大学观及其对中国大学的影响（第二版）　陈洪捷
转变中的大学：传统、议题与前景　郭为藩
学术资本主义：政治、政策和创业型大学　［美］希拉·斯劳特　拉里·莱斯利
21世纪的大学　［美］詹姆斯·杜德斯达
美国公立大学的未来　［美］詹姆斯·杜德斯达　弗瑞斯·沃马克
东西象牙塔　孔宪铎
理性捍卫大学　眭依凡

学术规范与研究方法系列

如何为学术刊物撰稿（第三版）　［英］罗薇娜·莫瑞
如何查找文献（第二版）　［英］萨莉·拉姆齐
给研究生的学术建议（第二版）　［英］玛丽安·彼得等
社会科学研究的基本规则（第四版）　［英］朱迪斯·贝尔
做好社会研究的10个关键　［英］马丁·丹斯考姆
如何写好科研项目申请书　［美］安德鲁·弗里德兰德等
教育研究方法（第六版）　［美］梅瑞迪斯·高尔等
高等教育研究：进展与方法　［英］马尔科姆·泰特
如何成为学术论文写作高手　［美］华乐丝
参加国际学术会议必须要做的那些事　［美］华乐丝
如何成为优秀的研究生　［美］布卢姆
结构方程模型及其应用　易丹辉　李静萍
学位论文写作与学术规范（第二版）　李　武　毛远逸　肖东发
生命科学论文写作指南　［加］白青云
法律实证研究方法（第二版）　白建军
传播学定性研究方法（第二版）　李　琨

21世纪高校教师职业发展读本

如何成为卓越的大学教师　［美］肯·贝恩
给大学新教员的建议　［美］罗伯特·博伊斯
如何提高学生学习质量　［英］迈克尔·普洛瑟等
学术界的生存智慧　［美］约翰·达利等
给研究生导师的建议（第2版）　［英］萨拉·德拉蒙特等
高校课程理论——大学教师必修课　黄福涛

21世纪教师教育系列教材·物理教育系列

中学物理教学设计　王　霞
中学物理微格教学教程（第三版）　张军朋　詹伟琴　王　恬
中学物理科学探究学习评价与案例　张军朋　许桂清
物理教学论　邢红军
中学物理教学法　邢红军
中学物理教学评价与案例分析　王建中　孟红娟
中学物理课程与教学论　张军朋　许桂清
物理学习心理学　张军朋
中学物理课程与教学设计　王　霞

21世纪教育科学系列教材·学科学习心理学系列

数学学习心理学（第三版）　孔凡哲
语文学习心理学　董蓓菲

21世纪教师教育系列教材

青少年心理发展与教育　林洪新　郑淑杰
教育心理学（第二版）　李晓东
教育学基础　庞守兴
教育学　余文森　王　晞
教育研究方法　刘淑杰
教育心理学　王晓明
心理学导论　杨凤云
教育心理学概论　连　榕　罗丽芳
课程与教学论　李　允
教师专业发展导论　于胜刚
学校教育概论　李清雁
现代教育评价教程（第二版）　吴　钢
教师礼仪实务　刘　霄
家庭教育新论　闫旭蕾　杨　萍
中学班级管理　张宝书
教育职业道德　刘亭亭
教师心理健康　张怀春